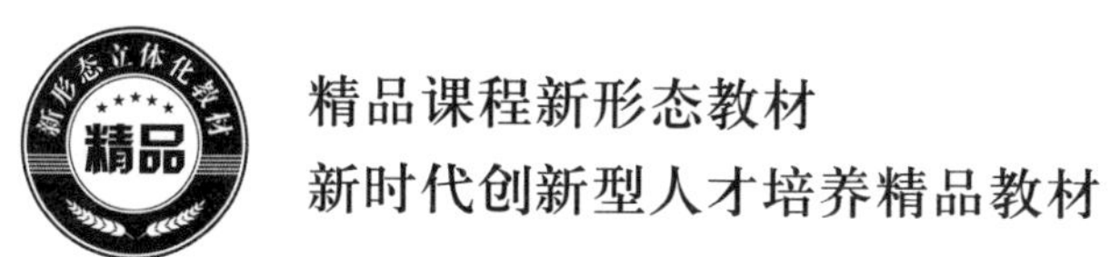

精品课程新形态教材
新时代创新型人才培养精品教材

大学生职业生涯发展与就业指导

蔡　霞　吴金娇　李　颖◎主　编
丁慧琳　雷　霞　向　雪◎副主编

中国商业出版社

图书在版编目（CIP）数据

大学生职业生涯发展与就业指导 / 蔡霞，吴金娇，李颖主编. -- 北京 ：中国商业出版社，2025. 8.

ISBN 978-7-5208-3584-8

Ⅰ. G647.38

中国国家版本馆 CIP 数据核字第 20257ZQ388 号

责任编辑：聂立芳

策划编辑：张　盈

中国商业出版社出版发行

（www.zgsycb.com 100053　北京广安门内报国寺 1 号）

总编室：010-63180647　编辑室：010-63033100

发行部：010-83120835/8286

新华书店经销

涿州汇美亿浓印刷有限公司印刷

* * * *

787 毫米×1092 毫米　16 开　16.5 印张　346 千字

2025 年 8 月第 1 版　2025 年 8 月第 1 次印刷

定价：49.00 元

* * * *

大学阶段是探索自我和世界的关键期。因此，帮助大学生制订职业生涯发展规划，发挥所学专业价值，毕业后顺利步入职场，选择对自己的人生有意义、有价值的事业，是一项非常重要的教学任务。

习近平总书记指出，就业是最大的民生工程、民心工程、根基工程，是社会稳定的重要保障，必须抓紧抓实抓好。习近平总书记多次对做好高校毕业生就业创业工作作出重要指示和批示，希望广大高校毕业生把个人的理想追求融入党和国家的事业之中，为党、为祖国、为人民多作贡献，勉励高校毕业生改变择业观、就业观，找到自己的定位，踏踏实实地工作，实现自己的人生理想。

本书以习近平新时代中国特色社会主义思想为指导，深入贯彻党的二十大精神，坚持和加强党对教育工作的全面领导，把推动现代教育教学高质量发展摆在更加突出的位置，坚持服务学生全面发展和经济社会发展。本书根据大学生职业生涯发展的规律，系统科学地讲解了职业生涯发展相关的知识和生涯规划的方法。全书共十章，介绍了和职业生涯发展相关的理论，引导大学生进行自我全面的职业生涯认知，连接了专业和职业世界，促进了大学生的实习实践，提供了求职的实战方法等。

本书以职业发展为主线，面向全体在校学生的全程化、全员化、专业化职业发展与就业创业指导教育体系，引导教育大学生全面认识自己、认识社会、认识国情，树立正确的就业观、择业观，更好地助力学生自我成长、科学规划职业，帮助学生顺利完成从“校园人”到“职场人”的人生转变，使毕业生有能力将个人抱负和专业知识应用到富有意义的工作中，逐渐成长为堪当民族复兴重任的时代新人。本书既可作为学校“职业发展与就业指导”课程的教材，也可作为广大青年规划人生的参考书。

整体而言，本书特色如下。

- 注重课程素质教育。每个篇章列出知识目标、能力目标和素质目标，致力于培养大学生的综合素养。

- 结构合理，内容实用。本书结构编排合理，内容深入浅出，从实用的角度出发，具有较高的实用价值和较强的指导性。

- 题材新颖，案例丰富。本书附有毕业生求职、就业案例，其内容具有针对性、实用性、时代性和指导性。

- 体例丰富，可读性强。本书设置“课堂体验”“阅读专栏”“生涯故事”等多个小栏目，内容形式活泼，吸引读者。

本教材参编者均为高等院校从事多年大学生职业生涯发展与就业指导教学和指导学生创新创业比赛的教师，实践经验丰富，观念新颖。

在编写过程中，编者参阅并吸收和借鉴了国内外大量研究成果和文献资料，在此谨对这些成果的作者致以诚挚的感谢！如有引用不当或者遗漏，请联系作者。由于水平有限，不足之处在所难免，敬请广大读者提出宝贵意见。

编　者

目录
Contents

第一章 唤醒生涯理念　聚焦美好未来

学习指南

大学是人生的一个转折点。踏进大学，人生就进入了一个崭新的时期。大学为莘莘学子继续获取知识、提升技能、发挥潜能、展示才华提供了更大的平台，它关系每一位大学生将来进入什么行业、从事什么工作、职业生涯如何发展等。因此，每一位大学生面对大学新的学习环境、生活环境和人际环境，都应该认真审视自我，明确任务，规划好未来。

知识目标

1. 理解职业生涯、职业生涯规划的概念及内涵。
2. 掌握生涯的特征及职业生涯的分类，了解职业生涯规划的重要意义。
3. 熟悉在校大学生职业生涯发展平台，了解国家倡导的主要就业项目。

能力目标

1. 能运用生涯理论分析自身发展需求。
2. 能结合内外职业生涯理论规划大学学习与实践。

素质目标

1. 树立正确的职业观，认识到职业生涯规划对人生发展的重要性。
2. 培养自我探索的主动性，增强对职业发展的责任感。

思维导图

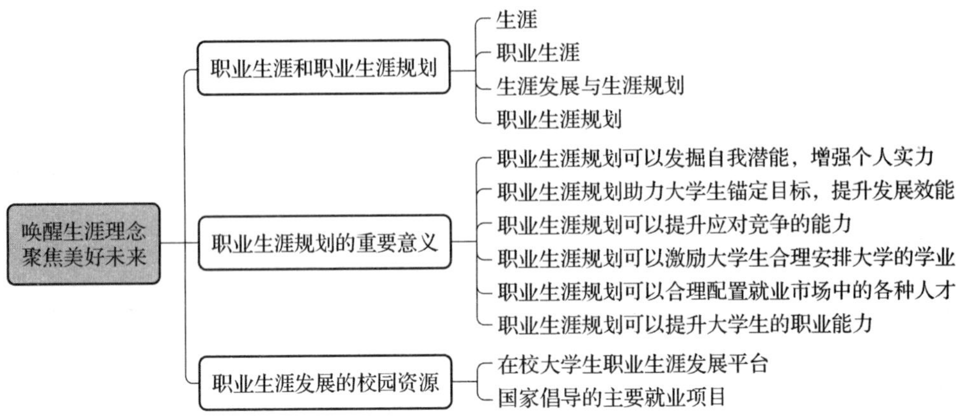

案例导入

迷惘的李明

李明即将升入大二，他突然感到很迷惘，不知道自己每天都在忙什么。他刚上大学的新鲜劲儿已经没有了，对大学的学习生活也已经适应，每天都忙着上课、参加社团……但是，问题开始不断地从他心里冒出来：“大学毕业之后，我能干什么？考研还是找一份工作，抑或是出国留学？自己付出的这些努力对未来发展有什么帮助吗？”

不是每个人在选定自己的专业后，就很明确未来做什么，什么是自己真正热爱的职业，什么是自己的优势，可以怎样更好地发展自己的职业乃至志业。关于职业生涯，有的人一开始就有目标并一直在坚定前行，有的人需要拨开云雾不断跋涉才能找到方向，有的人忘记了自己手里有方向盘而停滞不前，你是哪一种呢？

第一节 职业生涯和职业生涯规划

想要找到自己的职业生涯发展方向、找到有意义的职业，可以从认识职业生涯规划开始。职业生涯规划是围绕个人的职业生涯发展进行的有方向性的探索与行动。

一、生涯

生涯是什么？生涯之“生”者，生命也；生涯之“涯”者，边际也。所以，生涯就是人

的一生，就是从生命开始到生命终结的整个过程。“涯”这个字告诉我们生命是有限的，每一个人都应当正视生命的有限，在有限的生命中实现自己的价值和意义。

从广义上理解，“生”自然是与一个人的生命相联系，“涯”则有边际的含义，即指人生经历、生活道路和职业、专业、事业。人的一生，包含少年、成年、老年三个阶段，成年阶段是最重要的时期。这一时期之所以重要，是因为这是人们从事职业生活的时期。

莎士比亚曾说：“人生就像一个大舞台，每个人都有自己所要扮演的角色；至于要表演什么角色，自己去决定。”一个人从生命开始到生命终结的整个过程，是在依序扮演不同的角色。生涯包括一个人从生命开始到生命终结的整个过程中所有的角色，不管这个角色是生活的、学习的、工作的还是某些方面的复合。也就是说，生涯就是一个人人生角色的综合。生涯不能等同于生命、生活、工作、职业。

生涯具有以下主要特征。

(1)生涯具有唯一性

每个人都是独特的，在这个世界上不存在两个完全相同的人。正因如此，这个世界才丰富多彩。也正因如此，每个人在生命开始到生命终结的整个过程中表现出来的情感、态度、价值观都存在差异，以至于每个人在“生涯”中的角色都是唯一的。生涯角色有相似，但绝无相同。

(2)生涯具有终身性

生涯贯穿每个人从生命开始到生命终结的整个过程，在这个过程中生涯角色依序变化，如婴儿、幼儿、儿童、少年、青年、中年、老年。今天的生涯角色是明天生涯角色的基础，生涯角色依序发展，组成一个人的生涯历程。

(3)生涯具有发展性

每个人的生涯都是依序发展的，当然存在正发展和负发展，在到达生涯边际之前不会是停滞的。但是，生涯如何发展、发展得如何，与社会环境、个人选择、个人投入等密切相关。

(4)生涯具有综合性

每个人的生涯发展与社会环境、家庭环境、身体特征、心理特征、教育程度等因素相关，这些因素从来不是单一地发挥作用，而是综合地发挥作用，最终形成个人独特的自我发展形式和状态。

课堂体验

完成图 1-1 的“生命线”绘制练习

(1)图中横轴的长度代表你可能的生命长度，想一想，你期待自己活到多少岁？那时候的你是谁？你在哪里？你是一个什么样的人？

(2) 在生命线上找到你现在的年龄点，然后标出从出生到现在的成长中发生重大事件的年龄点。这些你生命中的重大事件哪些成为你的正向经验，哪些是负向经验?

(3) 图中纵轴代表这些重大事件带给你的影响程度。这些经历是否把你的过往生涯分成了几个阶段？这些生涯故事及生涯阶段对现在的你及你的生涯有什么样的影响?

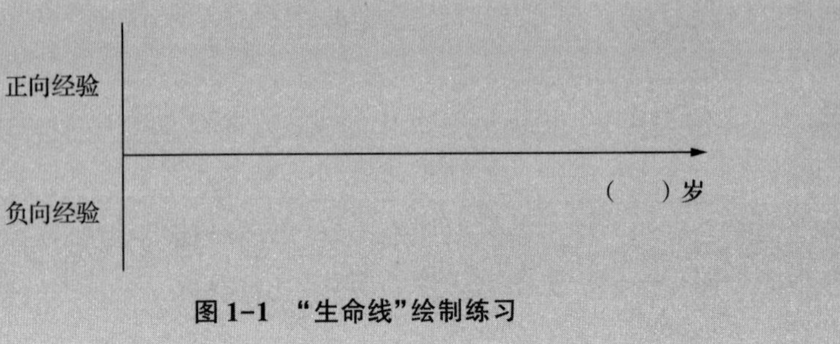

图 1-1 "生命线"绘制练习

二、职业生涯

(一)职业生涯的基本概念

直观来讲，职业生涯是一个人一生所从事的工作、职业活动，即个体职业发展的历程，一般是指一个人一生经历的所有职业发展的整个历程。它包括就业的形态、工作的经历以及与职业相关的活动等，是一个人从职业学习开始到职业劳动最后结束的过程。因此，对职业生涯的规划，就是为自己的未来人生绘制理想的蓝图，是根据自己的职业倾向，确定最佳的职业奋斗目标，并为实现这一目标作出行之有效的安排的过程。

职业生涯是贯穿一生职业历程的漫长过程。科学地将其划分为不同的阶段、明确每个阶段的特征和任务、做好规划，对更好地从事自己的职业、实现所确立的人生目标来说非常重要。职业生涯是一个人终生的工作经历，它开始于任职前的职业学习和培训，终止于退休。因此，选择什么职业，对于每个人的重要性都是不言而喻的。

职业没有高低贵贱之分，同样，职业生涯也不会因为职业的不同而有高低差异。只要有坚定的理想信念、不懈的奋斗精神，脚踏实地把每件平凡的事做好，平凡的人可以获得不平凡的人生，平凡的工作可以创造不平凡的成就。

(二)外职业生涯和内职业生涯

有的同学认为所谓职业就是找一份好工作，职业生涯就是得到职位提升，或者增加薪酬福利，但这只是职业生涯发展的一部分。身为新时代青年，如果每个人都这样看待自己的职业生涯，视野就太狭窄了。为了更好地理解职业生涯，我们了解一下外职业生涯和内职业生涯及其两者的关系。

1. 外职业生涯

外职业生涯是指从事职业时的工作单位、工作地点、工作内容、工作职务与职称、工作环境和工资待遇等因素的组合及其变化过程。简言之，即个体在某个行业或者某一机构中取得发展所必须经历的实际过程。比如，如果要在大学院校内成为一名教授，可能需要经历助教、讲师、副教授，然后经过评审后，才能成为一名教授。又如，如果要在一个企业内最终获得一个制造工程经理的职位，很典型的职业路径可能就是技术员、助理工程师、工程师、技术主管、项目经理，直至最后的制造工程经理。

绝大多数“外职业生涯”都需要包括一段时期的培训和见习，在此期间个人不仅要学习新知还要接受考验，以检验是否具备胜任这一工作所必需的技能与特质。外职业生涯着重强调外部环境和外部条件。其构成因素通常会随着外在条件的变化而变化，外职业生涯的稳定以内职业生涯的发展为前提。外职业生涯具有不可控性和不等偿性，即外职业生涯构成要素往往是他人给予的，也容易被别人收回和否定；在个体的职业初期，外职业生涯构成要素往往与自己的付出不符。

2. 内职业生涯

内职业生涯是指从事一项职业时所需具备的知识、观念、心理素质、经验、能力、身体素质、内心感受等因素的组合及其变化过程。

确切地说，内职业生涯，是一个人对自我的认识、了解、目标设计、愿望如何达成的全部心理过程，即我是谁，我的兴趣是什么，我能做什么，我要怎么做，我需要什么资源，我要成为什么角色。内职业生涯各项因素的获得，需要个人通过学习、研究等方式不断完善。内职业生涯各因素是真正的人力资本所在，是一个人生涯发展的原动力。《论语》中说：“吾日三省吾身：为人谋而不忠乎？与朋友交而不信乎？传不习乎？”“三”不代表三次，而是对精神、健康及人生态度不断反思的过程，这应是内职业生涯最初也是最基本的模式。

3. 内外职业生涯的关系

内外职业生涯是个体职业生涯的不同体现，两者相互依存，相互促进，不可割裂。

首先，内职业生涯的发展是外职业生涯发展的基础，内职业生涯发展促进外职业生涯的发展。内职业生涯的状况(包括内职业生涯的性质、水平和发展要求)决定外职业生涯的状况、性质和形式。比如，一个人如果想获得职位上的晋升，必定要通过积累经验、提升技能、丰富人脉等方式，同时加强自我素质和修养，不断促进内职业生涯的发展，才能向更高层次的外职业生涯迈进。同时，内职业生涯发展的要求决定外职业生涯的变革。当一个人的内职业生涯获得了突破的时候，外职业生涯的突破就指日可待了。

其次，外职业生涯对内职业生涯能动的反作用。当外职业生涯同内职业生涯的发展要求相适合时，个体的价值通过外职业生涯得到了有力的实现，会推动内职业生涯的发展。同理，当外职业生涯不适合内职业生涯发展的要求时，它就严重地阻碍了内职业生涯的发展。如一个人被安插到不适合自己的岗位上，或者这个岗位和自己的能力不匹配，他技能的提高是很难的。

最后，外职业生涯一定要适应内职业生涯的性质，这是职业发展的普遍规律。评判一种外职业生涯先进与否，必须以内职业生涯的标准来判断，研究外职业生涯归根结底是为内职业生涯服务的，脱离内职业生涯来研究外职业生涯，这种研究就会失去意义。

如果用一棵树来比喻内外职业生涯，树干、树冠、树叶、果实等就像外职业生涯，一般显而易见，谁都希望自己的职业生涯之树茁壮挺拔、枝繁叶茂、郁郁葱葱、硕果累累，但这样一棵参天大树不是凭空长成的，地下的庞大根系给了它强有力的支撑，汲取并输送着大树所需的营养。大树需要先有支持和营养系统，才能形成树干、树冠，而树干、树冠的成长又促使树根向更广泛和纵深处发展，以汲取更多的水分和营养，树冠和树根交替发展，相互成全。正如内、外职业生涯的关系，相互促进、相互发展，也相互折射。

关于内外职业生涯的理论很好地解释了现代职场上存在的种种问题，比如为什么有的人迟迟不能升职？为什么有的博士找不到工作？为什么有的名牌大学的毕业生收入还不如某些普通院校的学生？为什么有人考研后并没有为就业增加太多的砝码？其实，了解了内外职业生涯的辩证逻辑关系，我们今后的职业决策就变得简单了不少，那就是你的所作所为是否能够促进内职业生涯的发展，通过内职业生涯的修炼从而不断促进外职业生涯的发展。

党的二十大报告为我们绘就了建设社会主义现代化国家的宏伟蓝图，当代青年是同新时代共同前进的一代，正是生逢其时。高校学子在未来的职业生涯发展中，既拥有广阔的发展空间，也承载着伟大时代使命，因此，更需要广大同学在修德勤学的基础上，处理好内外职业生涯的关系，把个人的职业理想融入国家和民族的事业中，才能不辱时代使命，不负人民期望。

生涯故事　计算机博士的职业生涯晋升

一位计算机博士，揣着一摞证件到电脑公司求职，但由于种种原因没有被录取。他在三思后决定采取新的应聘策略，以一名普通打工者的身份出现，很快被一家公司录用。作为一名电脑程序员，由于成绩突出被老总提升为部门经理，这时他亮出了学位证书。经过一段时间，由于研发能力突出，老总又指定他为系统软件开发的负责人。这时他亮出了硕士证书，老总吸纳他进入公司决策层。后来老总又根据他的潜力，再次提拔他为公司副总经理并割让部分股权让他以技术参股，他成为公司的老总之一。这时他才亮出了自己的博士证书。

这位计算机博士的经历告诉我们，现代职场并不相信绚丽的光环，内职业生涯因素往往对职业生涯的成功，对外职业生涯目标的实现起到至关重要的作用。

三、生涯发展与生涯规划

生涯发展，顾名思义，指的是一个人一生的发展过程。生涯发展由时间、广度、深度三个层面构成，其中生涯发展的时间指生涯发展的阶段或时期，包括生长、探索、建立、维持与衰退五个发展阶段；生涯发展的广度指一个人一生扮演的不同角色，如儿童、学生、公民、员工和父母等；生涯发展的深度指个体扮演每个角色投入的程度。

生涯规划一般指职业规划。根据中国职业规划师协会的定义，职业规划是对职业生涯乃至人生进行持续的系统的计划的过程，它包括职业定位、目标设定和通道设计三个要素。

四、职业生涯规划

职业生涯规划简称生涯规划，又叫职业生涯设计，是指个人与组织相结合，在对一个人职业生涯的主客观条件进行测定、分析、总结的基础上，对自己的兴趣、爱好、能力、特点进行综合分析与权衡，结合时代特点，根据自己的职业倾向，确定最佳的职业奋斗目标，并为实现这一目标作出行之有效的安排。职业生涯规划帮助个人按照自己的资历和条件找到一份合适的工作，实现个人目标，更重要的是帮助个人真正了解自己，为自己定下事业大计，筹划未来，拟定一生的发展方向，根据主客观条件设计出合理且可行的职业生涯发展方向。

课堂体验 **活动主题：10 年后**

材料准备：白纸、彩铅、橡皮、轻音乐等。

指导语：请深呼吸，放松你的大脑，坐到舒服的位置，呼气、吸气、呼气、吸气，感受你的身体，感受你的情绪(停顿 2 分钟)。请想象，你来到 10 年后，你多少岁？你会在哪里？你的生活是什么样子？你在做什么？你身边有什么人？下面有 30 分钟的时间，请画出你的“10 年后”。

画好后，请和好朋友分享下面的内容。

1. 你画的内容。
2. 你作画时的心境。
3. 这幅画的主题及含义。
4. 你对未来 10 年的规划和打算。
5. 为达成目标，你制订的近期行动计划。

第二节 职业生涯规划的重要意义

职业生涯规划的作用在于帮助我们树立明确的目标，运用科学的方法，采取可行的措施，发挥个人的专长，开发自己的潜能，不断修正前进的方向，最后获得事业成功。目标之所以有用，是因为它能帮助我们从现在走向未来。有了明确的目标和方向，人们才能去奋斗，并积极创造条件去实现目标，以免漫无目的地随波逐流。

大学生要认识到职业生涯规划的重要意义，职业生涯活动将伴随我们的大半生，拥有成功的职业生涯才能实现完美人生。因此，职业生涯规划具有特别重要的意义。

一、职业生涯规划可以发掘自我潜能，增强个人实力

一份行之有效的职业生涯规划有以下作用。

(1)引导你正确认识自身的个性特质、现有与潜在的资源优势，帮助你重新对自己的价值进行定位并使其持续增值。

(2)引导你对自己的综合优势与劣势进行对比分析。

(3)使你树立明确的职业发展目标与职业理想。

(4)引导你评估个人目标与现实之间的差距。

(5)引导你进行前瞻与实际相结合的职业定位，搜索或发现新的或有潜力的职业机会。

(6)使你学会如何运用科学的方法，采取可行的步骤与措施，不断增强你的职业竞争力，实现自己的职业目标与理想。

二、职业生涯规划助力大学生锚定目标，提升发展效能

职业生涯发展要有规划，有目的，不可盲目地“撞大运”。很多时候，我们的职业生涯受挫就是由于职业生涯规划没有做好。好的职业生涯规划是成功的开始。古人认为，凡事“预则立，不预则废”就是这个道理。

当大学生只是强烈地意识到需要为自己制定目标时，这只是最开始的阶段，离最后目标的实现还有相当长的一段路要走。制定一个既适合自己，又满足社会需要，同时能够实现的目标并非一件易事。有时，你会毫无头绪，不知从何下手；有时，你制定的目标太遥远，很难实现；有时，目标太简单，对你几乎起不到促进作用。制定恰当的目标需要对自己有全面的了解，把握外部世界发展的趋势，掌握制定目标的技巧。在这方面，职业生涯规划就可以帮助你更好地了解自己，了解你面对的外部世界。它会传授你基本的原理和思

想，并在此基础上教你使用工具，掌握实用技巧。

三、职业生涯规划可以提升大学生应对竞争的能力

当下，社会处在变革的时代，到处充满激烈的竞争。职业活动的竞争非常突出。要想在激烈的竞争中脱颖而出并立于不败之地，就必须设计好自己的职业生涯规划。这样才能做到心中有数，不打无准备之仗。不少应届毕业生不是首先坐下来做好自己的职业生涯规划，而是拿着简历与求职信到处乱跑，总想撞到好运气，找到好工作，结果浪费了大量的时间、精力与资金，到头来只能感叹招聘单位“有眼无珠”，不能“慧眼识英雄”，叹息自己英雄无用武之地。这部分大学毕业生没有充分认识到职业生涯规划的意义与重要性，认为找到理想的工作靠的是学识、业绩、耐心、关系、口才等条件，认为职业生涯规划纯属纸上谈兵，耽误时间，还不如多跑几家招聘单位。这是一种错误的理念。实际上，未雨绸缪，磨刀不误砍柴工，先做好职业生涯规划，有了清晰的认识与明确的目标之后再将求职活动付诸实践，这样的效果会好得多，也更经济、更科学。

四、职业生涯规划可以激励大学生合理安排大学的学业

大学生的学业规划应该以职业为导向，也就是说，你选择什么样的职业，就应该有相应的学业规划。每个人的学业规划不是完全相同的，多多少少会存在一些差异。

五、职业生涯规划可以合理配置就业市场中的各种人才

大学生盲目就业往往会给本已混乱的人才市场雪上加霜。职业生涯规划把大学应届毕业生引导到人职匹配的良性择业道路上，为人才市场供求两端理顺了秩序，从而为社会发展带来勃勃生机。

六、职业生涯规划可以提升大学生的职业能力

职业生涯规划教育可以使大学生找到适合自己的就业方向，还能有意识地提高自己的综合素质，锤炼自身的综合能力，进而对相关的社会实践活动不断地尝试，提高自己的社会责任感和受挫能力，最终使自己的综合职业能力得到较大的提升，得到用人单位的认可并顺利进入职场，完美地实现自己的人生价值。

总之，职业生涯规划的目的是要突破障碍、激发潜能、实现自我，它提供了一些有效的方法或工具，可以使大学生在不同发展阶段都能对自己的过去、现在和未来有一个重新审视、评估的机会，并不断调整自己、修订可执行的计划，为自己的每个人生阶段创造最大的成就感和满足感。正如在大海中航行的船只需要目标一样，只有经过规划的职业人生，才有明确的方向和强大的动力。

阅读专栏 聆听职业生涯规划讲座

中国银行个人金融部门经理李毅然应经济管理学院邀请，做了题为“大学生银行职业生涯规划”的讲座。经济管理学院的学生到场聆听，讲座现场座无虚席。

李毅然说，职业规划可以划分为三大步骤：自我认识、学习理论；职业评估、学习技能；职业定位、人职匹配。他根据学生的实际情况阐述了大学创业就业目标设计，并结合经管学院与中国人民银行、中国工商银行、中国农业银行、中国建设银行等多家银行机构建立的“金融教学实践基地”项目优势，指导学生如何通过学习与实践，实现职业理想。他表示，大学生应当提早做好职业规划，对自己有一个明确而精准的定位，在学习生活中有目的地发展自己相应的能力，才有机会从日益激烈的竞争中找到自己前行的方向。

同学们表示，通过这次讲座可以解决好职业生涯中的“四定”，即定向、定点、定位、定心，尽早确定自己的职业目标，选择自己职业发展的地域范围，把握自己的职业定位，按照自己的目标和理想有条不紊、循序渐进地努力。

第三节 职业生涯发展的校园资源

大学时期对大学生来说是学习与成长的时期，价值观逐渐成熟，职业生涯探索进入高峰期。可以说，大学是大学生迈向职场的演练场。

一、在校大学生职业生涯发展平台

校园中有三个主要的帮助大学生职业发展的平台：校园活动、学校就业中心、国际交流。

（一）校园活动

在校园中有讲座、社团活动、创业大赛、职业规划大赛、校友交流活动和暑期实践团项目等，这些都可以帮助大学生锻炼自身的才干，探索自己的发展方向和了解职场。

1. 讲座是大学生了解职业生涯发展和外面世界的窗口

讲座可以分为三类。

(1)经验分享类

经验分享类讲座，如校友创业故事、前辈求职经历与留学申请经历等。

（2）技能提升类

技能提升类讲座，如大学生涯规划、公文写作、新媒体平台运营技巧等。

（3）知识传播类

知识传播类讲座，如与专业相关的专题讲座、针对时事的分析等。同时，随着互联网技术的发展，国内高校以及海外名校都会开办公开的直播讲座及课程。

2. 社团是大学生交流和实践的场所

社团既包括职业发展类社团，也包括兴趣类社团。职业发展类社团可以提供以下几个方面的资源。

（1）交流平台

交流平台是搭建校园和职场、在校学子和优秀职场人士互动的平台，让大学生和职业发展导师面对面交流，探索职业生涯规划的多种可能。

（2）实地参访

实地参访是让大学生有机会到各行各业的代表性企业交流和实地参观，近距离感知职场氛围和职场人士的工作情况。

（3）求职训练

求职训练可对大学生进行简历撰写、面试等相关内容的辅导。

（4）专业发展

专业发展是指帮助大学生拓展专业能力。例如，北京大学法律援助协会，积极开展的各项普法宣传活动、社会实践活动，不仅提升大学生的法律素养，还使他们对我国基层法治现状有了更深入的了解。

3. 赛事和科研项目是大学生职业生涯发展的助推力

下面列举几个比较有代表性的项目。

（1）“挑战杯”中国大学生创业计划竞赛

该赛事是由共青团中央、中国科学技术协会、教育部和全国学联共同主办的全国性的大学生课外实践竞赛，始终坚持“崇尚科学、追求真知、勤奋学习、锐意创新、迎接挑战”的宗旨，在促进青年创新人才成长、深化高校素质教育、推动经济社会发展等方面发挥了积极作用，对广大高校乃至社会产生了广泛而良好的影响，被誉为当代大学生科技创新的“奥林匹克”盛会。

（2）国际大学生程序设计竞赛（International Collegiate Programming Contest，ICPC）

该赛事是旨在展示大学生创新能力、团队精神和在压力下编写程序、分析和解决问题能力的年度竞赛。国际大学生程序设计竞赛已经发展为全球颇具影响力的大学生程序设计竞赛。

(3)全国大学生职业生涯规划大赛

该赛事是由教育部指导，全国高等学校学生信息咨询与就业指导中心主办，面向全国大学生的大型赛事。大赛的目标是让大学生了解和掌握职业生涯规划的方法，认识自我，探索职场，树立理想的职业目标。

大学生还可留意并参加学校和组织举办的具有学校专业特色或者职业特色的赛事。另外，有些高校还设有本科生科研项目，鼓励学有余力的本科生参加科研活动，并通过设立各类基金对科研活动予以资助。

大学生参加这些比赛和科研项目，能够获得学校教师、科研专家、职场人士的指导和帮助，有机会得到资金和资源上的支持，还能助推自身的职业生涯发展。

(二)学校就业中心

学校就业中心是专门为大学生的生涯发展和求职就业提供帮助和服务的部门。学校就业中心可以提供以下四个方面的职业生涯发展服务。

1. 职业测评

职业测评，一般是某个专业机构开发的网络测评。测评内容通常有“了解自我”，旨在帮助大学生探索职业兴趣、性格、技能、价值观等；“职业探索”，旨在揭秘不同工作岗位的工作内容、工作条件、工作待遇、门槛、职业发展前景等；“决策与行动”，旨在介绍决策工具，帮助大学生制订行动计划。

2. 职业咨询

职业咨询，一般是以面对面或者远程方式进行的一对一咨询。咨询师是受过专业训练并获得咨询资质的专业人员。咨询师将和大学生一起探讨职业生涯发展中面临的困惑与挑战，协助大学生找寻未来的职业可能，发掘大学生的优势，助力大学生的职业发展。

3. 职业规划课程

职业规划课程，是专门开设的职业生涯探索课程。职业规划课程的基本内容一般包括职业生涯领域的理论，职业规划的方法，自我探索、职业探索、设立生涯目标与行动的方法，以及职业生涯决策和求职指导等。相比其他的职业生涯探索方式，课程学习是一种比较系统和全面的方式。

4. 行业交流和实践类项目

行业交流和实践类项目，是学校就业中心提供的资源系统。学校邀请重点行业领域的职场资深人士与大学生分享行业动态与职场经验。同时，为了促进大学生深入了解某个行业、领域和用人单位，学校与企业合作开展实习、调研参访、暑期实践等项目。

大学生还可留意并利用一些政府部门和社会机构提供的资源。一些政府机构，比如高校毕业生就业指导中心会为大学生提供政策上的支持与服务；一些职业测评的专业机构、

专注于职业生涯培训的企业等会为大学生提供测评和咨询，一些公益性组织会为大学生提供免费的指导服务。

（三）国际交流

国际交流旨在全球化背景下共享教育资源，帮助大学生适应多元文化，培养世界眼光。学校的国际交流平台（一般是国际合作部门）与海外高校建立多种交流合作，让大学生有机会碰触更丰富的世界、获得更宽广的视角。在国际交流项目中，大学生可以获得一定的资金资助，并且有机会与国外高校的老师和同学进行专业知识的深入学习与探讨。

国际交流项目有不同级别的组织设置，常设有国家级项目、学校级项目、院系级项目和个人级项目，涵盖的交流方式包括交换生、暑期学校、校际合作双学位、暑期科研等。国际交流项目的时间可长可短，有的短期交流项目是几天或几周，有的长期交流项目是一个学期、一年甚至更长时间。对国际交流项目感兴趣的同学，可以在国家留学基金委、学校国际合作部门、学校教务部门等官方网站上获取国际交流项目的信息，还可以通过校园里的社团（如学生国际交流协会、学生模拟联合国社团、英语文化交流协会等）了解和参与国际交流项目。

二、国家倡导的主要就业项目

2005 年以来，党中央、国务院提出要引导、鼓励毕业生到基层就业，国家各部委、各地方政府陆续推出了一系列就业项目。这些政策和项目有相应的保障措施及优惠条件。大学生可根据自身的专业特长、发展需求和政策支持等情况，有针对性地进行职业生涯规划。下面介绍三个国家倡导力度大、受到广大学子关注的项目，包括选调生工作、农村义务教育阶段学校教师特设岗位计划和大学生志愿服务西部计划。希望进一步了解国家倡导的就业项目的同学，可以通过学校就业中心以及政策出台的相应部门进行详细了解。

（一）选调生工作

选调生，是各省党委组织部门有计划地从高等院校选调品学兼优的应届大学本科及以上毕业生到基层工作，作为党政领导干部后备人选和县级以上党政机关高素质的工作人员人选进行重点培养的群体的简称。

1. 政策支持

选调生工作是受中央高度重视、地方积极响应的就业项目。中央鼓励优秀大学生毕业后到人民最需要的地方去，把个人理想追求融入党和国家事业之中，为党、为祖国、为人民多做贡献。2018 年，选调生招录全面展开，中共中央组织部发布《关于进一步加强和改进选调生工作的意见》，鼓励优秀大学生到基层艰苦岗位和复杂环境锻炼。各地方政府积极响应，出台相关政策吸引和培养优秀大学毕业生。

生涯故事 陈俊：从北大走出的书记

陈俊出生在一个农村家庭，在一位爱心企业家的资助下，2003 年，他以南川理科高考第一名的成绩考上了北京大学，并于 2010 年完成了研究生学业。毕业后，他放弃了人人羡慕的“铁饭碗”，深入基层工作。秉承为人民奉献的精神，他先试先行、大胆革新，带领长坪村实现脱贫，从原本被怀疑是来镀金的机关干部转变为受村民爱戴的书记。

2. 求职备考

各省市在求职季发布公告进行选调生招考工作。大学生报考后往往需要经历笔试、资格审查、面试、体检、考察、公示、工作安排等阶段。报考信息的获取渠道是学校就业中心等。

选调生面临基层工作的挑战，未来要担任重要工作，因此，对于这一工作感兴趣的同学不妨在校内参加相关的理论实践活动，利用暑期实践的机会，去基层、各地方政府机关开展学习调研、参观实习等活动。

(二)农村义务教育阶段学校教师特设岗位计划

农村义务教育阶段学校教师特设岗位计划由教育部、财政部等部门联合启动，吸引优秀高校毕业生到农村学校任教，推动城乡义务教育一体化发展，以更好地服务乡村振兴战略和教育脱贫攻坚工作。

1. 招募情况

主要招募普通高校本科及以上毕业生和师范专业专科毕业生，重点为乡村学校补充特岗教师，进一步补充思想政治、体音美、外语、信息技术等紧缺、薄弱学科教师。

2. 报名信息

报名信息可以在各省市事业单位人事综合管理部门公开招聘服务平台、教育部门网站及教育部“24365 校园招聘”平台上查看。

(三)大学生志愿服务西部计划

大学生志愿服务西部计划是由共青团中央、教育部、财政部、人力资源社会保障部共同组织实施的一项重大人才工程。2022 年至 2023 年，由中央财政支持，面向普通高等学校应届毕业生或在读研究生，按照公开招募、自愿报名、组织选拔、集中派遣的方式，招募选派 2 万名西部计划全国项目志愿者到西部地区基层工作。

1. 招募情况

招募对象为普通高等学校应届毕业生或在读研究生，到岗之前获得毕业证书或学位证书，通过西部计划体检。有志愿服务经历的优先录用。服务期为 1～3 年，服务协议一年一签。岗位类别须从乡村教育、服务乡村建设、健康乡村、基层青年工作、乡村社会治理等专项中选择。全国项目办根据历年招募情况和国家对口帮扶、对口援疆、对口援藏机制等，建立相关省份对口招募机制，并明确各服务省省内招募指标、对口招募省招募指标。

2. 报名信息

西部计划项目每年会根据实际情况有所调整，报名时间一般在 4—6 月。对此项目感

兴趣的大学生可在大学生志愿服务西部计划网查询，并到学校团委了解当年的项目情况。

【回顾·练习】

1. 什么是生涯？什么是职业生涯？
2. 什么是职业生涯规划？简述职业生涯规划的意义。
3. 学校就业中心可以提供哪方面的职业生涯发展服务？

【发现·探索】

（一）大学规划树

将大学生活比作一棵大树，树叶区域是你希望实现的目标，树根区域是你为实现目标而作出的努力，请从学习、技能提升、人际交往、特长培养、其他经历等方面，在图 1-2 的大树根分支处补充上不同的行动计划与措施。

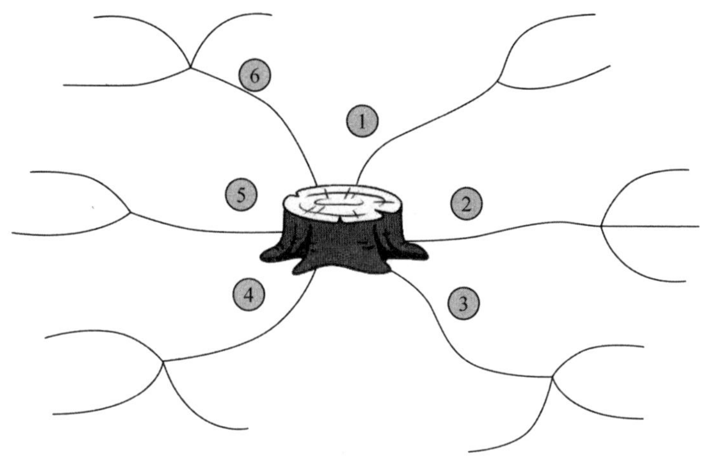

图 1-2　大学规划树

（二）大学生活应该如何度过

请你根据所学内容，想一想大学生活应该如何度过。

抓好起始阶段：

____

丰富充实自己：

____

养成良好习惯：

____

实现职业理想：

____

第二章　贯通专业与职业　激活行动状态

学习指南

在大学阶段，专业学习与职业发展紧密相连。如何让两者实现有机贯通，激发自身积极行动状态，是每位学子成长路上的重要课题。本章将深入剖析大学专业分类，探寻兴趣与专业的契合点，全面认识职业世界，明晰专业与职业的内在关联，助大学生在专业学习与职业规划的道路上找准方向，开启主动探索与成长的旅程。

学习目标

知识目标

1. 了解大学专业分类、培养目标及课程设置。
2. 理解兴趣与专业的适配性，掌握兴趣培养与职业探索的方法。
3. 认识职业，掌握专业与职业的关系。

能力目标

1. 能通过专业探索表分析自身专业的就业方向。
2. 能运用霍兰德职业兴趣理论匹配适合的职业类型。
3. 能制订结合专业的学业规划。

素质目标

1. 培养专业认同与职业探索意识，避免盲目跟风选择职业。
2. 增强跨学科思维，认识到专业与职业的动态关联。

思维导图

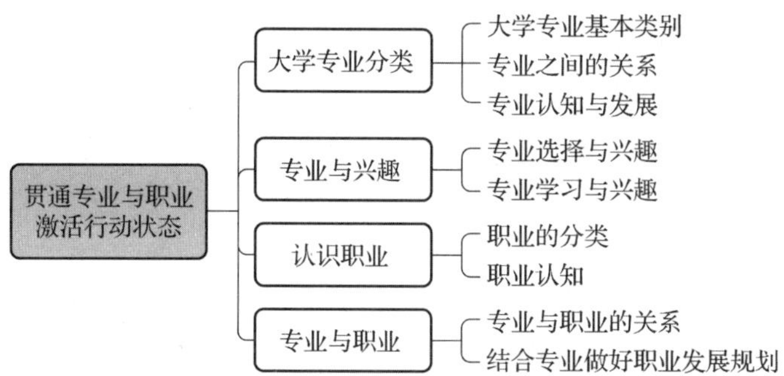

精准规划与专业积淀铸就商业传奇

美国知名企业家比尔·拉福的成长历程是职业生涯规划的典型案例。他从小就立志做一名优秀的商人。中学毕业后考入麻省理工学院，但他没有读商业或贸易专业，而是选择了机械专业。大学毕业后，他并没有马上投入商界，而是考入芝加哥大学，攻读经济学硕士学位。让人出乎意料的是，在获得硕士学位后，他还是没有从事商业活动，而是考了公务员。在政府部门工作5年后，他才辞职从商。又过了2年，他开办了自己的商贸公司。20年后，他公司的资产从最初的20万美元扩充到2亿美元。

比尔·拉福的成功故事，一方面说明了职业生涯规划的重要作用，另一方面也说明了专业对一个人成功的重要作用。下面，我们就看一下他在学生时期的故事。

比尔·拉福的父亲发现儿子有商业天赋，机敏果断、敢于创新，但经历的磨炼太少、没有经验，更缺乏必要的知识，而从事商业贸易活动必须具备一定的专业知识。在商品贸易中，工业品占绝大多数，不了解产品的性能、生产制造情况，就很难在贸易中获益。学习工科不仅能培养知识技能，而且有助于建立一套严谨求实的思维体系。良好的推理分析能力、脚踏实地的工作态度，正是经商所需要的。经过父子两人的分析，比尔·拉福最终选择了机械专业。

比尔·拉福在麻省理工学院的4年，除了学习本专业的课程，还广泛接触了其他专业的课程，如化工、建筑、电子等。这些知识在他后来的商业活动中发挥了举足轻重的作用。

在市场经济下，经济活动通过商业活动来实现，不了解经济规律、不学习经济学知识，就很难在商场立足。因此，大学毕业后比尔·拉福考入芝加哥大学，开始了为期3年的经济学硕士课程。

比尔·拉福掌握了经济学的基本知识，搞清了影响商业活动的众多因素，还认真学习了有关法律和微观经济活动的管理知识。几年下来，他对会计、财务管理也较为精通，已完全具备了经商的素质。

正是合理的职业生涯发展规划和扎实的专业知识，让比尔·拉福积累了实现梦想的资源和能力。

大学生正处于人生的探索阶段，也处于进入职业世界前重要的准备阶段，可通过学业发展、素质拓展、实习实践、社团锻炼等途径，对自我能力及角色、职业进行探索。其中最重要的就是对大学专业进行探索、学习和研究，提升自己的核心竞争力。

第一节 大学专业分类

大学专业是高等学校根据社会分工需要而划分的学业门类，是指学生进入高校后所学习的专业门类，是高校根据教育部相关要求，按学科分类分别进行专门知识教学活动的基本单位。

大学专业可能会对一个人的前途产生重要的影响。

一、大学专业基本类别

当前，我国普通本科院校有上千所，每所高校开设的专业一般都有几十个甚至上百个。教育部发布的《普通高等学校本科专业目录》(2020 年版)中的专业有 703 个具体专业名称，后又增加了 37 个“列入普通高等学校本科专业目录的新专业”；2021 年在此基础上新增 31 个专业，共 771 个。但因为各所高校每个专业的历史沿革、学科方向和培养侧重点不同，所以即使专业名称相同，所授内容在不同的高校之间也存在一定的差别。

根据《普通高等学校本科专业设置管理规定》，高校设置专业须具备下列基本条件：符合学校办学定位和发展规划；有相关学科专业为依托；有稳定的社会人才需求；有科学、规范的专业人才培养方案；有完成专业人才培养方案所必需的专职教师队伍及教学辅助人员；具备开办专业所必需的经费、教学用房、图书资料、仪器设备、实习基地等办学条件，有保障专业可持续发展的相关制度。

目前，教育部对大学专业设置是按照教育的特点进行划分的，具体分为“门类”“专业类”“专业名称”3 个层次。最高等级是“门类”，也称为“学科门类”，是对高校人才培养、教师教学、科研业务隶属范围的相对界定，除军事学外共有 12 个，具体包括 4 个理科门

类(理学、工学、农学、医学，也称自然科学)、8 个文科门类(哲学、经济学、法学、教育学、文学、历史学、管理学、艺术学，也称社会科学)。“门类”下设 93 个专业类，“专业类”下设 771 个专业名称。

在学位授予时，按照门类授予学位。一般而言，某个专业授予的学位与该专业所在的门类相对应，部分专业根据其所在学校培养内容的不同，也可授予其他门类的学位，如电子商务专业(所属门类为管理学)可授予的学位有工学、经济学或管理学，教育技术学专业(所属门类为教育学类)可授予的学位有工学、理学或教育学。

我国采取本科与研究生的专业和学科目录分别设置的方式，相对而言，针对研究生教育的学科分类，学理性色彩更为浓厚，门类与一级学科结构划分较细。感兴趣的大学生可登录教育部官网查询。了解专业门类有助于大学生从专业大类的角度思考自己专业的特点。大学生应从宏观视角去思考自己的职业选择。

二、专业之间的关系

高校专业之间存在一定的共性，也有明显的差异。

大学生生活在校园内，必然会受到校园环境，特别是本专业所处环境的影响。因此，了解本校整体的文化传承环境和相关系所、专业的文化传承环境，有助于大学生掌握本专业核心要素或者作出转专业、考研、辅修专业等合理的选择。

随着人类知识的积累和创造，没有人能够理解每个领域的全部知识。同时，社会化的分工和协作对参与其中的人的专业化要求越来越高。这要求我们掌握特定领域的知识。因此，知识领域的划分越来越细，大学专业的设置也存在越来越细的倾向。

很多高校都带有比较明显的行业特征，其所设专业也具有这一特点。同时，由于专业所包含的细分领域较多，从事该专业的师资队伍所开展的专业研究方向不同，同一个名称的专业在不同的高校中，研究方法和培养方向也有很大的不同。

以土木工程专业为例，下面两所高校存在较大的不同，如表 2-1 所示。

表 2-1　两所高校土木工程专业的有关情况

学校名称	××交通大学	××理工大学
培养目标（节选）	培养德智体美劳全面发展……掌握土木工程领域扎实基础理论和宽广专业知识，具备智能建造及智能运维建设理念和交叉融合、人工智能等新兴技术能力，能够在土木工程相关工程领域从事勘察、设计、施工、管理和科学研究等工作的精英人才	主要培养从事房屋建筑、地下建筑、道路、桥梁、隧道、城市轻轨等土木工程结构设计、基础设计及地基处理、结构的检测与试验、施工技术及工程管理等工作，具有扎实的理论基础和宽广的专业知识，得到土木工程师基本训练，具有较强的创新精神和研究、开发、应用能力的高级土木工程技术人才

续表

学校名称	××交通大学	××理工大学
主要课程	工程力学、结构力学、结构设计原理、智能建造基础、全寿命周期设计基础、土木工程施工原理、建筑信息模型、土力学与基础工程、土木工程材料	工程测量、建筑材料、理论力学、材料力学、结构力学、水力学、岩土力学与地基基础、钢筋混凝土结构理论与设计、钢结构理论与设计、高层建筑结构设计、地下结构、道路勘测设计、路基路面工程、桥梁工程、隧道工程、交通工程、施工技术与施工组织设计

同时，随着当今经济、科技、社会的快速发展，很多问题的解决都需要综合运用多门学科知识。因此，很多高校构建学科群、促进交叉和新兴学科成长，这也是世界高等教育的发展趋势。在科技迅速发展、知识快速迭代的趋势下，只有综合素质强的人才能更好地适应社会。大学生应该对自己所学专业的学科群加强了解。

对于大学生而言，科学地理解自己所学专业的内涵、专业间的关系，科学地认知专业，对个人大学生涯发展有着重要的作用。大学生可以从以下方面理解专业之间的差别。

（一）不同专业的偏重点不同

以信息管理与信息系统和信息资源管理专业为例。信息管理与信息系统主要是为了适应企业管理从原来的人工和半人工方式的管理向全自动化管理的转变而设立的，该专业的基础知识偏向于企业管理领域。信息资源管理专业研究的内容主要包括信息的采集、分类、摘要、检索、综合、发布等信息处理过程，一般是从传统的图书馆学发展起来的，偏重于对文本和电子资料的研究。

（二）不同专业的就业领域不同

信息管理与信息系统专业在很多高校都有开设，不同高校的培养内容不同，但很多都偏向于计算机领域，要求学生掌握数据库应用、管理信息系统设计、编程语言等知识和技能，毕业生进入 IT 行业较多。开设信息资源管理专业的高校相对较少，一般在图书馆学、情报学等专业历史比较悠久的高校开设，如中国人民大学、武汉大学等；毕业生多在图书馆、档案馆等事业单位工作，或进入企业的信息管理部门。

（三）不同专业的实力不同

每所高校的优质教育资源并非均匀分布于每一个专业或学院，所以同一所高校的不同专业的历史沿革差别较大、实力不同。同时，针对同一个专业，不同高校的办学水平和社会声誉差异很大。专业是不是国家重点学科，是否有硕士学位授予权、博士学位授予权及博士后科研流动站，是不是特色学科下属的专业，是不是优势专业等，不同学校差别较大。

三、专业认知与发展

了解自己所学或心仪专业的历史背景、培养方案、培养目标、课程设置、学习方法等内容，端正学习态度，并结合自身的生涯发展规划，有助于大学生在大学期间取得成就。大学生要了解专业，可以从以下几个方面入手。

（一）掌握专业的培养目标

培养目标体现了专业的核心价值。以土木工程专业为例，前文提到××交通大学的土木工程专业的培养目标为“培养德智体美劳全面发展，具有良好科学素养、社会责任感、创新意识、国际视野和较强终身学习能力，掌握土木工程领域扎实基础理论和宽广专业知识，具备智能建造及智能运维建设理念和交叉融合、人工智能等新兴技术能力，能够在土木工程相关工程领域从事勘察、设计、施工、管理和科学研究等工作的精英人才”。大学生如果正在学习这个专业，从专业培养目标中就能了解自己所学专业的特色和定位，为自己的学业作出规划。

当前，越来越多的高校开展了大类人才培养，大学生在大一、大二年级所学习的内容以通识教育为主，内容存在较大的相似性。另外，大学课程普遍实行学分制，除了部分必修课程，大学生可以选修不同课程。因此，大学生在了解了自己专业或者专业大类的培养目标以后，可以结合自己的通用能力、选修课程以及其他知识，在大学期间做好准备，以专业为重要的基础和依托，形成个人的特色优势。

课堂体验

你对自己所学的专业了解多少？请根据下表的内容，进行专业内容的基本探索。

专业名称	
培养目标	
核心课程	
教学方法	
知识和技能	
就业方向	
对应行业情况	
对应职业情况	
领军企业	

（二）掌握专业的培养方案

培养方案一般包括学制和学习年限、学位类别、毕业和学位要求、专业定位、培养目标、培养标准及措施、课程体系和学分分配、主干课程、教学进程计划等内容，是大学生详细了解专业的必备资料。专业培养方案一般都能在学校教务处或本学院的网站上查到。通过查阅相关内容，大学生可以了解专业的详细内容，特别是这个专业的核心课程信息。

大学生可以通过了解培养方案加深自己对本专业的认识，明确自己的专业学习方向和目标，为自己规划一份学业方案。大学生在收集这些信息时，应该尽量做到详细，同时要下功夫了解如何学好本专业、本专业的学习资源都有哪些等，这样才能有效、适时地灵活使用校内外的专业资源，在专业学习上更上一层楼。

(三)了解专业的毕业去向和就业方向

1. 专业就业相关情况

专业往年的就业情况对大学生制定求职目标具有重要的参考价值，如就业率、深造率、就业单位、就业薪酬、用人单位对该专业毕业生的评价等。想继续升学的大学生需要了解以往升学比较集中的专业、学校等，有出国(境)留学需求的大学生要重点关注留学目标国家、就读高校的层次和专业质量等。

2. 专业榜样的经验

大学生了解专业榜样的发展轨迹，对确定自己的职业发展方向是很有参考意义的。专业榜样也会遇到很多困难，大学生要了解他们是如何克服那些困难的、他们现在的成就是什么、他们现在的发展方向是什么等。

3. 专业冷热的判断

一般而言，评价专业的冷热，可以从个人兴趣、社会需求和学科实力等几个维度来考虑。首先是个人兴趣。如果某人对某个专业非常感兴趣，在学习这个专业时感到非常快乐、积极性很高，那么这个专业对他而言就是热门的。社会需求是大众评价专业的主要参考依据。如果一个专业的社会需求旺盛，供不应求，那么这个专业就会被大家认为是热门专业，报考这个专业的人数会增多，开设这个专业的高校也会增多。学科实力是从高校的角度来评价的。如果一个专业历史悠久、教学科研团队强大、人才培养措施全面，那么这个专业是这所大学的热门专业。所谓的冷热是相对的，大学生在认知专业时，应该遵从自己的内心，而不是被外在的因素左右。

第二节 专业与兴趣

处理好专业与兴趣的关系，对于大学生的专业学习和职业发展非常重要。下面从专业选择与兴趣、专业学习与兴趣两个方面来探讨。

一、专业选择与兴趣

大学的学习和生活，对大学生的自我管理能力提出了很高的要求。专业符合大学生的兴趣，大学生的投入程度高，这是理想状态。近几年，越来越多的高校开展了大类招生和大类人才培养，并为大学生提供了转专业、双专业、第二学位以及辅修专业等机会，也是希望能让大学生兼顾专业和兴趣，处理好专业和兴趣的关系，更好地作出专业选择。

应该注意的是，人的兴趣可以培养，而且有可能发生变化。所以，大学生在基于兴趣选择专业时，必须慎重。大学生一般可以通过以下途径科学地结合兴趣选择专业。

（一）充分利用大类专业分流的机会

目前很多高校采用大类专业进行招生，后续通过专业分流再把大学生转入某一具体的专业，按具体的专业培养方案培养。同一个大类的专业培养方案比较相似。

专业分流时，大学生按照自己的兴趣和期待发展方向提出专业分流志愿，学校根据各专业人才培养的容量和要求进行分配。学校一般都会参考大学生的专业志愿，尊重大学生的自主选择权。但如果个别专业申请人数过多，学校就会对申请的大学生进行考核，择优录取。大学生必须重视专业分流的机会，要通过不同途径掌握学校的专业分流规定。一般而言，学院会组织召开专业分流的规定说明会，各专业也会通过专业导读、新生成长对话课、实验室参观等活动向大学生宣传专业信息，吸引优质生源，这为大学生科学选择专业提供了帮助，因此大学生应重视并积极参与这些活动。大学生应了解可选的各个专业，在此基础上做充分的准备。

（二）充分利用转专业的机会

转专业是大学生调整专业的一次机会。不同高校的转专业的程序和要求不同。有此需求的大学生需要了解具体的程序和要求。

在申请转专业时，大学生需要注意以下几个问题。

1. 问清转专业具体政策

问清转专业具体政策，如一共可以申请几次、申请时间、具体流程等。

2. 考虑转入后的衔接问题

例如，某大学生高中时是文科生，大学所学专业是行政管理，想转到金融学专业。因为金融学专业对高等数学的要求较高且属于热门专业，申请转入的学生会较多。该专业的负责人在对申请的学生进行考核时，一般会考虑其是否学习过高等数学，或者会组织申请转入的学生参加高等数学的考试。即使没有这些限制和考试，能够成功转入金融学专业学习，大学生也要考虑自己能否完成后续专业课程的学习，特别是高等数学课程的学习。

3. 考虑集体融入问题

要到一个新的专业学习，由于和新专业的很多人并不认识，大学生需要适应并融入新的集体，需要妥善处理人际关系。

生涯故事 小王的专业抉择

小王在高中时是计算机编程小组的成员，他很喜欢计算机相关内容，但高考后他被录取到了材料类，最终分流到材料科学与工程专业。本学期末，学校就要开展转专业工作，他觉得事先了解一下计算机专业才好做决策。于是，他利用课外时间，在学校里旁听了计算机专业的课程，同时参与了计算机学院一个学长的设计作业。他发现大学的计算机编程知识跟他在高中时接触的计算机编程知识完全不同，要完成一个作业可能需要连续熬夜。一段时间下来，他觉得自己不喜欢这样的状态。他跟自己的导师谈心后，发现所学专业学科实力非常强，如果将来出国留学，学科背景将会给自己提供很大的帮助。经过慎重考虑，他放弃了转专业的申请，最终以优异的成绩毕业，并到国外知名高校深造。

(三)充分利用辅修专业的机会

学校设置辅修专业制度，一般是为了充分满足学生个性化成长的需要，发挥大类培养机制优势，给学生提供更多跨专业、跨学科学习的机会，丰富人才培养工作的模式。选择辅修专业时，大学生一方面要考虑自己的兴趣，另一方面要考虑辅修专业与自己主修专业的关系。如果两者有一定的关联，那么会对未来的职业选择很有帮助。例如，主修数学、辅修经济学，未来可以从财经和数学结合的角度分析具体岗位的工作任务；主修工科相关专业、辅修语言类专业，未来能够更多地了解国际新的研究成果或者加强国际交流等。

开设辅修专业的学院依据同专业的主修专业教学培养方案制订辅修专业的教学计划，教学计划一般由该专业培养方案中的特色课程和部分专业基础课程组成，辅修专业课程与主修专业课程同质要求、同质管理，因此教学质量是有保障的。一般而言，学生辅修的专业不能和主修专业的学科相近。各高校对辅修专业的规定不尽相同，学生申请的条件、流程等存在一定的差别。因此，大学生应该认真了解学校的有关政策，以便作出科学的决策。

二、专业学习与兴趣

(一)培养兴趣

我们常说“培养兴趣”。一个人的兴趣，容易因个人能力、品质、价值观甚至父母、老师或身边人的影响而发生变化。比如，一个人也许一开始对弹钢琴没什么兴趣，但父母为了培养他的综合素质，给他报了一个钢琴班。即使他不喜欢甚至想退出，但在父母的坚持

下，也开始学习。随着钢琴技法的成熟，他参加了一些钢琴比赛，也获得了一些奖项，甚至因为钢琴弹得好而顺利加入了学校的合唱团(学校合唱团要求有钢琴基础)，因此他慢慢地爱上了弹钢琴。工作后，他常常在烦闷时通过弹钢琴来放松心情，有时候会不自觉地坐在钢琴前弹上一曲。所以，外界带来的压力或自我责任感会促使我们做好某件事，从而得到能力的提升，而能力提升带来的愉悦感或自豪感会促使我们对这件事产生正向的兴趣，兴趣增强又会促进能力提升，从而形成“能力提升—兴趣增强—能力提升”的良性循环。

阅读专栏 真正的兴趣

真正的兴趣应该是一见倾心，为伊憔悴，相伴终身。

1. 一见倾心

我们在面对一个新的事物或选择时，往往会产生“感兴趣”和“不感兴趣”的初步判断，其深层的心理诱因一般是以往的经历，这种经历曾给我们愉悦或痛苦的感受。所以，我们容易因为愉悦的感受而对某个事物或选择感兴趣，但是这种初步的兴趣很容易丧失。我们对某个专业感兴趣也往往是这样的，因为觉得某个专业名字好听(比如觉得智能制造比机械工程及自动化高级)、自己擅长(比如物理学得好的同学，上大学后想学应用物理学专业)、大家都说好(比如人工智能专业很热门，大家都觉得好，将来就业也容易)等，但是，这个专业是不是自己真正喜欢的、是不是真正适合自己，只有学过了才知道。

2. 为伊憔悴

当我们对某个事物产生兴趣之后，就需要进入兴趣的第二个层次，即为了加深对这个事物的了解和掌握相关的知识和技能主动付出努力。

3. 相伴终身

随着时间的推移，兴趣会慢慢融入我们的生命，成为生命的一部分：有的兴趣会转化为我们的职业或技能；有的兴趣会成为我们的事业助手或副业，提升我们的生活品质；有的兴趣会成为我们业余生活的重要组成部分。无论兴趣最终发展为哪种类型，都会对我们的生命产生影响。

综上所述，只有那些能让我们愿意主动付出努力的兴趣，才是我们真正要发展的兴趣。

(二)将专业和兴趣相结合

在大学阶段，大学生应该明白，兴趣不是选择专业的唯一标准，专业学习是主要任务。不论大学生对自己的专业是否喜欢，都应该完成本专业学习任务。在该前提下，再充分利用时间，探索兴趣，把自己的专业和兴趣相结合。大学生具体可以通过以下几个方法尝试将专业和兴趣相结合。

1. 悦纳并学习

专业会涉及基础知识，而这些基础知识可能会很难、很枯燥，也难以让人对其产生兴趣。比如，无论是学习计算机还是学习金融，高等数学都是必学的课程，而且难度不小。除非我们很喜欢数学，否则，即使对计算机或金融很感兴趣，在学习高等数学时也可能会觉得非常枯燥。这时我们要努力悦纳这种学习内容和要求，虚心向老师和同学请教。当逐步掌握学习的内容后，这种畏难情绪就会慢慢消失。

2. 尝试和探索

很多时候我们对专业不感兴趣，是因为存在一些错误的认知。这些错误的认知包括信息不对称造成的误解(不了解专业或者了解得不全面)、刻板印象(直觉上认为某专业不好，不愿意深入了解该专业)、他人影响(因为听别人说某专业不好，就觉得该专业不好)等。无论哪种情况，都不能成为我们不学好该专业的理由。这时候，探索和尝试才是找到答案的方法。我们可以通过多种方式加强对专业的了解，如看看专业学习的课程目录、参加专业社团或者参观校园招聘会等。参加这些活动可能会改变我们对专业的认知。

3. 关联和促进

我们需要找到专业和兴趣之间的关联点，尽量促进两者的互帮互促，从而形成良性循环，培养出专业兴趣。比如，某个车辆工程专业的同学对美术很感兴趣，就可以在专业学习的制图、设计等环节发挥美术特长，设计出符合标准且美观的作品。而这可能让他得到老师、同学的肯定，甚至会获得比赛的奖项，从而提升他对专业和美术学习的兴趣，这样就能把专业和爱好联系起来。

(三)学好专业的同时发展兴趣

当专业和兴趣差别非常大的时候，该如何应对？例如，一个机械工程专业的同学对摄影和采访很感兴趣，想毕业之后当记者，但现在暂时没有转专业的机会。首先，他应该学好机械工程专业。学习成绩是证明一个人学习能力和自我管理能力的重要依据。因为不喜欢这个专业而不能正常毕业，会让求职变得更加困难。其次，他应该充分利用自己的业余时间选修摄影、新闻传媒等课程，以及充分利用图书馆或数字资源学习有关内容。他还可以参加学校媒体类社团，参与社会实践或校内科研训练计划等，尝试写作并发表相关文章等。总之，他应该利用一切资源提升自己在这些方面的专业能力，努力发展兴趣。在这些行动过程中，这位同学可能会结识更多的专业人士，发现更多的意想不到的机会。

生涯故事　漫画里藏着知识的另一种可能

2002年，陈磊考入西北工业大学，毕业后进入上海大众汽车公司担任汽车设计师，在工科领域开启了职业生涯。

学生时代的陈磊就对漫画情有独钟，从小学二年级迷上漫画开始，画笔从未离开过他的生活。但在求学和工作初期，这份热爱只能作为业余爱好。工作之余，他以“二混子”为笔名在网络平台发布漫画作品，2013年开设微信公众号“混子曰”，用“专治各种不明白”的理念尝试科普创作。当他把东周列国历史比作“班级故事”时，意外收获大量关注，这让他意识到：“用漫画讲知识，或许是条能走通的路。”因此，他坚持把这件事做下去。2015年，陈磊毅然辞去汽车设计工作，全身心投入漫画科普创作。

后来陈磊在采访中回忆：“当我画出引力波那篇漫画时，突然明白这就是我要做一辈子的事。”那篇用“杀气喷一脸”解释引力波的作品，发布当日阅读量就突破10万。他带着理科生的严谨，每幅漫画都要查阅史料、请教专家，再用幽默画风拆解复杂知识，形成了独特的“漫画解构法”。

2017年，《半小时漫画中国史》出版引发读史热潮，截至2023年，系列丛书发行量超过3000万册，历史类书籍连续三年销量第一。2025年，他开通抖音账号科普历史时政，单条视频最高获赞152.7万，多条内容被各大媒体转载。从汽车设计师到知识科普达人，陈磊用画笔搭建起专业与兴趣的桥梁。

无论是深耕本业还是跨界探索，真正的热爱总能打破路径依赖。专业赋予的思维能力，从来不是束缚梦想的围栏，而是支撑我们向兴趣高地攀登的阶梯。正如陈磊用工科思维重构知识传播，只要心怀热爱并持续耕耘，每个领域都能开出独特的花。

第三节　认识职业

人的一生中最重要的阶段是在职业生涯中度过的。职业不仅为人们提供了赖以生存的物质基础，也提供了参与社会活动、承担社会义务、获得社会福利的条件。深入了解职业，可以帮助人们树立正确的职业观，使职业道路发展得更顺畅。

职业是一种社会历史现象，是人类发展到一定阶段的产物。现代意义上的职业，是社会分工的产物，是一种专业化的社会劳动岗位。从国家的角度来看，每一种职业都是一种社会分工；从社会的角度来看，职业是劳动者获得的社会角色，如医生、教师、律师、公务员等；从个人的角度来看，职业则是劳动者“扮演”的社会角色，他们为社会承担一定的义务和责任，同时获得相应的收入报酬。

职业的外延包括三层意思：一是有工作，即有事可做，有事可为；二是有收入，即获得工资或其他形式的经济报酬；三是有时间限度，如规定了退休年龄。

一、职业的分类

(一)职业分类的概念及作用

职业分类是采用一定的标准和方法，依据一定的分类原则，对从业人员所从事的各种专门化的社会职业进行全面、系统的划分与归类。我国的职业分类是以工作性质的同一性为基本原则，对社会职业进行的系统划分与归类。所谓工作性质，即一种职业区别于另一种职业的根本属性。一般通过职业活动的对象、从业方式等的不同予以体现。需要说明的是，对工作性质的同一性所作的技术性解释，要视具体的职业类别而定。

职业分类是一个国家形成产业结构的概念和进行产业结构、产业组织及产业政策研究的基础，对于社会各个行业的发展都有十分重要的意义。一个国家的职业分类可能会影响和制约其国民经济各部门管理活动的成效。

(二)职业分类的基本依据和方法

一个国家的职业分类是建立在分类结构体系之上的。对体系中的每个层次依据不同的原则和方法进行分类，才能实现总体结构的职业划分与归类。

根据国际职业分类的通行做法，一般将职业分类划分为大类、中类、小类、细类四个层次。大类层次的职业分类是依据工作性质的同一性，并考虑相应的能力水平进行的；中类层次的职业分类是在大类范围内，根据工作的任务与分工的同一性进行的；小类层次的职业分类是在中类的范围内，按照工作的环境、功能及相互关系的同一性进行的；细类层次的职业分类即职业的划分和归类，它是在小类的基础上，按照工作分析法，根据工艺技术、对象、操作流程和方法的同一性进行的。

国家职业标准是在职业分类的基础上，根据职业(工种)的活动内容，对从业人员工作能力水平的规范性要求。它是从业人员从事职业活动、接受职业教育培训和职业技能鉴定以及用人单位录用人员的基本依据。国家职业标准由中华人民共和国人力资源和社会保障部联合相关部门组织编制并颁发。

职业分类与职业选择、就业咨询、就业指导之间有着密切的联系。高校毕业生与用人单位在就业市场进行双向选择，实际上就是求职者选择职业和职业选择求职者的过程。因此，对于高校毕业生来说，如果不了解职业的种类及分类的依据，不了解职业对于劳动者素质的不同要求，就很难作出正确的择业决策。

(三)我国的职业分类

在职业分类中，产业、行业与职业三者之间存在着归属关系。不同产业相应地包含着

各种行业，不同的行业也相应地包含着各种职业。

产业是国民经济中最基本的分类。按照国际上通用的分类原则，一个国家的国民经济可以划分为三大产业：第一产业包括农业、林业、畜牧业、渔业和矿业；第二产业包括机械制造业、加工业和建筑业；第三产业指广泛的服务业（除第一、第二产业以外的其他各业），包括流通部门、为生产服务的部门、为提高居民文化和身体素质服务的部门、为社会管理服务的部门。

行业是指从事相同性质的经济活动的所有单位的集合，是根据经济活动的同质性原则划分的，即每一个行业类别都按照同一种经济活动的性质划分。我国于 1984 年颁布的《国民经济行业分类和代码》把我国国民经济分为 13 个门类，1994 年、2002 年、2011 年分别进行了修订，2017 年颁布了新的《国民经济行业分类》国家标准。2018 年，国家统计局制定并印发了《新产业新业态新商业模式统计分类（2018）》。

根据《国民经济行业分类》，我国国民经济行业被划分为门类、大类、中类和小类四级，共有 20 个行业门类、97 个大类、473 个中类、1380 个小类。

根据我国国民经济发展现状，在行业分类基础上，借鉴国际标准职业分类体系，《中华人民共和国职业分类大典（2015 年版）》（以下简称“2015 年版大典”）将我国职业归为 8 个大类、75 个中类、434 个小类、1481 个细类（职业），如表 2-2 所示。

表 2-2　我国职业的分类

类别	中类	小类	细类
第一大类：党政机关、国家机关、群众团体和社会组织、企事业单位负责人	6	15	23
第二大类：专业技术人员	11	120	451
第三大类：办事人员和有关人员	3	9	25
第四大类：社会生产服务和生活服务人员	15	93	278
第五大类：农、林、牧、渔业生产及辅助人员	6	24	52
第六大类：生产制造及有关人员	32	171	650
第七大类：军人	1	1	1
第八大类：不便分类的其他从业人员	1	1	1

大类是职业分类中的最高层次。我国大类的划分是以工作性质的同一性为主要依据，并考虑我国管理体制、产业结构的现状与发展等因素。我国全部社会职业大致分为管理型、技术型、事务型、技能型等八大职业类别。第七类和第八类不再进行下一层次的划分。每一大类的内容包括大类编码、大类名称、大类描述、所含中类的编码和名称。

2022 年 9 月 28 日，人力资源和社会保障部正式发布《中华人民共和国职业分类大典（2022 年版）》（以下简称“新版大典”）。与 2015 年版大典相比，在保持八大类不变的情况下，新版大典净增 158 个新职业，职业数达 1639 个。新版大典首次标识了 97 个数字职业，占职业总数的 6%。同时，延续 2015 年版大典对绿色职业标注的做法，标注了 134 个绿色职业，占职业总数的 8%。其中既是数字职业也是绿色职业的，共有 23 个。

课堂体验 找对口专业与职业

运用所学习的知识，找出与自己所学专业对口的职业或者相关职业。

1. 对口职业________________

2. 对口职业________________

3. 对口职业________________

4. 相关职业________________

5. 相关职业________________

6. 相关职业________________

二、职业认知

职业认知也叫职业探索，是对自己喜欢或想要从事的职业进行理论分析和实际调研的过程，目的是充分了解目标职业，并在明确自身与职业要求的差距中制定求职策略，从而有效地规划大学学习生活。

正确认识职业是个体正确和合理地进行职业选择的前提和基础。

(一)职业认知的核心

在认知和探索职业时要尽可能全面地掌握关于职业的信息，主要包括以下几个方面。

1. 职业描述

职业描述是对职业最精练的概括和总结，是透彻理解职业和调研职业的基础。认识职业时应仔细思考定义职业的每一个字，因为日后真正在职业中从事的具体工作基本就是对定义的拓展。如果不是最新的职业，一般来说职业的定义都可以查询到，如《中华人民共和国职业分类大典》中就有对职业的定义。

2. 职业的核心工作内容

每个职业都有核心的工作职责，职责背后对应的就是工作内容。通俗地说，就是这个职业一般都干什么活，什么工作是这个职业必须做的。了解职业的核心工作内容，有助于了解胜任该项工作必需的能力，从而找到自己和胜任工作之间的差距，有目的地培养相关能力以完成工作。成熟的职业通常都有权威人事部门总结确定的核心工作内容，一些企业的招聘广告中也有对工作内容的描述，也可以请教一些行业协会，或是从事这个职业的资深人士了解具体工作内容。

3. 职业的发展前景及其对社会和生活的作用

职业的发展前景在一定程度上体现了国家、社会等对该职业的需求程度，具体包括三个层面：职业在国家阶段性发展中的作用，职业对社会和大众的影响，职业对个人生活的影响。也就是说，不仅要知道这个职业对国家、对社会、对行业的作用，也要知道这个职业对大众、对生活的影响。国家的发展导向是促进职业发展的黄金动力，了解职业的发展轨迹有助于更好地选择职业。

4. 薪资待遇及潜在收入空间

职业是社会分工的产物，不同职业的从业者根据参与社会分工的质和量来获取相应的报酬。工作中能赚多少钱是大家都关心的话题，很多人也会把赚钱多少作为择业的关键因素，所以在考量职业时要重点调研职业的薪资状况。不同行业、企业、岗位的起薪会有差异。了解这种差异的有效渠道之一是阅读行业薪资调查报告。另外，各种论坛上的网络调查等也是了解差异的途径之一。

5. 岗位设置

一般来说，一个职业类别是有一系列具体岗位的，如人事工作的职业就分招聘、企业文化等很多具体岗位。不同行业、不同性质、不同规模的企业对岗位的划分和理解可能不同，如不同公司的同一个岗位可能名字相同，但干的活却完全不一样。了解职业的岗位设置，能加深对职业外延的理解。大学生可以通过专业网站、职业分类大典、业内资深人士了解某个职业在不同公司的具体岗位设置情况。

6. 入门岗位及其职业发展通路

入门岗位是指针对应届毕业生的工作。大学生要知道自己能通过哪些岗位走向个人的职业发展道路。通常从企业的校园招聘广告，或从一些校园招聘网站就可以找到这些信息。

7. 职业标杆人物

职业标杆人物就是在某个职业领域做得非常好的人。大学生要了解他是怎么做到的，他都取得了什么成绩，遇到过什么困难，以及具备什么素质等。每个职业都有标杆人物，无论是国内还是国外。研究职业标杆人物，了解他的奋斗轨迹，既可以让自己加深对职业的了解，又能让自己找到在这个职业领域的奋斗目标。通常网络搜索一个职业就能发现相应的职业标杆人物，也可以通过询问业内资深人士来了解。

8. 职业中典型的一天

了解职业中典型的一天通常是在访谈中完成的。大学生要知道从业者的一天都是怎么过来的，从早上出门上班到下班回家之间的时间都是怎么安排的。了解职业中典型的一天是判断自己是否适合这个职业的重要指标。如果“某个职业从业者的一天”这样的日子你一天都不想度过，那么这个职业可能并不适合你，你就不用去做这个职业了。所以这个过程是很关键的。

9. 从业素质要求及入门具体能力

从业素质要求是指从事这个职业的一般的、基本的要求。通过对职业的从业素质要求的了解，对比自己能否胜任，大学生可以查找自己要加强和补充的能力，从而更好地规划大学生活。

10. 组织和职位对个人的潜在要求

岗位描述中的技能和通用素质是组织和职位对个人提出的明确要求，达到这个要求才有被雇用的可能，但不同的组织对个人会有些潜在要求，这些要求不一定会在岗位描述中提及。比如组织文化、行业规则等对个人的要求。了解这部分，可以帮助大学生作出更合适的职业选择。

（二）建立自己预期的职业库

除了通过职业分类寻找要探索的职业，另一种方式是通过对自己的探索初步了解职业预期。对自我的兴趣、性格的探索，每一部分都有适合的职业出现。此外，每个人还有自己心目中理想的职业，可以把这些职业也列出来。这样就获得了一个职业清单。看看这些职业有什么共同点，就可能启发自己想到更多值得探索的职业。结合自己的能力和价值观，再次从职业清单中进行筛选，最终就能得到自己预期的职业库。心态越开放，越容易获得客观的信息。

相关研究表明，人们在作决策时，过多的信息容易让人迷失，反而拿不定主意，而信息太少又起不到让当事人充分了解客观事实的作用。所以在形成预期职业库的时候，库的大小要适当。通常 5~10 个职业调查是比较适合的。在信息探索的过程中，抛开自己固有的想法，保持开放的心态，就能得到客观、有用的信息。

第四节 专业与职业

以下内容是从某高校就业信息网上查询到的部分用人单位的招聘信息。

- 某师范类大学发布的招聘信息。

岗位：教学科研岗

专业要求：公共管理（行政管理、土地资源管理、人力资源管理、政府经济管理）、图书情报与档案管理（图书馆学、情报学）。

其他要求：高校应届博士毕业生。

- 某知名汽车租赁公司发布的招聘信息。

岗位：储备经理（高端管培生）

专业要求：统招一本及以上学历，专业不限。

其他要求：

1. 有激情、敢革新，有极强的上进心和创造力。
2. 自信、果敢，勇于挑战新高度。
3. 具备学习、沟通、协调能力，以及较强的抗压能力和灵活应变能力。
4. 有社团干部、学生干部、创业经历者优先。

- 某计算机信息系统公司发布的招聘信息。

岗位1：数据工程师

专业要求：计算机类、电子信息类相关专业。

其他要求：

1. 统招本科以上学历，计算机相关专业。
2. 掌握数据库基础、基本的Linux操作语言。
3. 熟练掌握Oracel基础、Excel操作基础。
4. 具备良好的沟通能力，能适应出差工作。

岗位2：大客户经理

专业要求：专业不限。

其他要求：

1. 统招本科以上学历，市场营销相关专业优先。
2. 形象气质佳，具有良好的沟通能力。
3. 抗压能力强，渴望挑战与高收入。

从上面的招聘信息中我们可以看出，用人单位在招聘时，往往会对专业设定一些限制性条件。专业与职业的关系是很多大学生非常关注的问题，了解专业与职业的关系是大学生作出科学决策的基础。

一、专业与职业的关系

专业与职业的关系错综复杂，存在“一对多”“多对一”甚至“不相关”等情况。外语专业的毕业生可能成为一家电商公司的创始人，建筑专业的大学生以后也可能成为高科技公司的高管。

下面几个大学生的故事可以加深我们对专业与职业之间关系的理解。

生涯故事

（一）

小马在大学期间成绩一般，专业排名靠后，但他在大学里做了很多学生工作，如当过班长和辅导员助理、担任过学校管理协会的副会长。他在担任学校管理协会副会长期间，为了组织大型活动，曾带领协会成员开展拉赞助活动。他利用自己较高的情商和良好的人际交往能力，联系了很多商家并谈成了几个合作项目。他虽然学习成绩不是很好，但大学期间没有挂过科，挑战和压力似乎更加能够激发他的动力。同学们对他的评价是善于沟通、吃苦耐劳。毕业时，小马其实不是很希望从事自己本专业的工作，更希望找到一份有挑战性、多和人接触的工作。在招聘会上，某大型矿产进出口公司的销售岗位吸引了他。岗位需求如下：

(1)材料、矿业类相关专业毕业；

(2)担任过学生干部，沟通能力较强；

(3)吃苦耐劳，抗压能力强，能适应经常出差。

小马在面试中表现突出，专业知识也起到了重要的作用，最终顺利入职。

（二）

小张是某大学机械工程专业的一名毕业生。在上大学时，他对自己所学的专业持无所谓的态度，既没有兴趣，也不反感。他认为学好自己的专业是一种责任，而不仅仅是满足兴趣。所以，他大学期间的学习成绩较好，几乎每年都会获得奖学金。

在专业课程学习之余，他喜欢写点东西。他心思细腻，从小就热爱文字，具有一定的文学功底。之所以学机械工程专业，是因为父母希望他能学一个“技术含量高”“有一技之长”的专业。在闲暇时间，他会参加学校组织的一些文学类讲座，也会写一些文章投递给报刊或媒体平台。在校期间，他还加入了学院的宣传社团，帮助学院开展专业宣传、稿件撰写等工作，他在潜移默化中对自己的专业有了广泛的了解。他为人比较谦和，喜欢帮助别人。此外，社团的经历让他具有了一定的领导能力和组织能力。毕业时，他应聘了某显示设备制造集团的人力资源岗位。这个岗位要求应聘者具有一定的理工科专业背景、成绩优良、有学生干部经历、善于沟通、文笔好。

招聘经理对小张在大学的经历，特别是他写过的那些文章印象深刻，对他在面试中的表现也非常满意。小张在毕业后顺利进入这家企业，并在工作中发挥自己的优势，很快便取得了好成绩。

（三）

小黄是热能工程专业的学生。一次偶然的机会，他参加了学校组织的一个关于新媒体的讲座，发现自己很喜欢拍视频，也喜欢剪辑视频。他觉得把自己拍的视频通过剪辑做成有内容、有意义的作品，是一件很幸福的事。大学期间，他利用课外时间旁听了视觉传达与设计、艺术设计、计算机应用等课程，有不懂的就去图书馆查资料或问相关专业的学长，久而久之他就开始帮助班级、学院做一些视频拍摄和剪辑工作。大三时，他顺利申请到一份广告方面的实习工作，又因为在视频创意、拍摄和剪辑等方面有一定特长，被推荐到一家知名传媒公司做视频剪辑。毕业后，他顺利和这家公司签约，实现了自己的职业梦想。

专业与职业的关系有很多种，我们可以尝试用数学中的集合概念来说明。

（一）专业与职业是包含关系

一个职业可以包含很多个专业。比如前文中某师范类大学招聘教学科研岗的专业要求为公共管理（行政管理、土地资源管理、人力资源管理、政府经济管理）、图书情报与档案管理（图书馆学、情报学）。只要是这些专业的毕业生，都可以应聘这个岗位。

同时，一个专业也可以对应多个职业。比如采矿工程专业毕业的小王和小马，他们虽然是同一个专业的毕业生，但工作的岗位可以是研发设计岗位，也可以是销售岗位。

（二）专业与职业是相交关系

当前，高等教育逐渐采用通识教育模式，很多高校采取大类人才培养模式，加强学科交叉融合、产学研融合、科教融合等，努力培养复合型人才。从用人单位角度来看，其更需要具备扎实的专业基础知识，同时学习能力、适应能力较强的人才。大学生即使专业不完全对口，但由于掌握了本专业的基础知识，学习能力又强，很快便能够掌握用人单位所需要的能力。专业与职业出现交集，要求大学生既要掌握专业知识、学好本专业的内容，又要在大学里提升综合素质。

（三）专业与职业是分离关系

在前面的案例中，热能工程专业的小张成为视频剪辑人员，其专业与职业是完全分离的。

有很多大学生，特别是一些冷门专业毕业的大学生，在求职时常常希望进入非本专业的领域就业。如果有这种想法，在大学期间，大学生就应该在保障学业正常完成的情况下，利用课余时间努力补充目标职业领域所需的专业知识和技能，为未来的职业发展做好准备。

课堂体验

请了解自己所学的专业，认识该专业的价值，思考该专业的未来出路，并填写表2-3。

表2-3　×××专业探索记录表

项目	具体内容
专业名称	
培养目标	
核心课程	
知识与技能	
毕业条件	
相关专业	
近几年的就业状况	
近几年的升学状况	
对口的行业及单位状况	
可供适合的职业	
专业相关的名校、名师、杰出校友	

二、结合专业做好职业发展规划

大学生所学的专业与职业发展的关系可能有很多种。有的同学将专业作为自己未来职业发展的目标，通过专业训练，掌握专业知识和技能，向着本专业相关的领域前行；有的同学将专业作为自己未来职业发展的踏板，提升综合素质，结交优秀同学，以专业为背景，结合多领域的知识和资源，实现自己的职业梦想。

结合专业做好职业发展规划，我们需要做好以下工作。

（一）明确学好专业的意义

学好专业是大学生的主要任务，也是大学生提升自我的重要途径。专业是大学生职业发展的核心竞争力。大学期间，大学生通过课堂、实验室、图书馆、实训基地、企业等途径，开展专业知识学习、专业技能训练等，最终掌握本专业领域的专业知识。大学的专业教学有明确的培养大纲、实现路径和考核标准，是非常系统的专业训练。因此，学好专业有助于提升大学生的核心竞争力。

（二）端正专业学习的态度

学习态度是非常重要的考核因素。大学生专业成绩排名，是其责任心、学习能力的重要体现。专业学习是对意志品质的磨砺。大学专业学习中的很多课程和实验操作需要团队

合作才能完成，因此，专业学习提升了大学生吃苦耐劳、团队合作和沟通表达等能力。这些能力将成为大学生职业生涯成长的立足点。

（三）处理好专业与职业的关系

专业定位职业。大学生应将自己的专业与职业倾向逐步相接，以专业引领职业发展，不断提升自己的专业技能，提升自己的求职核心竞争力。

专业适应职业。职业发展起始于专业，专业服务于职业发展。大学生应先学好专业，让自己适应变化的环境，不断尝试新的事物，积极寻找职业目标。

专业创造职业。大学生应将兴趣和专业结合，培养专业能力，在自己热爱的领域成长为真正的强者。

阅读专栏　农村义务教育阶段学校教师特设岗位计划优惠政策

按规定参加社会保险，同等条件下在职称评聘、评先评优、年度考核等方面享受与当地公办学校在编教师同等待遇。特岗教师在聘任期间，执行国家统一的工资制度和标准；其他津贴补贴由各地根据当地同等条件公办教师年收入水平和中央补助水平综合确定。要落实好周转宿舍等安排，帮助解决工作生活中的实际困难。开展特岗教师针对性培训。保证三年服务期满、考核合格且愿意留任的特岗教师及时入编并落实工作岗位。

【回顾·练习】

1. 大学生需要从哪些方面了解专业？
2. 大学生可以通过哪些途径科学地结合兴趣选择专业？
3. 如何处理专业和兴趣之间的关系？
4. 简述专业与职业的关系。
5. 如何结合专业做好职业发展规划？

【发现·探索】

制订个人“大学学业规划”

根据自己的实际情况填写下表，制订自己本学期的学业发展规划，并进行总结分析。

第1学期			规划内容	完成情况	总结分析	后续规划修正
专业知识和技能发展规划	课程成绩计划	设定必修课、限选课、任选课等课程的目标成绩 设定英语、计算机等课程的等级考试的目标成绩				

续表

第 1 学期			规划内容	完成情况	总结分析	后续规划修正
专业知识和技能发展规划	奖学金计划	制订各类奖学金计划				
	专业素质拓展计划	规划与专业相关的知识发展 规划与专业相关的素质发展 规划与专业相关的技能发展				
	其他方面发展计划	如参加社团、参加生涯赛事、参加专业竞赛等				
个人特长及素质发展规划	文娱特长发展计划	制订音乐、舞蹈、曲艺、美术、设计等方面的学习计划				
	体育特长发展计划	制订体育运动和比赛等方面的计划				
	计算机特长发展计划	制订计算机软硬件的学习、应用等方面的计划				
	思想政治素质发展计划	如积极参加学校组织的“五青”(由青蓝讲坛、青风学堂、青雨润堂、青烛讲堂、青影艺堂构成的“五青”思政政治工作体系)讲座及活动				
	心理健康发展计划	如积极参加心理咨询活动				
	其他方面发展计划	如积极参加演讲比赛、辩论比赛等				
兴趣爱好发展规划	读书计划	制定本学期的阅读书单，完成至少 10 本书的阅读				
	其他计划	其他				
综合素质拓展规划	技能认证考试计划	如考取与所学专业相关或跨专业的某个技能认证证书				
	组织能力发展计划	如担任学生干部参与班级管理、组织大型活动				
	社会活动计划	如参与青年志愿者服务、社会实践、爱心奉献、专业实习等活动				

第三章 探索认知自我　锚定发展基点

学习指南

在求职之前要先进行职业生涯规划，在进行职业生涯规划之前要先进行准确的自我定位，要先弄清自己想要干什么、能干什么，自己的兴趣、才能、学识适合干什么。大学生在进行职业生涯规划时，必须充分注意自己的性格和职业的适宜性。有研究表明，性格影响一个人的职业取向。由于性格不同，每个人对工作和职业的态度也是不同的，不同性格的人必然适合从事不同的职业。

价值观决定了“什么对我们是重要的，什么是更重要的”。当大学生明确了自身的价值观时，就能更好地树立人生志向。

学习目标

知识目标

1. 理解价值观、性格、兴趣、能力对职业选择的影响。
2. 掌握舒伯职业价值观测试、MBTI 性格测评、霍兰德兴趣理论等工具的应用。
3. 了解自我认知的核心要素。

能力目标

1. 能运用 SWOT 分析法、5W 法进行自我评估。
2. 能通过职业价值观测试明确自身职业倾向。
3. 能结合性格与兴趣制定个性化职业目标。

素质目标

1. 培养自我反思与自我管理能力，树立客观的自我认知。
2. 增强职业选择的理性思维，避免盲目从众。

思维导图

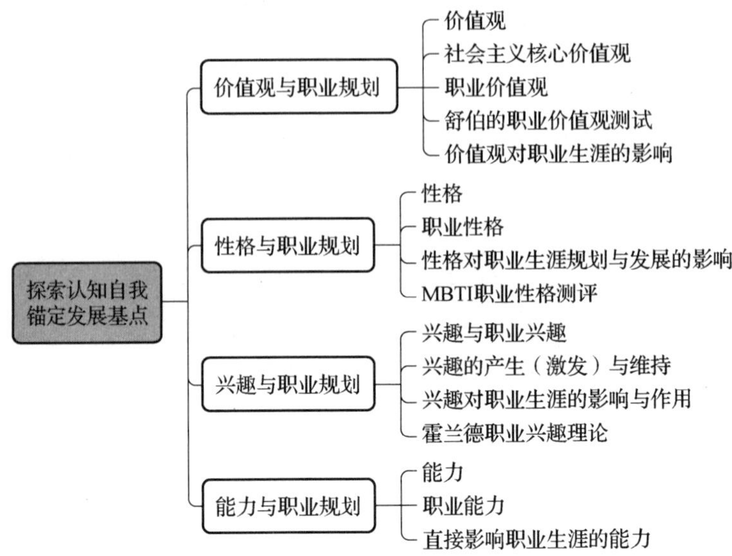

专业对口的尴尬

在一次大型招聘会上，毕业于某高校的一位同学向一家汽车公司申请一个机械工程师的岗位。他学的是机械专业，在大学期间各门成绩都不错，曾从事过医药、空调、摩托车等产品的销售、品质主管，换了六七个工作，唯独没有机械方面的工作经历。招聘者看了他的情况后认为，如果他毕业后稳定从事机械方面的工作，就是公司需要的人选，但因为没有这方面的工作经验，公司无法录用他。

该同学的例子表明很多大学生缺乏长期的职业规划给自己带来的危害。由于没有长远打算，很多大学生职业定位不清晰，随波逐流地换工作，到头来重新定位又要花很大力气，不得不陷入专业对口却很尴尬的境地。

第一节 价值观与职业规划

一、价值观

每个人对现实中的所有事情都会有一个评价标尺，什么事情是好的、值得提倡的、重要的，什么事情是不好的、不值得提倡的、不重要的，这就是价值观。

价值观是人基于思维感官而作出的认知、理解、判断或选择，也就是人认定事物、辨别是非的一种思维或取向，从而体现出人、事、物一定的价值或作用。价值观具有稳定性、持久性、历史性、选择性、主观性特点。价值观对动机有导向作用，同时反映人们的认知和需求状况。

价值观是一个人内心对各种事物的评价标准，它源自人的内心需求，在成长过程中逐渐形成，影响人生的各个方面。在人生的不同阶段，价值观会有所变化。

价值观在职业生涯规划中对就业者有指导作用。对职业的选择需要从多方面考虑，价值观包含一定的就业倾向。当代大学生正处于步入社会之前的转型期，是树立价值观的重要时期。大学毕业时的就业选择是人生的一个关键点。因此，研究价值观对大学生职业生涯规划的影响，对大学生职业生涯规划具有现实意义。

二、职业价值观

价值取向问题是做任何职业规划的前提条件。不同的人具有不同的职业价值观。如果一个人在价值观上无法接受某个职业，那这个职业对他来说无疑是一种折磨，不管有多么迷人的前景，都是痛苦的。

职业价值观是人们在职业生活中表现出来的一种价值取向，是人们在选择职业时的一种内心尺度，是人们对待职业的一种信念和态度，是指人生目标和人生态度在职业选择方面的具体表现，也就是一个人对职业的认识和态度及其对职业目标的追求和向往。它支配着人的择业心态、行为、信念等，支配着职业认知与自我了解、自我定位、自我设计等，也为自认为正当的职业行为提供充足的理由。有研究表明，职业价值观是人内心深处对自己的看法，它是个人的才干、价值观、动机经过自省后形成的。职业价值观可以指导、约束或稳定个人的职业生涯。

每个大学生由于所受教育的不同和所处环境的差异，在职业取向上的目标和要求也是不相同的。在许多场合，每个人都要在得失中作出选择，而左右人们选择的往往是职业价值观。例如，从事科研工作能获得智力刺激、成就感、独立性和社会地位，但不能满足经济报酬、社会交往、安逸舒适等方面的需要；成为一名公司白领可获得经济报酬、社会交往及成就感，但可能无法实现独立性、有安全感等目标。没有一种职业能完全满足一个人的各种需要。了解自己各种需要的权重排序是非常有必要的一件事情。

职业价值观是人生价值观在职业问题上的反映。职业价值观包括个人对职业的信念和态度，关乎人生方向和价值实现。

职业价值观受多种因素影响，如时代、社会文化、家庭、崇拜的对象等。随着自身与环境的变化，人的职业价值观也会发生改变。职业价值观同时又是相对稳定的，能够让人保持稳定的行为取向。

每个人所持的职业价值观决定了职业期望，影响每个人对职业方向和职业目标的选择。

三、舒伯的职业价值观测试

舒伯的职业价值观测试分为三个维度：内在价值观（和职业本身相关的因素）、外部价值观(和职业相关的外部因素)、薪酬(包括福利待遇等可见收入)。这三个维度又包含15个因素：利他主义、美的追求、创造发明、智力激发、独立自主、成就满足、声望地位、管理权力、经济报酬、安全稳定、工作环境、领导关系、同事关系、多样变化、生活方式。

课堂体验 运用舒伯职业价值观量表了解自己的职业价值倾向

表3-1包含60道测试题，请在每题对应分值单元格中填入数字1~5，代表该选项对你的重要性，最低分为1分，最高分为5分，分数越高代表该项内容对你越重要。通过测试，你可以大致了解自己的职业价值倾向，为将来择业提供参考依据。

表3-1 有关职业价值的60道测试题

分值	题号	内容	分值	题号	内容
	1	能够参与救灾济贫的工作		31	能够减少别人的苦难
	2	能够经常欣赏完美的工艺作品		32	能够运用自己的鉴赏力
	3	能够经常尝试新的构想		33	常需构思新的解决方法
	4	必须花精力深入思考		34	必须不断地解决新的难题
	5	在职责范围内有充分自由		35	能够自行决定工作方式
	6	可以经常看到自己的工作成果		36	能够知道自己的工作绩效
	7	能够在社会扮演更重要的角色		37	能够让自己觉得出人头地
	8	能够知道别人如何处理事务		38	可以发挥自己的领导能力
	9	收入比相同条件的人高		39	可使自己存下很多钱
	10	能够有稳定的收入		40	有好的保险和福利制度
	11	能够有清静的工作场所		41	工作场所有现代化设备
	12	主管善解人意		42	主管能够采取民主领导方式
	13	能够经常和同事一起休闲		43	不必和同事有利益冲突
	14	能够经常变换职务		44	可以经常变换工作场所
	15	能够成为自己想成为的人		45	经常让自己觉得如鱼得水
	16	能够帮助贫困和不幸的人		46	能够经常帮助他人解决困难
	17	能够增添社会文化气息		47	能够创作优美的作品
	18	可以自由地提出新颖的想法		48	经常需提出不同的处理方案
	19	必须不断学习才能胜任		49	需对事情深入分析、研究
	20	工作不受他人干涉		50	可以自行调整工作进度
	21	常觉得自己的辛劳没有白费		51	工作结果受到他人肯定
	22	能够使自己更有社会地位		52	能够自豪地介绍自己的工作
	23	能够分配调整他人的工作		53	能够为团体拟订工作计划
	24	能够常常加薪		54	收入高于其他行业
	25	生病时能有妥善照顾		55	不会轻易被解雇
	26	工作地点光线好、通风好		56	工作场所整洁卫生
	27	有一个公正的主管		57	学识和品德让自己钦佩
	28	能够与同事建立深厚的友谊		58	能够认识很多风趣的伙伴
	29	工作性质常会变化		59	工作内容随时间变化
	30	能够实现自己的理想		60	能够充分发挥自己的专长

统计职业价值测试各项得分，填入表3-2中，得分越高，代表这个方面的价值观越强烈。

表3-2　职业价值倾向测试得分统计

对应题目	职业价值观	得分	对应题目	职业价值观	得分
1、16、31、46	利他主义		9、24、39、54	经济报酬	
2、17、32、47	美的追求		10、25、40、55	安全稳定	
3、18、33、48	创造发明		11、26、41、56	工作环境	
4、19、34、49	智力激发		12、27、42、57	领导关系	
5、20、35、50	独立自主		13、28、43、58	同事关系	
6、21、36、51	成就满足		14、29、44、59	多样变化	
7、22、37、52	声望地位		15、30、45、60	生活方式	
8、23、38、53	管理权力				

四、价值观对职业生涯的影响

随着社会经济的快速发展，经济利益状态、社会生活方式、社会就业岗位和就业竞争形式呈现出多样化特征。这些变化直接影响人们的价值观念、思维方式、生活习惯、毕业就业观念和人际沟通交往等方面，也不断冲击当代大学生的价值取向。每个人在职业选择过程中会有很多倾向性考虑和选择，如倾向于职业活动的过程本质、结果成果、环境适应、前景发展、与生活的契合度等。大学生价值观不同，其选择或者倾向的未来职业有所差异。

除了学校，社会、政府、家庭都应作出与之相应的调整，以帮助在校大学生建立正确的、积极的价值观，以使职业和价值观能够更好地匹配，从而使大学生顺利毕业就业。

（一）价值观决定职业生涯规划的方向

价值观在新时代大学生的思维选择方式、行为生活习惯、毕业就业观念和人际沟通交往等方面具有不可或缺的作用。价值观决定职业生涯规划的方向。

1. 价值观能够增强新时代大学生对于国家、社会、学校、家庭等的认同感

学校应将正确的价值观融入职业生涯规划教育，让学生深刻地感受到新时代就业择业的特色，启发学生增强民族自主意识、创新创业意识。

2. 价值观能够提升大学生的思想认识

正确的价值观一定包含对自我价值的肯定与坚持，包含对大局的判断，懂得如何为社会的发展和民族的兴旺贡献力量。

就业问题是学生未来职业发展的关键问题，也是代表社会长治久安的标准和重要指标之一。如果就业问题不能够得到有效解决，那将会对国家的发展、社会的稳定产生极大的负面影响。

（二）价值观是职业生涯规划成功实施的关键

大学生是就业主力大军。在这个广泛的群体中，有部分学生在面对就业选择时可能出现逃避就业、消极就业的现象，这会导致其缺乏动手实践能力和劳动能力，也与社会需要的创新发展型、社会实践型人才相去甚远。因此，学校应对学生进行积极的引导，剖析每个学生的独特能力，做好每个学生的职业生涯规划工作，协助其成功完成身份的快速转换，正确认识自我，制定一套适合自己发展的职业规划体系，尽量让每个学生都能在正确价值观的引导下未雨绸缪，成功就业。

（三）价值观能够促进职业生涯规划向多元化发展

学校对于大学生的职业生涯规划课程设置，不应局限于刚入学与毕业前设计，而应直面实用性需求，充分利用职业生涯发展连续性的特点，将职业生涯规划通过社会实践、科技创新及特色活动等贯穿大学生活的始终，对不同学历层次的学生的特点进行罗列分析，并对其进行有针对性的职业生涯规划指导。学校应将职业生涯规划的指导性和引导性发挥到位，根据学生的个人特点和喜好因材施教，事事早规划，件件有落实，使职业生涯规划结合学生的专业学习，避免专业与就业的误区，提升专业性和多样性。要在学生选修课中引导学生选择兴趣类课程，拓展其职业发展方向，鼓励学生找到自身职业生涯发展的内驱力，促进学生就业，提高就业水平。

（四）价值观影响对职业生涯规划的判断

价值观作为个体活动的动力因素，对个体活动的选择性、方向性和对活动的调控具有重要意义。在职业生涯规划中，个人与组织相结合，在对个人职业生涯主观与客观条件进行测定、分析、总结的基础上，对自己的兴趣、爱好、能力、特点进行综合分析，根据自己的职业规划情况确定职业奋斗目标，并将这一目标付诸行动。在客观上，根据现实情况，结合自身物质条件，综合考虑未来职业发展方向，在不违背正确价值观的前提下作出职业生涯规划。

（五）价值观在职业生涯规划中具有重要的指导作用

当下，大学生的择业期望值普遍偏高。但是，大部分学生还未步入社会，缺乏一定的实践经验，在求职过程中心理准备不充分，容易遭遇挫折，这时就会有心态失衡的情况。同时，他们缺乏对自己、对他人、对事物的客观全面分析，往往把挫折归因于外部因素。由于社会分工不同，各种职业在劳动性质、强度、条件和待遇上都存在差别。传统观念中各种职业的声望、地位等都影响大学生树立正确的、积极的职业价值观。要有正确的毕业

择业价值取向，大学生就应该正确了解当前的社会现实，敢于面对现实，摆正位置，发挥优势，勇于竞争。职业价值观是一个复杂的多维度的心理因素。大学生职业价值观受社会环境、家庭教育、学校教育和个人因素影响，学校应加强职业规划和思想政治教育，引导大学生准确定位，树立正确的职业价值观；引导大学生提升职业素养，使其认识到纯洁品质、敬业精神、团队合作、过硬技能等是形成良好职业价值观的重要基础。学校教育与家庭教育相结合，形成合力，共同使大学生形成良好的职业价值观。

人们常说“三百六十行，行行出状元”。作为一个特殊的社会群体，大学生在为自己做职业生涯规划之前，一定要清楚和明确自己的价值观和职业价值观。对于职业来说，无论热门与否，无论薪酬高低，大学生都要用正确的态度和价值观来对待。

课堂体验 价值观与职业的筛选

请写出10个你认为的好工作和较能满足你内心需要的价值观。如果一种职业不能同时满足这几项，放弃并画掉。重复这一步骤，直到不放弃为止，最后得出必须坚持的价值观和对应的职业。注意：本测试结果仅供参考，不代表最终结论。

好工作 价值观

1. ______________________；______________________。
2. ______________________；______________________。
3. ______________________；______________________。
4. ______________________；______________________。
5. ______________________；______________________。
6. ______________________；______________________。
7. ______________________；______________________。
8. ______________________；______________________。
9. ______________________；______________________。
10. ______________________；______________________。

必须坚持的价值观：______________________。

对应的职业______________________。

第二节 性格与职业规划

一、性格

性格是一个人对现实的态度和行为方式中比较稳定的心理特征的总和。性格是在社会生活实践中逐渐形成的，一经形成便比较稳定，它会在不同的时间和不同的地点表现出来。但是，性格并不是一成不变的，而是可塑的。生活环境的重大变化会使人的性格特征产生显著变化。

性格不同于气质，它受社会历史文化影响，有明显的社会道德评价意义，直接反映一个人的道德风貌。气质更多地体现人格的生物属性，而性格更多地体现人格的社会属性。个体之间的人格差异的核心是性格的差异。

每个人都有自己的独特个性，也就是说每个人的心理特征不同，看问题、处理事情的风格、方式也不同。有的人热情爽朗，有的人沉稳持重；有的人风风火火，有的人谨慎多疑……但是，一个人在某方面有所不足，在其他方面必有过人之处，说不定就是其制胜的法宝。

二、职业性格

职业性格是人们在长期特定的职业生活中形成的与职业联系的，对职业的稳定态度和在职业活动中习惯的行为方式表现出来的个性心理特征。职业性格对个人的职业生涯规划有重要意义。例如，有的人对待工作总是一丝不苟、在为人处世中总是表现出高度的原则性、在对待自己的态度上总是表现得谦虚，这些就是职业性格。

人的性格千差万别，或热情外向，或羞怯内向，或沉着冷静，或火暴急躁。有职业心理学家研究表明，不同的职业有不同的性格要求。每个人的性格都不能百分之百地适合某种职业，却可以根据自己的职业倾向来培养、发展相应的职业性格。不同的性格特征，对企业而言，决定每个员工的工作岗位和工作业绩；对个人而言，决定自己的事业能否成功。

三、性格对职业生涯规划与发展的影响

(一)性格与职业息息相关

性格是个体人格中具有核心意义的部分，几乎涉及一个人的心理过程及个性特征的各

个方面。性格使一个人更加偏爱某种环境而不是另一种环境。由于性格不同，每个人在对不同环境的认知过程中，表现出不同的个性化风格。从事与自己的性格不匹配的工作，个人的才能就会受到阻碍，会觉得整个工作状态都“不对劲”。使一个人在某种职业中获得成功的性格，可能让其在另一种职业中大受挫折。因此，在职业选择中，我们应尽可能充分考虑自己的个性特征与职业要求是否相适应，这样在工作中就能够满足自己的独特欲望，能够发挥自己特有的能力，还能够利用自己的个人资本，体验到更多的快乐和愉悦。

职业规划专家通过一个小小的实验阐明了这一观点。

你在一张纸或书页边上签上自己的姓名，然后说：“完成了吗？好。现在换一只手再签一次。”如果你感到别扭，那就对了，因为大多数人在第一次签名后会说“很自然”“简单”“很快”“毫不费劲”。然而，当你换另一只手时会如何呢？经典的回答有“很慢”“别扭”“困难”“发酸”“很累”“要花很长时间”“花费更多精力和心思”。

职业规划师认为用手的习惯可以很好地说明找到与性格匹配的职业的重要性。使用你惯用的那只手，你就会感到舒适和自信；若强迫使用另一只手，虽然可以拓展你的能力，但不会像先前那样灵活自如，效果自然不那么令人满意了。

（二）在职业发展上，性格比能力重要

现在，用人单位逐渐认识到人的性格比能力更重要。其原因是，一个人能力不足，可以通过培训提高，多花点时间，总可以开发出来。一个人的性格与职业或岗位不吻合，改变起来就困难多了。所以，用人单位在招聘新人时，将性格测试放在首位，当应聘者性格与职业或岗位吻合时，招聘单位才对其能力进行测试或考查。如果性格与职业或岗位不吻合，应聘者有再高的学历、再高的能力也不会被录用。

（三）性格无所谓好坏，关键看是否放对了地方

每类性格都有与之相适应的职业范围。有职业心理学家研究表明，不同的职业需要具有不同性格的从业者。例如，敏感型的人精神饱满，办事喜欢速战速决，但行为常有盲目性，有时情绪不稳定。这类人适合的职业包括运动员、行政人员与一般性职业。情感型的人感情丰富，喜怒哀乐溢于言表，不喜欢单调生活，爱刺激，爱感情用事，对新事物很有兴趣。这类人适合的职业包括演员、导游、活动家、护理人员等。思考型的人善于思考，逻辑思维发达，有比较成熟的观点，生活、工作有规律，时间观念强，重视调查研究的精确性，但有时思想僵化，缺乏灵活性。这类人适合的职业包括工程师、教师、财务人员和数据处理人员等。想象型的人想象力丰富，憧憬未来，喜欢思考问题，有时行为刻板，不易合群。这类人适合的职业包括科学工作者、技术研究人员、艺术工作者和作家等。

从职业规划的角度来看，性格对职业生涯的影响是长久而深远的，关系人们能否快乐

工作，以及是否感觉到舒适。只有尽可能客观地认识自己，人们才能正确处理自己与外部世界的平衡，正确选择职业，实现职业生涯的成功。

在职业规划过程中理解性格，主要是出于以下三个目的。

1. 了解自己的思考方式和行为倾向，以更好地发展自己。

2. 了解人与人之间的性格差异，以在沟通和与人合作方面提出改进措施。

3. 了解不同性格的人群在对职业的选择和适应上的倾向性，以做好职业规划。

当以自己的偏好行事时，人们就会处于最佳状态，会感到充满干劲，效率很高，反之则事倍功半。

四、MBTI职业性格测评

人的性格倾向就像分别使用自己的两只手写字一样，都可以写出来，但惯用的那只手写的字会比另一只手写得好。

每个人都会沿着自己所属的类型发展出个人行为、技巧和态度，而每个人都存在自己的潜能和潜在的盲点。

(一)MBTI概述

MBTI全称“Myers-Briggs Type Indicator”，中文称“迈尔斯-布里格斯类型指标”，是一种自我报告式的性格评估理论模型，用以衡量和描述人们在获取信息、作出决策、对待生活等方面的心理活动规律和性格类型。MBTI目前已经成为权威的性格测试工具，也可作为个人职业生涯规划分析的参考工具。

MBTI的理论基础来源于瑞士著名心理学家卡尔·荣格的性格类型理论，后由美国心理学家凯瑟琳·库克·布里格斯与她的女儿伊莎贝尔·布里格斯·迈尔斯深入研究并加以发展。

这种理论可以帮助解释为什么不同的人对不同的事物感兴趣、擅长不同的工作，并且有时不能互相理解。MBTI主要应用于职业发展、职业咨询、团队建议、婚姻教育等方面，是目前国际上应用较广的人才甄别工具。

(二)MBTI的倾向与四个维度

1. MBTI的倾向

MBTI倾向显示了人与人之间的差异，而这些差异产生于以下四个方面。

(1)注意力集中在何处，从哪里获得动力(外向、内向)。

(2)获取信息的方式(感觉、直觉)。

(3)做决定的方法(思维、情感)。

(4)对外在世界如何取向，通过认知过程或判断过程(判断、知觉)。

2. MBTI 的维度

MBTI 性格共有四个维度，每个维度有两个方面，共计八个方面，可以用字母代表。

(1)注意力方向：外向 E 与内向 I。

(2)认知方式：感觉 S 与直觉 N。

(3)判断方式：思维 T 与情感 F。

(4)行动方式：判断 J 与知觉 P。

MBTI 中每个维度的偏好均由两极组成，并使用二分法来评估个人的偏好，MBTI 四个维度的个人偏好如表 3-3 所示。

表 3-3　MBTI 四个维度的个人偏好

维度	类型	英文单词及缩写
注意力方向(动力来源)	外向	E(Extrovert)
	内向	I(Introvert)
认知方式(如何搜集信息)	感觉	S(Sensing)
	直觉	N(Intuition)
判断方式(如何做决定)	思维	T(Thinking)
	情感	F(Feeling)
行动方式(如何应对外部世界)	判断	J(Judgment)
	知觉	P(Perceiving)

四个维度，两两组合，MBTI 共有 16 种性格类型，如表 3-4 所示。

表 3-4　MBTI16 种性格类型

类型	名称	类型	名称	类型	名称	类型	名称
ISTJ	物流师型人格	ISFJ	守卫者型人格	INFJ	提倡者型人格	INTJ	建筑师型人格
ISTP	鉴赏家型人格	ISFP	探险家型人格	INFP	调停者型人格	INTP	逻辑学家型人格
ESTP	企业家型人格	ESFP	表演者型人格	ENFP	竞选者型人格	ENTP	辩论家型人格
ESTJ	总经理型人格	ESFJ	执政官型人格	ENFJ	主人公型人格	ENTJ	指挥官型人格

四个维度在每个人身上有不同的比重，不同的比重会导致不同的表现，关键在于各个维度上的人均指数和相对指数的大小。

(三)MBTI 16 种性格类型及职业倾向

只有找到自己的性格优势，走合适的路，才能把个人潜能发挥到极致，而且工作本身就能带来愉悦感，从而更容易取得更高的成就。那么，普通人怎么才能科学分析自己的优势与劣势，找到合适职业，实现快速成长呢？通过 MBTI 职业性格测试就可以实现。

每个人通过 MBTI 测试都可以获得有关自己性格类型的信息，并据此选择适合自己性格类型的职业。

课堂体验

MBTI 性格测试

内容	选择
1. 我倾向于从何处得到力量：	
(E)别人。	
(I)我自己的想法。	
2. 当我参加一个社交聚会时，我倾向于(　　)有更多的力气：	
(E)在夜色很深时，一旦我开始投入，也许就是最晚离开的那一个。	
(I)在夜晚开始的时候，我就疲倦了并且想回家。	
3. 下列哪一种听起来比较吸引人？	
(E)与我爱的人到有很多人且社交活动频繁的地方。	
(I)待在家中与我爱的人做一些特别的事情，如说观赏一部有趣的录像带并享用我最爱的外带食物。	
4. 在约会中，我通常：	
(E)整体来说蛮健谈的。	
(I)较安静并保留，直到我觉得舒服。	
5. 过去，我倾向于(　　)遇见我大部分朋友：	
(E)在宴会中、夜总会、工作上、休闲活动中、会议上或当朋友介绍我给他们的朋友时。	
(I)透过私人的方式，个人广告、录像约会或是由亲密的朋友和家人介绍。	
6. 我倾向于拥有：	
(E)很多认识的人和很亲密的朋友。	
(I)一些很亲密的朋友和一些认识的人。	
7. 过去，我爱的人和家人倾向于对我说这些：	
(E)你难道不可以安静一点吗？	
(I)可以请你从你的世界中出来一下吗？	
8. 我倾向于透过以下方式收集信息：	
(N)我对有可能发生之事的想象和期望。	
(S)我对目前状况实际认知。	
9. 我倾向于相信：	
(N)我的直觉。	
(S)我直接地观察和现成的经验。	

内容	选择
10. 当我置身于一段关系中时，我倾向于相信：	
(N)永远有进步的空间。	
(S)若它没有被破坏，别修补它。	
11. 当我对一个约会觉得放心时，我倾向于谈论：	
(N)未来，关于改进或发明事物和生活的种种可能性。例如，我也许会谈论一个新的科学发明，或一个更好的方法来表达我的感受。	
(S)实际的，具体的，关于「此时此地」的事物。例如说，我也许会谈论品酒的好方法，或我即将要参加的新奇旅程。	
12. 我是这种人：	
(N)喜欢先看整个大局面。	
(S)喜欢先掌握细节。	
13. 我是这种型的人：	
(N)与其活在现实中，我选择活在我的想象里。	
(S)与其活在我的想象里，我选择活在现实中。	
14. 我通常：	
(N)偏向于去想象一大堆关于即将来临之约会的事情。	
(S)偏向于拘谨地想象即将来临的约会，只期待让它自然地发生。	
15. 我倾向于(　　)，如此做决定：	
(F)首先依我的心意，然后依我的逻辑。	
(T)首先依我的逻辑，然后依我的心意。	
16. 我倾向于(　　)比较能够察觉到：	
(F)当人们需要情感上的支持时。	
(T)当人们不合逻辑时。	
17. 当和某人分手时：	
(F)我通常让自己的情绪深陷其中，很难才能抽身而出。	
(T)虽然我觉得受伤，但一旦下定决心，我会直截了当地将过去恋人的影子甩开。	
18. 当与一个人交往时，我倾向于：	
(F)情感上的兼容性：表达爱意和对另一半的需求很敏感。	
(T)智能上的兼容性：沟通重要的想法；客观地讨论和辩论事情。	
19. 当我不同意我爱的人的想法时：	
(F)我尽可能地避免伤害对方的感受；若是会对对方造成伤害的话，我就不会说。	
(T)我通常毫无保留地说话，并且对我爱的人直言直语，因为对的就是对的。	
20. 认识我的人倾向于形容我为：	
(F)热情和敏感。	
(T)逻辑和明确。	

内容	选择
21. 我把大部分和别人的相遇视为：	
(F)友善及重要的。	
(T)另有目的。	
22. 若我有时间和金钱，我的朋友邀请我到国外度假，并且在一天前才通知，我会：	
(J)必须先检查我的时间表。	
(P)立即收拾行装。	
23. 在第一次约会中，我：	
(J)若我所约的人来迟了，我会很不高兴。	
(P)一点都不在乎，因为我自己也常常迟到。	
24. 我偏好：	
(J)事先知道约会的行程：要去哪里、有谁参加、我会在那里多久、该如何打扮。	
(P)让约会自然地发生，不作先前太多的计划。	
25. 我选择的生活循环着：	
(J)日程表和组织。	
(P)自然发生和弹性。	
26. 哪一项较为常见：	
(J)我准时出席而其他人迟到。	
(P)其他人都准时出席而我迟到。	
27. 我是这样喜欢(　　)的人：	
(J)下定决心并且作出最后肯定的结论。	
(P)开放我的选择并且持续收集信息。	
28. 我是(　　)类型的人：	
(J)喜欢在一个时间里专心于一件事情直到完成。	
(P)享受同时进行好几件事情。	

你的性格类型

I	S	T	P
E	N	F	J

说明：

全套 MBTI 测试题共 4 组，每组 7 题。形成了 4 个维度，8 个偏好，16 种人格类型的人格类型量表。当它们合并起来时，将决定你的性格典型。

在答题时，将你选择的答案记下，把你的答案加总并且把汇总的数目放入框中，然后把每一组得分较高的数目圈起来。最后得出你的性格类型。例如：第一组选择的答案中，E 占多数；第二组选择的答案中，N 占多数；第三组选择的答案中，F 占多数；第四组选择的答案中，J 占多数，那么你的性格类型就是 ENFJ。

第三节 兴趣与职业规划

一、兴趣与职业兴趣

(一)兴趣

“兴趣”属于心理学范畴，是指人们力求认识某种事物和从事某项活动的意识倾向。它表现为人们对事物的喜好或关切的情绪，表现为对某件事物、某项活动的选择性态度和积极的情绪反应。兴趣发展下去就成为爱好。

兴趣是一种无形的动力。每个人都会对自己感兴趣的事物特别注意并进行积极的探索。兴趣在人的实践活动中具有重要的意义，可以使人集中注意力，产生愉快并紧张的心理状态。

海蒂和贝尔德把兴趣分为个人兴趣和情境兴趣两大类。

个人兴趣是指那些与个人价值取向相吻合的文本引起的兴趣，是内在的、积极的，并且与特定的主题联系在一起的兴趣形式。个人兴趣主要以个体已经掌握的知识、经验及情感为基础。通常来讲，个人兴趣是一种长期兴趣，它往往较为持久，已经达到了稳定状态。人们讨论的通常意义的兴趣就属于这一类别。例如，生活中各种“爱好者”和“发烧友”对事物表现出的兴趣就属于个人兴趣。

情境兴趣是一种短暂的、由环境引发的并与特定的上下文密切相关的认知状态。例如，很多人在看完魔术表演之后觉得魔术很有意思，会产生学习魔术的兴趣。这种短暂产生的兴趣即情境兴趣，它一般难以持久，需要经过一定的条件才能转化为个人兴趣。

从情境兴趣到个人兴趣的形成需要经历以下过程：在环境的作用下，对某一领域的知识产生短暂的兴趣—深入了解该领域并认识到该领域知识的价值—进一步学习该领域的知识，在学习过程中不断获得正反馈，产生成就感—兴趣逐渐趋向于稳定，不断精进该领域的知识。

(二)职业兴趣

当兴趣对象是职业活动时，即形成职业兴趣。职业兴趣是兴趣在职业方面的表现，是指人们对某种职业活动具有的比较稳定而持久的心理倾向，使人对某种职业优先注意，并充满向往。

职业兴趣是一个人对待工作的态度和对工作的适应能力，表现为有从事相关工作的愿望和兴趣。拥有职业兴趣将增加一个人的工作满意度、职业稳定性和职业成就感。

职业兴趣对人的职业活动有重要的影响。一份符合个人兴趣的工作常常能够给工作者带来愉悦感、满足感。若职业有趣，则逐渐形成更加稳定、持久的乐趣，进而与远大的奋斗目标相结合，形成有明确方向性和意志性的志趣。

生涯故事 兴趣成就梦想

苏翊鸣4岁时被父亲带到雪场滑雪，经过尝试后，他逐渐爱上了滑雪。后来，他涉足演艺行业，参与了多部电影的拍摄，在电影《智取威虎山》中饰演“小栓子”一角，颇有知名度。他一度想走专业演员的道路，也将单板滑雪作为兴趣爱好。

后来，他对滑雪的兴趣不可遏制。随着北京冬奥会申办成功，他萌发了成为职业滑雪运动员的念头。2018年8月，入选跨界跨项单板滑雪国家集训队，成为国家队一员。2022年2月7日，在北京冬奥会上获得了单板滑雪男子坡面障碍技巧亚军和男子大跳台金牌，成为第一位中国男子单板滑雪金牌得主。

兴趣的力量是巨大的。苏翊鸣本身在演艺界取得了一定的成就，拥有光明的前途，但他无法割舍自己的兴趣，踏上了职业运动员的道路，并实现了梦想。

二、兴趣的产生(激发)与维持

人们常说兴趣是最好的老师。兴趣是学好任何东西的原始驱动力。自己喜欢的，才会去投入更多的精力。那么，兴趣究竟是怎么产生的？为什么有的人似乎天生就对某些事物感兴趣？可以将兴趣的产生(激发)和维持视为两个独立的过程。

(一)兴趣的产生

影响兴趣的因素主要有自主选择权与环境因素。

(1)自主选择权

我们更加喜欢在无拘无束的状态下接触新事物，而不喜欢带着任务和压力去学习。这一点可以解释为何很多中小学“兴趣班”培养不出真正的爱好者，因为参加兴趣班的孩子往

往不是出于自愿，而是在家长要求(甚至强迫)下才学习。这种自主选择权的缺失很容易让学生产生抵触情绪。正确的兴趣培养方式应该是让孩子能够自主选择所学课程，其他人起到的只能是引导作用。

(2)环境因素

除自主选择之外，环境因素同样会对兴趣的激发产生影响。好的环境有助于激发学习者的兴趣，糟糕的环境会产生负面影响。例如，对于英语口语学习，外教主持的课程比普通的中文教学课更能激发初学者的兴趣，引入图片或多媒体形式也更容易让学习者产生兴趣。同样记单词，采用图文结合方式比单纯背单词更易让人接受。

(二)兴趣的维持

情境兴趣的激发只是兴趣产生的第一步。要维持情境兴趣，并在最后将其转化为个人兴趣，还要经过持续的训练。其中，有两个重要因素在起作用：对兴趣价值的认识与正向反馈机制的建立。对兴趣价值的认识可以让我们明白为何要培养一种兴趣，而正向反馈机制的建立能让我们对其持续投入时间和精力，使兴趣达到稳定状态。在兴趣形成的过程中，正向反馈起着至关重要的作用，甚至能决定兴趣是否最终成形。

对兴趣价值的认识有助于内向驱动力的产生，从而让我们维持对兴趣的热度。例如，认识到数学基础重要性的学生往往对数学选修课更感兴趣，也更容易学好数学。意识到“这种兴趣很有价值”这个事实有助于我们投入更多的时间和精力。

观察一下身边各个学科领域的资深爱好者，你会发现，真正能让他们坚持到今天的，并不是意志力，而是在学习过程中不断获得的正向反馈，如进步带来的成就感、他人的认同与赞美、物质上的激励等。凯利·麦格尼格尔在《自控力》一书中提到一个观点：意志力也是消耗品，越用越少。如果一种兴趣需要消耗大量意志力才能完成，那么最后往往难以为继。决定我们能走多远的，并不是勤奋和意志力，而是由正向反馈带来的持续努力。

兴趣会促使我们不断对一项技能进行精进，对技能的精进可以让我们获得成就感等正向激励，正向激励的获得反过来会增强我们的兴趣，从而进一步精进技能，从而形成正向循环。

三、兴趣对职业生涯的影响与作用

兴趣是职业生涯规划的内因，兴趣可以更好地辅助职业发展进步；有了兴趣的力量，职业生涯就可以走得更长远。

兴趣是在一定需要的基础上，在社会实践中发生和形成的，它在人的职业选择过程中具有重要作用，是人进行职业选择的重要依据。

每个人的兴趣、价值观、动机等情感性倾向因素对职业生涯的适应性都有影响，其中兴趣所起的作用最大。在选择职业时，不仅需要知道自己有何种专业技能从事相关的工作，还需要知道自己对哪类工作感兴趣。只有将个性、专业技能和兴趣结合起来考虑，才更可能取得职业生涯的成功。

具体来说，兴趣对职业生涯的影响主要表现在以下多个方面。

（一）兴趣是职业生涯规划与发展的基石

兴趣是每个人最大的天赋，而职业生涯发展基于兴趣，所以要了解自己是不是适合做某件事情就要从自己的兴趣出发。

当一个人对某项工作感兴趣的时候，他对这项工作会有高度的热情和激情，能够全身心地投入工作，更有效地完成工作。例如，有人喜欢看书，最终成为教师；有人喜欢玩游戏，最终成为游戏赛事职业挑战者；有人喜欢朗读，最终成为主持人或播音员。

因此，学生只有不断地实践探索兴趣，才能最终发现自己对于某种事物的热爱并且投入其中。

（二）兴趣是职业生涯规划与发展的导向

兴趣是职业发展的导向。学生可以通过感兴趣的事物，顺着事物发展规律探索未来职业发展之路，并为实现这一职业目标而制订一系列执行计划，挖掘更多相关联的学习资源并加以学习和掌握，促使自己感兴趣的事物进化为自觉的兴趣。

兴趣是最好的老师，是一种强大的精神力量。兴趣可以使人集中精力去获得自己喜欢的职业知识，启迪智慧并创造性地开展工作。当一个人对某种职业发生兴趣时，就能发挥整个身心的积极性，就能积极地感知和关注该职业领域的知识和动态，并且积极思考，大胆探索，就能情绪高涨、想象丰富，就能增强记忆效果，增强克服困难的意志。反之，牛不喝水强按头，是不会取得良好效果的，当然就很难在职业上发挥个人优势，作出巨大贡献了。因此，对自己的兴趣或兴趣类型有了正确的评估，有助于进行职业生涯选择。

一般来说，从事自己不感兴趣的职业很难让人感到满意，并会由此导致工作不稳定。

（三）兴趣可以提高工作效率，充分发挥一个人的才能

当一个人对某一方面的工作有兴趣时，枯燥的工作就会变得丰富多彩、趣味无穷。兴趣使工作不再是一种负担，而是一种享受。兴趣可以调动人的全部精力，以敏锐的观察力、高度的注意力、深刻的思维和丰富的想象力投入工作，促进能力的发挥，兴趣和能力合理结合会大大提高工作效率。

曾有人进行过研究：如果从事自己感兴趣的职业，人们就能发挥全部才能的 80%～90%，而且长时间保持高效率而不感到疲劳；如果对从事的工作没有兴趣，人们就只能发

挥全部才能的 20%～30%。

(四)兴趣是保证职业稳定、职场成功的重要因素

兴趣是工作动力的主要源泉之一。对于一个人来说，对工作感兴趣就愿意钻研，就会出成绩，这正是兴趣的作用所在。

一般来说，兴趣可以为职业生涯提供有效的信息。兴趣主要用于预测工作满意度和工作稳定性，工作满意度在职业生涯中是非常重要的。在其他条件相似的情况下，从事自己感兴趣的职业不但让自己感到满意，而且能够让自己的工作单位感到满意，并由此促成工作的长期性和稳定性。此外，多方面的兴趣可以使人善于应对多变的环境。如果需要变换工作，只要自己感兴趣，就能够很快求职成功，并能够在新的岗位上很快熟悉和适应新的工作。因此，兴趣是职场成功的一个重要因素，它能将人的潜能最大限度地调动起来，使人长期专注于某一方向，做出艰苦的努力，取得令人瞩目的成绩。

一个人如果能根据自己的爱好选择职业，他的主动性就会得到充分发挥，即使十分疲倦和辛劳，也总是兴致勃勃、心情愉快；即使困难重重，也绝不灰心丧气，而能想尽办法去克服困难，甚至废寝忘食，如痴如醉。爱迪生就是一个很好的例子。他几乎每天都在实验室里辛苦工作十几个小时，在那里吃饭、睡觉。他宣称：“我一生中从未间断过一天工作。”“我每天其乐无穷。”爱迪生在这样的状态下工作，所以他会成功。

四、霍兰德职业兴趣理论

美国著名的职业心理学家霍兰德提出了一种被称为“类型学”的理论，指出兴趣类型与工作中环境类型相匹配。认为人的人格类型、兴趣与职业密切相关，兴趣是人们活动的巨大动力，凡是具有职业兴趣的职业，都可以提高人们的积极性，促使人们积极地、愉快地从事该职业，且职业兴趣与人格之间存在很高的相关性。霍兰德认为人格可分为现实型、研究型、艺术型、社会型、企业型和常规型六种类型。

霍兰德兴趣类型的理论假设是：人是可以分成不同类型的；环境大致也是可以分成不同类型的；环境和人的匹配带来了工作的满意度、职业的稳定性和成就感；同一行业的人可能有一些相似的特点，而相似特点的人可能对某些事物和活动有一些主观的倾向性和选择性，具体如表 3-5 所示。

表 3-5 霍兰德职业兴趣测评报告

兴趣类型	特点	喜欢的活动	重视方面	职业环境要求	典型职业	关键词
现实型（realistic）亦称为技能型	具有这类倾向的个体，属于技术与运动取向。往往身体技能及机械协调能力较强，对机械与物体的关心比较强烈。稳健、务实，喜欢从事规则明确的活动及技术性工作，甚至热衷于亲自动手创造新事物。不善言谈，对于人际交往及人员管理、监督等活动不太感兴趣	用手、工具、机器制造或修理东西。愿意从事实物性的工作、体力活动，喜欢户外活动或操作机器，而不喜欢在办公室工作	具体实际的事物，诚实，有常识	使用手工或机械技能对物体、工具、机器、动物等进行操作，与“事物”工作的能力比与“人”打交道的能力更为重要	园艺师、技术人员、汽车修理工、工程师、运动员、外科医生、足球教练员、厨师	操作、灵活
研究型（investigative）亦称为调查型	具有这类倾向的个体，喜欢理论思维或偏爱数理统计工作，对于解决抽象性问题具有极大的热情。通常倾向于通过思考、分析解决难题，而不一定落实到具体操作。喜欢具有创造性、挑战性的工作，不太喜欢固定程式的任务。对于人员的领导及人际交往也非情所愿，独立倾向明显	喜欢探索和理解事物，学习研究那些需要分析、思考的抽象问题，喜欢阅读和讨论有关科学性的论题，喜欢独立工作，对未知问题的挑战充满兴趣	知识，学习，成就，独立	分析研究问题、运用复杂和抽象的思考创造性地解决问题的能力，谨慎缜密，能运用智慧独立地工作，具有一定的写作能力	实验室工作人员、研究人员、学者、生物学家、化学家、心理学家、工程设计师、大学教授	理念、思考、智慧
艺术型（artistic）	具有此类倾向的个体，对具有创造、想象及自我表现空间的工作显示出明显偏好。他们和研究型倾向的个体相同之处在于创造倾向明显，对于结构化程度较高的任务及环境都不太喜欢，对于机械性及程式化的工作了无兴趣。比较喜欢独立行事，不太合群。但两者所不同的是艺术倾向明显的个体感觉敏锐，好自我表现，重视自己的感性，直觉力较好，情绪变化较大	喜欢通过绘画、设计、写作、舞蹈、表演、音乐等具有创造性方式来自我表达，乐于创造新颖、与众不同的成果，注重情感的体验与表达	有创意的想法，自由，美	有创造力、丰富的想象力和较强的直觉感受能力，并具备通过各类媒介进行感受和表达的能力	作家、音乐家、摄影师、画家、导演、演员、歌手、室内设计师、平面设计师、摄影师	情感、感受与表现、敏感

续表

兴趣类型	特点	喜欢的活动	重视方面	职业环境要求	典型职业	关键词
社会型(social)	具有此类倾向的个体，喜欢以人为对象的工作。他们通常语言能力优于数理能力，善于言谈，乐于与人相处，给人提供帮助，具有人道主义倾向，责任心也较强。习惯于与人商讨或调整人际关系来解决面临的问题。不太喜欢以机械和物品为对象的工作	喜欢与人合作，热情关心他人的幸福，愿意帮助别人成长或解决困难、为他人提供服务，服务社会与他人	公正，理解，平等，理想	人际交往能力，教导、医治、帮助他人等方面的技能，对他人表现出精神上的关爱，愿意担负社会责任	教师、社会工作者、咨询师、心理咨询师、护士、导游、客服代表	人、助人、热情
企业型(enterprising)亦称为经营型	具有这种兴趣倾向的个体，喜欢制订新的工作计划、事业规划以及设立新的组织，并积极地发挥组织的作用进行活动；喜欢影响、管理、领导他人；自信，支配欲、冒险性强。不喜欢具体精细或需要长时间集中心智的工作	喜欢领导和支配别人，通过领导、劝说他人或推销自己的观念、产品而达到个人或组织的目的，希望成就一番事业	经济和社会地位上的成功，忠诚，冒险精神，责任	说服他人或支配他人的能力，敢于承担风险，目标导向	律师、经理、销售、市场部经理、电视制片人、保险代理、创业者	影响、竞争、成就
传统型(conventional)亦称为事务型、常规型	具有这类倾向的个体，喜欢高度有序、要求明晰的工作，对于规则模糊、自由度大的工作不太适应。不喜欢主动决策，习惯遵从规范，一般较为忠诚、可靠，偏保守。与人工作中的交往会保持一定的距离。工作仔细、有毅力。对社会地位、社会评价比较在意，通常愿意在大型机构做一般性工作	喜欢固定的、有秩序的工作或活动，希望确切地知道工作的要求和标准，愿意在大型机构中处于从属地位，对文字、数据和事物进行细致有序的系统处理以达到特定的标准	准确、有条理、节俭、盈利	文书技巧，组织能力，听取并遵从指示的能力，能够按时完成工作并达到严格的标准，有组织有计划	文字编辑、秘书、会计、银行家、簿记员、办事员、税务员、精算师	秩序、执行、细致

在六种兴趣类型中，R 型和 I 的人对数据比较关注，E 型和 S 型对人群比较关注，C 型对数据比较关注，A 型对观念比较关注(见图 3-1)。

霍兰德划分的六边形并不是并列的，而是有着明晰的边界。每种类型和其他类型之间存在不同程度的关系，大体可以分为三类：

①相邻关系，如 RI、IA、AS、SE、EC 及 CR，属于这种类型的两种类型的个体共同点比较多，例如，R 型、I 型的人都不太偏好人际交往，而这两种职业环境中也很少有机会和人接触。

②相隔关系，如 RA，RE，IC，IS，AE 及 SC。属于这种关系的两种类型的个体之间共同点较相邻关系少。

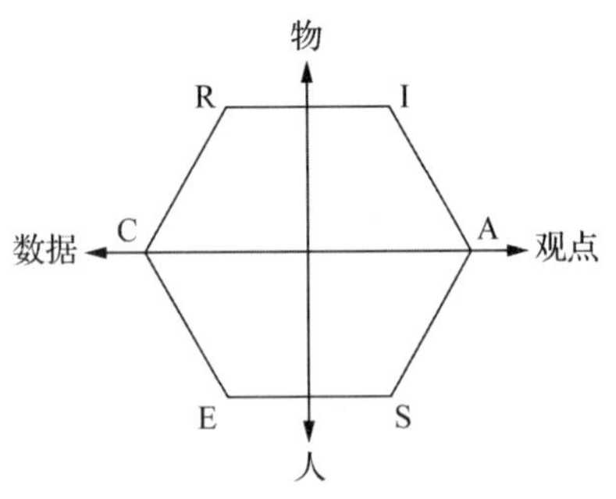

图 3-1　霍兰德的六边形模型

③相对关系，在六边形上处于对角位置的类型之间即为相对关系，如 RS，IE 及 AC。相对关系的人格类型共同点少，因此，一个人同时对处于相对关系的两种职业环境都很感兴趣的情况较为少见。

如果个人的兴趣与职业一致性高，就可以达到人职协调；一致性中等，则人职次协调；一致性低，则会出现人职不协调。根据上面介绍的六种兴趣的类型及其特点，你能从中发现自己的兴趣类型吗？如果还不清楚的话，可以通过下面的活动做进一步探索。

阅读专栏　霍兰德职业兴趣理论的价值

（一）对于企业招募人才的价值

职业兴趣作为一种特殊的心理特点，由职业的多样性和复杂性反映出来。职业兴趣上的个体差异是相当大的，也是十分明显的。

一方面，现代社会职业划分越来越细，社会活动的要求和规范越来越复杂，各种职业间的差异也越来越明显，所以对个体的吸引力和要求也就迥然不同。

另一方面，个体的生理、心理、教育、社会与经济地位、所处环境、背景不同，乐于选择的职业类型、倾向于从事的活动类型和方式也就十分不同。

不同职业的社会责任、满意度、工作特点、工作风格、考评机制各不相同。同时，这种差异决定不同职业对于员工的职业兴趣有特殊的要求。

现代人力资源管理的基本原则是将合适的人放在合适的岗位上。企业在招募人才的过程中，如果能够坚持以霍兰德职业兴趣理论为指导，不仅可以招募到适合企业的人才，还可以减少招聘工作的盲目性，给予新员工最适合的工作环境，最大限度地在工作中发挥他们的才能。

（二）对于职业选择和职业成功的价值

职业兴趣是职业选择中最重要的因素，是一种强大的精神力量。职业兴趣测试可以帮助个体明确自己的主观兴趣倾向，从而能够得到最适宜的活动情境并给予最大的投入。

根据霍兰德的理论，个体的职业兴趣可以影响其对职业的满意程度。当个体从事的职业和他的职业兴趣类型匹配时，个体的潜能可以得到彻底发挥，工作业绩也更加显著。

在职业兴趣测试帮助下，个体可以清晰地了解自己的职业兴趣类型和在职业选择中的主观倾向，从而在纷繁的职业机会中找到最适合自己的职业，避免职业选择中的盲目行为。

对于大学生和缺乏职业经验的人来说，霍兰德职业兴趣理论尤其可以帮助他们做好职业选择和职业设计，成功地进行职业调整，从整体上认识和发展自己的职业能力。因此，职业兴趣是职业成功的重要因素。

第四节　能力与职业规划

一、能力

能力是指顺利完成某一活动必需的主观条件。能力是直接影响活动效率，并使活动顺利完成的个性心理特征。能力总是和人完成一定的活动联系在一起，离开具体活动既不能表现人的能力，也不能发展人的能力。但是，我们不能认为凡是与活动有关的，并在活动中表现出来的所有心理特征都是能力。只有那些完成活动必需的直接影响活动效率的，并能使活动顺利进行的心理特征，才是能力。例如，人的体力，人是否暴躁、活泼等，虽然对活动有一定影响，但不是顺利完成某种活动最直接、最基本的心理特征，不能称之为能力。

能力分一般能力和特殊能力。一般能力指观察、记忆、思维、想象等能力，通常也叫智力，是人们完成任何活动不可缺少的，是能力中最主要的部分。特殊能力是指人们从事特殊职业或专业需要的能力，如音乐从业者需要的听觉表象能力。人们从事任何一项专业性活动既需要一般能力，又需要特殊能力，两者的发展是相互促进的。

课堂体验　夸夸自己

请在5分钟内尽可能多地写下自己所拥有的能力。

与你的同伴分享，看看谁写得多。

大家写得一样多吗？有什么不同？

汇总大家所写的能力，可以将他们分类吗？分成几类？

二、职业能力

职业能力是人们从事某职业的多种能力的综合，可以定义为个体将所学的知识、技能和态度在特定的职业活动或情境中进行类化迁移与整合形成的能完成一定职业任务的能力。

（一）职业能力的基本要素

职业能力主要包含以下三方面基本要素。

1. 为了胜任一种具体职业而必须具备的能力，表现为任职资格。
2. 在步入职场后表现的职业素质。
3. 开始职业生涯之后具备的职业生涯管理能力。

例如，一位教师只具有语言表达能力是不够的，还必须具有对教学的组织和管理能力、对教材的理解和使用能力，以及对教学问题和教学效果的分析、判断能力。

如果说职业兴趣或许能决定一个人的择业方向，以及在该方面乐于付出努力的程度，那么职业能力能说明一个人在既定的职业方面是否胜任，也能说明一个人在该职业中取得成功的可能性。

（二）职业能力包含的内容

职业能力包含以下三种能力。

1. 专业能力

专业能力，即从事职业活动需要的运用专业知识、技能的能力，强调适应性、针对性。

2. 方法能力

方法能力，即从事职业活动需要的工作方法、学习方法方面的能力，强调合理性、逻辑性、创新性。

3. 社会能力

社会能力，即从事职业活动需要的社会行为能力，也就是适应社会、融入社会的能力。

三、直接影响职业生涯的能力

在职场打拼考验的是人的综合素质，具备以下能力的人往往能够在激烈的竞争中脱颖而出。

（一）执行力

执行力通俗来说就是办事能力，不仅指把事办完，还要把事办好，并且尽量节省时间。领导交代的事情马上去办，把要求记牢，并且能想到领导忽略的地方，这些就是执行力的体现。一个人缺乏执行力，通常会成为言语上的巨人、行动上的矮子。

（二）抗压能力

能抗压是现在绝大多数企业的用人标准之一。一个人想在职场发展得更好，就要承担

更多的责任；不能顶住压力，心态崩溃，在工作中将寸步难行。具备抗压能力是一个人能在职场坚持下去的前提条件，不怕苦累才能把工作做得更好。

（三）沟通能力

只会一个人做事，你可能是一位优秀的艺术家，但绝不是一个合格的职场人。对内来讲，一个团队要想高效运转，成员的沟通能力显得尤为重要。对外来说，沟通得好才能留住客户。能够有效沟通，人的工作能力才会更上一层楼。

（四）反思能力

工作过程不可能一帆风顺，我们必须学会在错误中找到前进的方向。如果不能在工作中总结得失，我们将永远止步不前。对于一个优秀的职场人士来说，每次经历都有意义，无论成败，都可以使自己下次做得更好。

（五）创新能力

随着互联网的兴起，现在已经是拼创意的时代，墨守成规不能让企业生存下去。所以，是否具有创新能力，已经成了评判人才的重要标准。善于创新才能成为引领者，否则只能永远屈居人后。

（六）学习能力

现在是技术发展日新月异的时代，不断学习是在职场里前进的基础，是合格的职场人必须具备的能力。

【回顾 · 练习】

1. 简述价值观对职业生涯的影响。
2. 简述性格对职业生涯规划与发展的影响。
3. 简述兴趣对职业生涯的影响与作用。
4. 职业能力的基本要素有哪些？
5. 影响职业生涯的能力有哪些？

【发现 · 探索】

职业价值观与职业生涯发展探索

第一步：每个人希望从职业或工作中获得的、追求的、重视的东西都不同。现在且不考虑具体的职业或工作是什么，请在下面的15项工作价值观中选出5项最重要的，并按照递减顺序填写在下面的方框中。

◆声望：受到大家的尊重与礼遇。

◆独立：能够自己做决定。

◆助人：能够协助或教导别人。

◆变化：工作的内容不单调，有变化、有挑战、需创新。
◆领导：工作时能够领导、指挥、监督他人，分配工作。
◆兴趣：符合自己的喜好。
◆待遇：薪水高、利润多。
◆休闲：自己拥有较长的休闲时间或者可以自由安排时间。
◆福利：工作的地方能够提供良好的福利。
◆前景：这个职业将来会有很好的发展。
◆安定：收入稳定，不受环境等影响。
◆升迁：有明确的升迁制度和机会。
◆意义：有意义，对人、社会或世界的贡献比较大。
◆环境：工作环境舒适。
◆人际：同事修养好，人际关系和谐。

第二步：请同学两两组合，谈谈自己最想从职业或工作中获得什么？或者说对职业或工作最重视的因素有哪些？

____

____

第三步：如果不得不放弃其中的一项，你会选择放弃哪一项______________

请你再放弃一次，思考后作出选择______________

请再放弃一项______________

迫不得已，你还得放弃一项______________

现在，你剩下的最后一项是______________

第四步：请思考，也可和同学交流。你为什么留下那一项？这个活动对自己的价值观有些什么样的了解？价值观会对职业选择和人生产生什么样的影响？其他人的价值观会对你的生活造成什么样的影响？

____

第四章 考察职业环境 认知岗位属性

学习指南

个人职业生涯的发展既受个人各方面的影响，同时也受职业环境的影响。只有对职业环境进行充分的分析，同时结合自身的实际情况，才能科学、有效地制订个人职业发展的目标、路线和实施方案，从而更加合理地规划个人的职业生涯。

学习目标

知识目标

1. 了解新时代的就业形势。
2. 理解社会环境、家庭环境、学校环境对职业发展的影响。
3. 掌握职业发展趋势。
4. 理解职业环境分析的内容。

能力目标

1. 能通过行业报告、企业调研等渠道分析职业环境。
2. 能结合地域、行业特点规划职业路径。

素质目标

1. 培养环境适应意识，增强风险防范能力。
2. 树立全局观，认识到个人职业发展与社会趋势的关联性。

思维导图

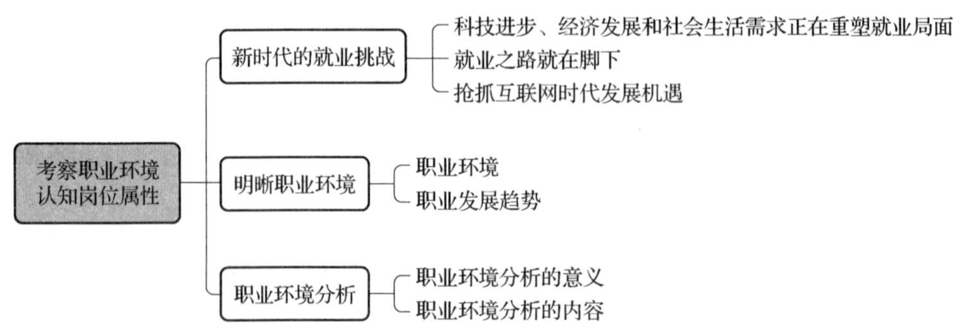

初创公司里的技术热情与现实焦虑

小杨是一名计算机专业的大学生，他对编程和技术充满热情。他听说人工智能领域前景广阔，便决定在毕业后寻找与人工智能相关的工作。他很幸运地被一家初创的人工智能创业公司录用，从此开始了他的职业生涯。刚开始，小杨对自己的选择感到非常满意。他在公司中从事了一些开发工作，学习了新的技术，并且觉得自己在创新性的项目上取得了进展。然而，随着时间的推移，他开始感受到一些挑战。他发现，人工智能领域竞争激烈，技术更新迅速。公司的项目也常常需要频繁地进行调整和变化，对他的技能和适应能力提出了更高的要求。此外，他渐渐察觉到，人工智能领域虽然有潜力，但也存在一些不稳定因素。由于小杨所在的公司是发展初期，有些项目都处于实验阶段，可能在短时间内就会停止或失败。他开始担心自己的职业发展和稳定性。随着时间的推移，小杨开始感到焦虑和困惑。他开始怀疑自己是否作了正确的职业选择，是否应该考虑更加稳定的行业。他后悔没有在职业选择时更好地考虑职业环境，而只是被人工智能领域的潜力所吸引。

职业选择不能仅凭热情与行业前景的表面光环，科学评估职业环境至关重要。在踏入职场前，不妨从三个维度深入调研。一是行业动态。通过行业报告、权威论坛了解市场规模、技术迭代周期，预判职业发展的天花板与风险点。二是企业特质。初创公司虽然有创新活力，但稳定性较弱；成熟企业则更注重体系化发展，需结合自身风险承受能力权衡。三是岗位适配性。将个人技能储备与岗位要求的匹配度作为核心指标，避免因能力断层陷入职业瓶颈。只有全面剖析职业环境，才能让热情转化为可持续的职业成长动力。

第一节　新时代的就业挑战

一、科技进步、经济发展和社会生活需求正在重塑就业局面

您是否正在使用微信？是否通过支付宝进行网络购物？是否利用免费杀毒软件和邮箱上网？大数据、云计算、“互联网+”、人工智能、注意力经济等新兴科技成就正在转变我们的生活模式、消费观念、商业策略以及产品规划。

人们观察到，时代正经历着迅猛的变革，许多颠覆性的竞争源自“边缘”，而非“中心”。微信的免费策略让长期享受通信和短信费用的几大垄断运营商感到震惊。中国移动表示，经过多年的经营，才意识到腾讯才是真正的竞争对手。

人们正默默享受着跨界竞争带来的成果。那些收费的主营业务，一旦有跨界竞争者以免费策略进入冲击，收费式运营模式将顷刻瓦解。例如，瑞星杀毒软件收费时，360 杀毒软件的免费策略彻底颠覆了整个杀毒市场。

创新者以前所未有的速度从一个领域跨越至另一个领域。随着门缝的逐渐裂开和边界的不断开放，传统的零售业、媒体业、广告业、金融业、运输业、服务业等均可能面临被逐个击破的风险。

最彻底的竞争形式是跨界竞争。若您不主动跨界，就可能遭遇他人“打劫”。未来十年，将是一个“海盗”嘉年华，各种新兴的“阿里巴巴”“腾讯”将遍布各个领域，接下来的故事将是数据重塑商业格局，流量重写未来。

如果教育仅限于自我循环，沿用旧有模式，其发展空间将日益受限。唯有顺应时代潮流进行转型，打破传统思维，将科技、经济、文化和服务融入教育体系，聚焦重点，优化结构，才能构建优势特色学科专业群，从而找到出路。拥有哈佛、康奈尔和犹他三所大学教育背景的《大趋势》和《未来的冲击》作者约翰·奈斯比特，在“中国教育三十人论坛”中提出，随着国家产业转型升级步伐的加快，人才市场的供需关系正从高校主导的供给驱动转变为产业行业主导的需求驱动。这要求高校必须树立市场竞争意识和优胜劣汰的危机感，积极对接行业需求，通过学科交叉融合、产学研紧密合作等途径，推动人才培养机制的改革，以高水平的科学研究支撑高质量的人才培养。

二、就业之路就在脚下

大学是“为生活做准备的教育”，助力每一个学生实现自己的理想，当然要回应学生、学生家长对于上大学的现实期待。一方面，我们说上大学不是简单地为了日后得到一份工作，目标应该更远大；另一方面，大多数学生上大学就是为了找到好工作，这件事情本身没有什么不对。幸福生活和职业岗位是直接关联的、相辅相成的，在大学四年有哪些收获和进步，增长了哪些本领，走出校门能胜任哪些职业，对于生命成长、生活幸福和事业发展就有哪些促进作用。就业是教育过程的一个重要节点，就业质量评价是人才培养目标达成度的试金石。

教育的使命是立德树人，健全人格，博学广才，促进人的成长发展，促使个人有能力快乐并且有意义地生活。高校要把发挥主观能动性与按规律办事有机结合起来，充分认识一流大学建设的长期性、复杂性和艰巨性，从纷繁复杂的教育实践、教育现象中洞察把握教育发展规律，适应社会生产变革、教与学关系变革等新的发展趋势，不断推进教育教学管理优化和改革创新。

大学固然要追求真理，传承精神，创新知识，厚德载物，始终保持自身独立性和批判精神，不被功利主义、工具主义等思想严重侵蚀，成为人类文明进步的精神殿堂；也要顺应时代发展的脉搏，推进教育的人文化和生活化，与经济、科技、社会同步互动，围绕青少年成长的实际需要，而不仅仅是学科知识来组织教学，促进人的自由、充分和全面的发展，促使个体生命过程美好且有价值，服务社会发展，引领社会进步。正如华中科技大学刘献君教授所说："前者实现的是教育的价值理性，让学生从自然人到社会人，而后者实现的是教育的工具理性，让人成为人才。"物理学家、香港科技大学创校校长吴家玮认为教育具有这两个功能：一方面培养学生道德意识、公民意识、批判思维、逻辑思维、独立思考能力和创造性精神；另一方面教给他们能够直接运用的知识和技能。通才和专才教育相互促进，并不对立，关键是如何把握好平衡点。华中科技大学前校长丁烈云说："学生的就业与一个学校的办学定位有很大的关系，就业一定要将学生当前利益和长远发展相结合。这表现在办学理念上，就是学校要培养通才还是专才。通识教育能够让学生今后的适应能力强，专才培养则能够让学生很快进入工作角色。华中科技大学培养的是复合型人才，要在通才和专才的培养上找到平衡点。"

北京大学钱理群教授认为，大学不仅使你成为一个有知识、有技能的人，更重要的是成为一个健全发展的、有担当的现代公民。应该具备三大能力：一个是终身学习的能力，这里包括中外语言的听说读写能力，还有利用文献、工具书等能力；第二是研究能力，发现问题、提出问题、解决问题的能力，实验、计算的基本方法和能力；第三是思维能力，具有开阔性、广泛性、创造性、批判性和想象力的思维能力。

据统计，中国中小企业的平均寿命是 2.97 年，世界 500 强企业的平均寿命是 40 年。专业、行业、职业的变化在加速，一辈子在一个公司会变得越来越难，需要具有生涯应变能力和创造力，极强的跨界整合能力，共情能力，保持好奇，拥抱变化。高等教育的终极

目标不仅是“学会”，而是“会学”，让学生为此后的一生做准备，给他们广阔的视野和从事他们选择的任何职业的能力。

职业竞争靠实力，拼的是真才实学。促进就业，关键是找准服务方向，明确培养目标，坚持内涵发展、特色发展、创新发展，把提高综合素质和加强实践能力作为生命线。

三、抢抓互联网时代发展机遇

教育学理论强调学生在触类旁通、拓展思维、解决问题等方面扮演的重要角色。哈佛大学物理和应用物理学教授埃里克·梅热说，在纸质书刚出现时，传递信息至关重要。但今天，信息无处不在且能够轻易获得，学生能够在任意时间、地点获取想要的信息。现代教育已不再是一对多的信息传递，而是与学生一同学习，课堂也应该把焦点放在知识的吸收和在新环境中的应用上。陈述已有资料不再是课堂教学的关键问题。学生可通过网络获取课程内容，教师的职责是教这些学生如何筛选重要信息，如何用这些信息去解决问题。

互联网不仅是一种技术，而且是一种文化。我们要汲取互联网所体现的自主性、开放性、互动性、去中心化、去权威化、服务至上、公众参与、信息公开、资源共享等价值，将它们融入现行教育，从而产生革命性的反应。

奈斯比特认为，传统的教育方式永远会有自己存在的价值，但是到了非常重要的科技和创新边界的时候，仅仅有传统教育方式已经不够了。基于网络的非正式学习、自主交互的社会化学习、打破时空限制的移动学习正在成为现实。教育正在由单一的、线性的体制向多元化的、个性定制的、以学习者为中心、以培养创造力为中心的模式迁移。

高等教育改革正在进入深水区，高校生存、发展的竞争会更激烈。不能用21世纪的技术去强化19世纪的教学，只有走出惯性思维、路径依赖的状态，顺势而动，乘势而上，主动转型，主动创新，以改革促发展，以创新求卓越，才有辉煌灿烂的明天。

互联网正在逐步瓦解传统的教育体系。作为教育网络中的结点，学校特别是大学和民间培训机构面临巨大的不确定性。学生从无法选择老师到近乎可以从全世界找到自己喜欢的老师，“互联网+”教育将会“消灭”大多数平庸的老师。

当然，互联网可以“教之以事”，却不能“喻诸德也”，遑论培养高尚的情操和完整的人格。特别是对于义务教育阶段的中小学生，老师面对面情感交流的意义尤为重要，其作用“身教重于言传”，这显然是单凭互联网无法做到的，线上线下相结合是未来教育的必然。

第二节 明晰职业环境

一、职业环境

职业环境是一个人在职业生涯中所面对的外部环境。我们可以从社会环境、家庭环境和学校环境三个角度进行探索。

(一)社会环境

社会环境包含政治环境、经济环境、文化环境、科技环境等宏观因素。

1. 政治环境

政治环境包括政府政策、政治氛围、法律法规等方面。它对组织的发展、个人的职业机会和职业决策都可能产生重要的影响。政府制定的各种政策和法规可以直接或间接地影响职业环境。政府政策可能涉及税收、劳动法规、行业监管等，这些政策的变化可能会影响企业的经营策略和职位需求，从而影响个人的就业机会和职业规划。国家或地区的政治氛围也会对职业环境产生影响。政治稳定和积极的政治氛围通常有利于经济的繁荣和职业机会的增加，而政治动荡和不稳定可能导致经济不确定性，影响就业市场和职业发展。

2. 经济环境

经济环境的状况直接影响就业市场。在经济繁荣时期，企业通常扩大业务，增加招聘需求，提供更多的就业机会。这时候，求职者通常会面临更多的职位选择，也可能更容易找到心仪的工作。然而，当经济不景气或处于经济衰退时，企业可能会缩减规模，裁员率上升，失业率增加，从而造成就业市场竞争激烈，找工作变得更具挑战性。经济环境的好坏也会直接影响薪酬水平和提供的福利待遇。在经济蓬勃发展时，企业通常能够提供较高的薪酬和更优厚的福利，以吸引和留住优秀的员工。而在经济不景气时，企业可能会为了降低成本而减少员工薪资和福利，导致员工收入下降和福利减少。经济环境的变化也会影响不同行业的发展趋势。在经济繁荣时期，某些行业可能会迅速扩张，提供更多的职业机会和发展空间，而在经济不景气时，一些行业可能会受到冲击，岗位减少，从业者可能需要转行或者面临失业风险。因此，对个人来说，选择一个具有良好发展前景的行业至关重要，这样才能在经济环境波动中保持竞争力。

3. 文化环境

文化环境包括道德观、价值观、信念、行为规范和工作方式等。这种文化是由人们共

同创造和传承下来的。每个国家文化环境各有不同，它能够影响个人的态度、行为和工作氛围，进而对整个组织的绩效和成就产生深远影响。文化环境会导致某些职业可能更受尊重和认可，而另一些可能受到负面看法或偏见。例如，医生、教师、科学家等职业常常在许多文化中受到高度尊重，因为它们被认为是造福社会和他人的职业。也有一些职业可能会受到轻视或被认为不那么值得追求。这种社会认可对个人的职业选择和职业发展产生影响，可能导致一些人更倾向于从事受社会尊重的职业，而不是追求自己真正的兴趣和激情。对个人来说，需要在职业选择中坚持自己的兴趣和价值观，并逐渐培养跨文化理解和沟通技巧，以更好地适应多元文化的职场环境。对组织和社会来说，也应该倡导包容性文化，鼓励和尊重各种不同职业和文化的人才，为员工提供一个融洽和谐的工作环境，促进个人和组织共同发展。

4. 科技环境

科技环境对职业环境产生了深远的影响。它为工作提供了更多的便利和机会。随着信息技术的不断发展，许多工作场所已经实现了数字化转型，这包括使用电子邮件、办公套件、在线项目管理工具、视频会议系统等。数字化工具提高了工作效率，使信息共享和沟通更加便捷，同时也创造了更多的远程工作机会。自动化和人工智能技术的出现改变了许多职业的本质。自动化可以替代一些重复性和标准化的任务，从而使员工能够更专注于创造性的工作和高级决策。但同时，这也可能导致一些职位的减少或转型。科技环境促进了跨地域和跨时区的虚拟协作。团队成员可以通过各种在线协作平台进行远程工作，这为全球化的企业提供了更多的机会和挑战。科技环境使在线学习和远程培训成为可能。员工可以通过网络学习新技能和知识，提升自己在职场上的竞争力。科技环境提供了更多的数据收集和分析工具，使企业能够更好地了解市场趋势、客户需求和业务表现。这些数据可以辅助决策，使管理层更明智地作出战略规划。

（二）家庭环境

家庭环境对个人的职业发展和职业满意度产生深远的影响。在一个人的成长过程中，家庭是最早的社会化机构，家庭的教育方式、家庭成员的职业背景、家庭资源和家庭支持都会在很大程度上塑造个人的职业观念、职业选择和职业发展。

1. 教育和培养

家庭环境中的家庭价值观和教育方式会影响一个人的职业兴趣、目标和决策。家庭的教育方式涉及家长对子女的教育方式和态度，以及家庭中是否鼓励个人的学习和自我发展。一个鼓励学习、尊重个人兴趣和支持个人发展的家庭，往往会培养出具有求知欲和积极进取心的个体。有的父母会鼓励孩子广泛涉猎各种学科，并在学习中注重培养他的创新思维。在这种家庭环境的影响下，孩子可能从小就对科学和技术产生浓厚的兴趣，因此后来选择与专业技术相关的职业。

2. 家庭资源

家庭资源包含家庭的经济支持、家庭成员的职业背景和社会关系资源等，这些资源会影响一个人对不同职业的了解和选择。家庭的经济水平和稳定性会影响个人在职业选择上的自主性，有些家庭可能更倾向于选择稳定的职业，而有些家庭可能更支持个人追求自己的兴趣和梦想。

3. 家庭支持

家庭环境是否支持个人在职业上的努力和决策，以及是否提供情感上的支持，对个人在职业环境中的适应和成长至关重要。家庭的支持和鼓励可以增强个人的自信心和决心，使其更有勇气面对职业中的挑战和困难。

（三）学校环境

学校环境是一个学生接受教育和培养的关键场所，它直接影响学生的学习能力、社交技能和职业准备。在学校环境中，学习氛围、师资质量以及学习资源都扮演着重要角色，对学生的未来发展产生深远影响。同时，学校也应该为学生提供职业导向，引导他们了解职业领域，作出更明智的职业选择。

1. 学业表现

学校环境中的学习氛围对学生的学业表现有着直接的影响。良好的学习氛围能够激发学生的学习兴趣和动力，使他们更加专注于学习。学校应该营造积极、鼓励的学习氛围，让学生愿意主动参与学习活动，并对知识有着渴望。这样的氛围不仅有助于学生取得更好的学业成绩，还能培养他们的自主学习能力，为未来的学习打下坚实基础。师资质量也是学校环境中至关重要的一环。优秀的教师不仅能够传授知识，还能够激发学生的学习兴趣和学习热情。教师的教学水平和教学方法直接影响学生的学习效果。在一个优秀的教师指导下，学生更容易理解知识、掌握学习方法，从而取得更好的学习成绩。此外，学校提供的学习资源也是学生学业表现的关键因素。丰富的图书馆、实验室设施、先进的教学设备等，都能够为学生提供更多的学习机会和资源。学校应该积极投入资源，提供优质的学习设施，让学生在学习过程中能够有更多的实践机会，培养他们的动手能力和实际操作能力，使学习更加生动和有效。

2. 社交技能

学校环境是培养学生社交技能和人际交往的重要场所。在学校里，学生会遇到来自不同背景的同学，他们需要学会与不同类型的人相处，理解和尊重彼此的差异。通过与同学、老师和学校其他工作人员的交往，学生能够培养出良好的沟通能力和人际交往技巧。在学校中，学生还有机会参与各种社团组织和课外活动，这些活动为学生提供了锻炼社交

技能的机会。学生可以通过参与团队活动，学会合作、协调，培养出团队合作的意识和能力。这些社交技能对学生未来的职业生涯非常重要，无论是与同事合作，还是与客户沟通，都需要良好的社交技巧来建立良好的人际关系。

3. 职业导向

学校为学生提供职业导向和职业规划资源，帮助他们作出更明智的职业选择。学校可以通过举办职业讲座、职业咨询会等活动，让学生了解不同职业的特点、发展前景和要求，帮助他们确定自己的职业目标。同时，学校还可以组织实习活动，让学生有机会亲身体验不同职业的工作环境，了解职业的真实情况。通过实习，学生可以更好地了解自己的兴趣和优势，为将来的职业选择提供参考。此外，学校还可以建立就业信息平台，为学生提供就业信息和招聘信息。这样的平台能够让学生及时了解就业市场的动态，为他们提供更多就业机会。

课堂体验　找工作你是否会焦虑

很多大学毕业生面临找工作时都会倍感焦虑，预想一下，你是否也会有此感受？

____

____

二、职业发展趋势

职业发展的历史过程可以追溯到人类社会的起源。在漫长的发展历程中，人们的职业不断演变，受到技术、经济、文化和社会变革的影响。早期人类主要以狩猎、采集和部落内部分工为生，职业选择相对简单。随着农业的发展，人们开始从事农耕和畜牧，形成了农民和牧民等职业。随着手工业的兴起，手工艺人逐渐成为重要的职业群体。工业革命是职业发展的重要转折点。在工业化进程中，工厂大规模生产催生了工人阶级的形成，工人和工会运动逐渐兴起。同时，管理、技术、商业等领域的职业也开始崭露头角。20 世纪以来，科技的飞速发展带来了新的职业领域，如计算机技术、信息技术、互联网和社交媒体等，为人们提供了更多的职业选择。全球化和国际贸易的加速，跨国公司的崛起，也为职业发展带来了新的机遇和挑战。职业发展的历史过程是多样而复杂的，不断受到各种因素的塑造与推动。随着时代的发展，职业的变迁将继续发展和演进。

（一）传统职业消失，新兴职业出现

消失和衰落中的职业大部分集中在第一、第二产业。科技的迅速发展，自动化、人工智能、大数据、物联网等技术的广泛应用，导致某些传统职业消失。但同时也创造了很多

全新的职业领域，特别是在数字领域和高科技行业。

(二)专业、技术、技能融会贯通

建立高素质复合型的技术技能人才队伍是在当前中国经济社会快速发展和技术变革背景下的一项重要任务。传统的专业技术人才和技能人才之间的壁垒已不能满足现代社会的需求。因此，实现专业、技术和技能的融会贯通，搭建人才发展的“立交桥”，对于提高人才素质、满足用人单位和社会需求、实现国家战略目标都具有重要意义。

(三)与第三产业相关的职业高速发展

第三产业是现代经济的重要组成部分。随着服务业的快速发展，许多与之相关的职业，如数字营销、咨询顾问、社交媒体管理等，也迅速兴起。第三产业的发展为社会提供了更多的就业机会，并为大学毕业生提供了更多的选择。

值得注意的是，职业发展趋势是动态变化的，而且可能因国家、地区和行业的不同而有所差异。对于未来的职业发展，重要的是保持灵活性、适应能力和持续学习，以便能够应对快速变化的职场环境。

课堂体验

活动目标

让学生通过思考和探讨，设计某个职业的未来发展图景，包括技术发展、职业需求和社会影响等方面。

活动步骤

1. 选择职业。将学生分成若干小组，每个小组选择一个职业，可以是现有的职业，也可以是未来可能出现的职业。

2. 职业研究。各小组对所选择的职业进行深入研究，了解该职业的现状、发展历程、技能要求等。考虑当前和未来可能影响该职业的关键技术趋势，如人工智能、自动化、物联网等。学生讨论该职业未来发展对社会的影响，可能涉及经济、环境、教育、伦理等方面。

3. 未来画像展示(见图 4-1)。各小组根据他们的研究和讨论，设计并展示该职业未来发展的画像，可以通过绘图、演讲、视频、海报等形式展示。

4. 分享和反思。学生之间交流分享各自设计的未来职业画像，并进行反思讨论。课堂中可以鼓励学生提出问题、互相评价和辩论观点。

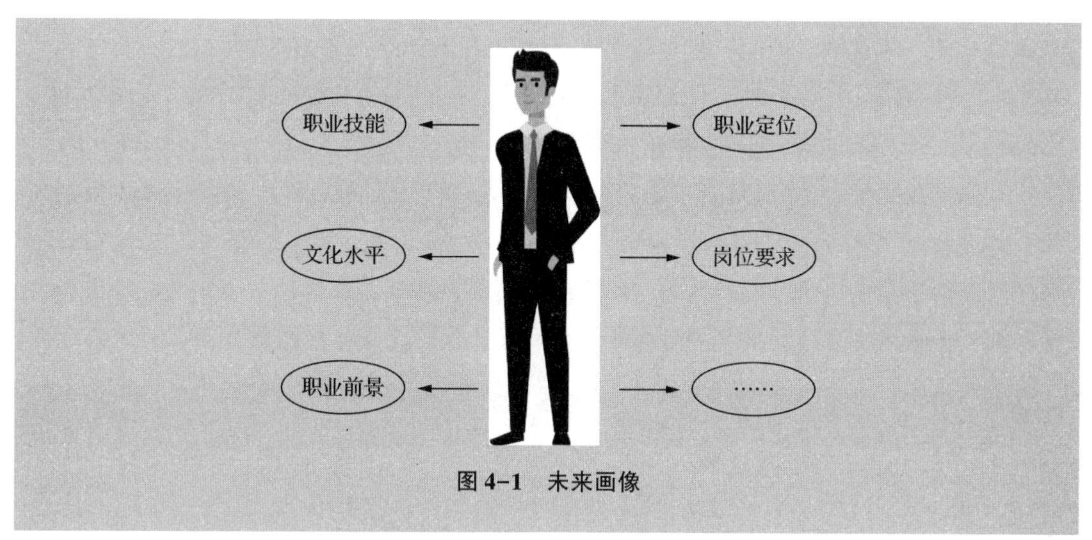

图 4-1　未来画像

第三节　职业环境分析

一、职业环境分析的意义

职业环境对个人的成长和职业发展有重要的影响。因此，在进行职业生涯规划时，深入地分析和研究职业环境，弄清职业环境对职业发展的影响和作用，以便更好地评估各种影响因素并作出反应。

生涯故事　立足家乡搞创业

姚姚生长在浙江省某个乡村。现在居住在乡村里的居民基本上都是中老年人，所以姚姚这位“95 后”姑娘格外显眼。不仅因为年轻，还因为她是个小有名气的创业者。回到乡村一年后，她拥有了一个 2000 多人的朋友圈、一大批忠实客户，平均每天有五六百元的营业额。每天她都会在朋友圈里叫卖家乡的土特产：“鸭蛋明天就去捡啦，想要的朋友们现在快下订单哦，数量有限！”

前几年，姚姚所在村庄的旅游产业迎来了春天。村里打造了 3A 级景区化示范村，民宿、泳池、接待中心等配套设施也纷纷落地。看到家乡旅游的发展，姚姚立即辞去杭州的工作，回家乡创业。姚姚对村里的土猪、鸡鸭、香菇等土特产的品质特别自信，她希望这些能成为游客购买的畅销品。在与游客交谈的过程中，姚姚向他们推销起了村里放养的鸡鸭、散养的土猪、新鲜的蔬菜及各式各样的干货。游客们对这个能说会道的“95后”姑娘很感兴趣，有的加她为微信好友，有的帮她一起宣传，300人、500人、800人……没过多久，一个顾客圈子便形成了。

后来，姚姚创办了“瑶瑶高山农产品”网店。她将村民家里各式各样的土货加以包装，然后拍照、配字，统一推送。村庄距市区有60多千米，姚姚便每周三次开车到市区送货，记录客户反馈，不断改进。她从经营茭白干开始，得到客户认可后又将经营范围扩大，现在鲜香菇、笋干、千层糕及原生态家禽都已成为她的招牌商品。村民有需要销售的农产品，都会跑去找姚姚，多到几百斤的香菇，少到几个鸡蛋，她都能找到买家，而且还能卖个好价钱。现在的姚姚正打算在甜品行业大展拳脚，她早已熟悉了各种蛋糕、布丁、西米露、糯米糍的做法，准备开一家集乡村土货和各式点心于一体的综合小店。

二、职业环境分析的内容

职业环境分析实质上就是了解和分析与自己职业发展密切相关的环境，包括家庭环境、人际关系、外职业环境等。

（一）家庭环境

家庭环境在一定程度上会影响人的性格和心态，进而会影响个人工作和事业的发展。家庭环境主要包括家庭关系、家庭生活环境、家庭经济状况、家庭成员健康状况等。

（二）人际关系

一般来说，个人在工作中或多或少都会与他人发生联系。在一个工作团队中，个人的专业、性格、年龄、能力等有差异。因此，制订职业生涯规划时，也要了解他人，特别是与个人工作密切相关的同事的情况。如年龄层次、专业背景、学历情况等。

（三）外职业环境

外职业环境分析主要包括三个方面的内容：社会环境分析、组织环境分析和经济环境分析。

1. 社会环境分析

社会环境对每个人的职业生涯发展都重要。要通过对社会大环境的分析，了解所在国家或地区经济、政治、社会、文化等的发展情况，寻求发展机会。

影响职业生涯的社会环境因素包括以下几个方面。

（1）经济发展水平

经济发展水平高的地区通常优秀企业比较多，个人职业选择的机会也比较多，有利于

个人职业的发展；反之，经济发展水平落后的地区，个人职业选择的机会就相对较少，个人职业发展也容易受到限制。

(2)社会文化环境

社会文化环境主要包括教育水平、教育条件和文化设施等。在良好的社会文化环境中，个人能受到良好的教育熏陶，可以为职业发展打下更好的基础。

(3)价值观念

一个人生活在社会环境中，必然会受到社会价值观念的影响。一个人思想的发展和成熟的过程，其实就是和社会主体价值观念交互的过程。社会价值观念会影响个人的价值观念，进而影响个人的职业选择。

(4)政治制度和氛围

政治和经济是相互影响的。政治不仅影响一国的经济体制，而且影响企业的组织体制，从而直接影响个人的职业发展。政治制度和氛围还会潜移默化地影响个人的追求，从而对职业生涯产生影响。

分析和了解影响职业的社会环境因素，有助于个人制订正确的职业生涯规划，从而在变化的社会环境中不断取得职业生涯的发展。

2. 组织环境分析

从宏观的角度来看，组织环境分析大致可以分为职业环境分析、行业环境分析、企业环境分析、地域(城市)分析等四个方面。从微观角度来看，组织环境主要包括以下六个方面：组织规模和组织机构；组织文化、组织氛围和人际关系；组织发展战略和发展态势；组织政策和组织制度；组织人力资源开发与管理；工作设施设备条件和工作环境等。

下面主要从宏观角度来介绍组织环境分析。

(1)职业环境分析

职业环境分析就是要认清所选职业在社会大环境中的发展状况、技术含量、社会地位、未来趋势等。例如，研究当前热点职业及其发展前景，社会发展趋势对所选职业的要求、影响等。

(2)行业环境分析

行业环境分析包括对目前所从事行业和将来想从事行业的分析，包括行业的发展状况、国际和国内重大事件对该行业的影响、行业发展趋势等。

(3)企业环境分析

企业环境一般包括单位类型、企业文化、发展前景、发展阶段、产品服务、员工素质、工作氛围等。知道自己适合什么样的企业文化、什么样的环境，才能找到真正符合自己要求的公司。

(4)地域(城市)分析

地域(城市)分析主要包括某地域(城市)的经济发展情况、行业分布、劳动力市场的供给情况、地域(城市)的信息系统状况等。例如，很多人向往大城市，上海、北京、深圳、广州等城市有完善的产业结构、丰富的企业资源、良好的职业机会，因而吸引众多的人才关注。在前往心仪的大城市求职前，需要做一下城市分析。

3. 经济环境分析

经济环境分析主要包括经济模式变化、经营环境变迁、经济国际化、经济增长率、经济景气度、经济建设速度等。分析的重点是研究经济环境变化对人才需求以及个人素质、能力提出的要求和挑战。

经济环境会对人的职业生涯发展产生影响。例如，当经济发展向好时，百业兴旺，就业渠道、薪资提升和职业发展的机会就会增加；反之，就可能使人的职业发展受阻。

阅读专栏　职业环境分析的途径和方法

对于大学生来说，了解职业环境的最好途径和方法就是实践。实践出真知。只有通过实践，才能形成感性认识，从而指导自己的学习和生活，逐步调整自己的职业生涯规划，使自己的职业生涯规划更加趋于合理。

大学生可以通过以下几种形式对职场进行分析，做到早定位、早准备。

1. 充分利用网络资源

利用网络资源可以获取招聘信息，还可以了解职业环境，并为职业生涯规划决策服务。大学生可以通过互联网获取很多信息，如用人单位的基本情况、行业排名、单位发展状况、用人标准等。

2. 职场人士访谈

了解职场社会，对职场人士进行访谈，是最直接、最易操作的一种方式。大学生可以根据自己的专业或者兴趣选择不同职业人士进行访谈或调查，借鉴他们的成功经验，吸取他们的教训，避免今后自己走弯路。可以将他人的职业生涯规划道路与自己的进行比较，不断地调整自己的职业生涯规划。

3. 参观与实习

大学生可以利用寒暑假，主动联系工作单位进行实习，走进企业，将自己的所学运用到实际的工作中去，并从实际工作中发现自身所学与实际能力要求的差距，加强对职场的认识和了解，从而增加阅历、积累经验、增长才干，用职场中的所学所感指导自己的职业生涯规划。

【回顾·练习】

1. 简述职业环境包含哪些因素。

3. 影响职业生涯的社会环境因素有哪些？

2. 小组探讨未来职业发展趋势走向。

【发现·探索】

进行职业访谈

对每一个有可能的职业方案进行职业访谈。通过对与职业方案相关的2~3名职场人士的访谈，获得从大众传媒中无法取得的，关于行业、职业和组织的更多信息，特别是关于受访者对其工作的态度、对职业发展前景的判断、职业的核心要求和进入途径等深入的、非结构化的、个性化的信息。

访谈要求

时间为20~40分钟，访谈对象为在相关职位工作2~3年以上的人士，访谈方式可以是面对面、视频通话或电话访谈。

访谈内容

(1)工作性质或工作内容。

(2)工作环境、就业地点。

(3)所需教育、培训或经验。

(4)所需个人的资格、技巧和能力。

(5)收入或薪资范围、各项福利。

(6)工作时间和生活状态。

(7)相关职业和就业机会。

(8)组织文化和规范。

(9)喜欢/不喜欢该工作哪些方面。

(10)对自己进入这个领域有什么建议。

活动思考

进行职业访谈对你做好职业生涯规划有何启示？

第五章　精练职业规划　适应变化挑战

学习指南

俗话说，机会总属于有准备的人。人的生命是有限的，其中职业生涯占据了绝对重要的部分。拥有成功的职业生涯的人，才可能实现完美的人生。职业生涯规划是个人步入职场的准备工作，与每个人职业的成功乃至人生的成功密切相关。从跨进大学校门的那一刻开始，大学生就需要在规划中前行，并通过学习和实践来完善规划。

知识目标

1. 理解职业生涯规划的原则与内容。
2. 掌握职业生涯规划的步骤，了解职业生涯规划的误区。
3. 了解 SWOT 分析法、5W 法等职业规划工具的应用。

能力目标

1. 能运用职业规划工具制订个人行动计划。
2. 能根据环境变化调整职业规划方案。

素质目标

1. 培养目标导向与应变能力，增强规划的执行力。
2. 树立终身学习理念，适应职业发展的动态变化。

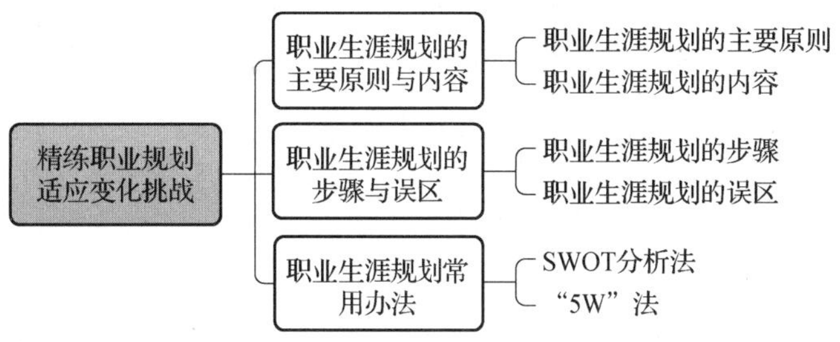

目标就是力量，奋斗才会成功

有四条毛毛虫都喜欢吃苹果，它们打算在苹果成熟的季节去森林里找苹果吃。

第一条毛毛虫爬啊爬，终于来到了一棵苹果树下。但它不知道这是一棵苹果树，也不知道树上长满了红红的苹果，它只是看到有毛毛虫在往上爬，就稀里糊涂地也跟着往上爬。它没有目标，不知终点，不知道选择哪一个苹果，也没想过怎样去摘取苹果。它的最后结局呢，也许是找到了一个大苹果，幸福地生活着；也许是在树枝间迷了路，过着悲惨的生活。其实，大部分的毛毛虫都是这样活着的，它们直到“虫生”结束，也没有弄清楚自己为什么而活，就这样稀里糊涂地过了一辈子。

第二条毛毛虫也爬到了苹果树下。它知道这是一棵苹果树，也确定它的“虫生”目标就是找到一个大苹果。问题是它并不知道大苹果长在什么地方。但它猜想，大苹果应该长在粗的树枝上吧。于是它就慢慢地往上爬，遇到分枝的时候，就选择较粗的树枝继续爬，或者是别的虫往哪儿爬，它也就跟着往哪儿爬。最后它终于找到了一个大苹果，这条毛毛虫刚准备高兴地扑上去大吃一顿时，放眼一看，它发现这棵树上还有许多更大的苹果，而它找到的这个是较小的一个。更令它泄气的是，要是在上个岔口选择另外一个分枝，它就能得到一个大得多的苹果。

第三条毛毛虫也到了苹果树下。这条毛毛虫知道自己想要的是大苹果，并且为此研制了一副望远镜。在还没有开始爬时，它就先利用望远镜搜寻了一番，找到了一个很大的苹果。同时，它发现当从下往上爬时，会遇到很多分枝，于是它很细心地从目标苹果的位置由上往下反推至目前所处的位置，记下这条确定的路径。做好充分的准备后，它开始往上爬，当遇到分枝时，它一点也不慌张，因为它知道该往哪条路走，而不必跟着一大堆毛毛虫去挤破头。但是因为它花费了较长的时间做准备而且爬行得相当缓慢，所以当它抵达时，苹果已经被别的毛毛虫捷足先登了。

第四条毛毛虫可不是一条普通的毛毛虫，它见多识广、做事有自己的规划。它知道自己要什么样的苹果，也知道苹果成熟的过程，因此它早早就来到苹果树下。当它带着望远镜观察满树的青苹果时，它的目标并不是一个大苹果，而是一树枝的大苹果。它详细地规划了路线，并预估了到达所需的时间，然后在合适的时间出发了。当它到达的时候，青苹果恰好长成了红苹果，它如愿以偿，得到了许多又大又甜的苹果，过上了香甜富足的生活。

第一条毛毛虫是一条没有目标、没有规划的“糊涂虫”；第二条毛毛虫知道自己要什么，它在习惯的指导下作出了一些看似正确实则欠妥的选择，使它渐渐远离了大苹果；第三条毛毛虫有清晰的人生规划，但是因为行动过于缓慢而最终与成功擦肩而过；第四条毛毛虫制订了适合自己的人生规划，然后一步步实现了自己的梦想。

其实我们就像那几条毛毛虫，而“苹果”就是我们的人生目标——职业成功。“爬树的过程”就是我们职业生涯的过程。毕业后，我们都得爬上人生这棵“苹果树”去寻找未来。完全没有规划的职业生涯注定是要失败的。有什么样的规划就有什么样的人生。我们的时间非常有限，越早规划自己的人生，就越可能早获成功。

第一节 职业生涯规划的主要原则与内容

一、职业生涯规划的主要原则

大学阶段是就业的准备期，大学生进行职业生涯规划的主要目的是为进入职场做好各种准备。职业生涯规划具有很强的导向性。科学的职业生涯规划要充分考虑到个人的特性和单位的发展需要，要把个人发展与组织发展结合起来，对影响职业生涯规划的各种客观因素进行分析、总结和测定，确定一个人的发展目标，选择实现这一目标的职业，编制相应的工作、教育和培训等行动计划，对每一步骤的时间、顺序和方向作出合理的安排。为了使自己的职业生涯规划科学合理、切实可行，在制订职业生涯规划时，大学生应遵循以下原则。

（一）长期性原则

规划一定要从长远来考虑，只有这样才能给人生设定一个明确的大方向，使个体能集中力量，紧紧围绕这个大方向做出努力。如果大方向定位不准确，阶段性目标和措施定得再好，也不可能收到理想的效果。

(二)清晰性原则

无论是目标、措施还是规划，都必须是清晰而明确的，各阶段的划分、路线和措施一定要具体、可行，即能够将它转化为一个个可以实施的行动。

(三)具体性原则

规划必须是针对某个特定个体所进行的具体的职业指导。由于每个个体所处的具体的职业发展阶段不同，能力、性格、职业发展愿望等特点各不相同，每个人所处的组织环境也有所差异，因此在进行职业生涯规划时不能照搬其他人的职业发展模式，规划必须是因人而异的、具体的。

(四)挑战性原则

规划一定要在符合可行性的基础上具有一定的挑战性，这样有利于激发个人潜能，“跳一跳摘到的苹果”才是最可贵的。一个轻易就能实现的目标不能反映一个人的真实能力，也不能充分体现一个人的人生价值。一个人所定的目标稍有一定的高度和难度，完成规划的每一个阶段性目标都要付出一定的努力，成功之后才会有较大的成就感，从而不断激励自己向新的更高目标迈进，直到达成最终目标。

(五)持续性原则

人生的每个发展阶段是相互连贯、相互衔接的。在进行职业生涯规划时，制订的每个具体规划应与人生总体规划一致，制定的每个阶段目标应与总目标相一致。决不能割断完整的职业发展历程，也不能摇摆不定，浪费个体发展阶段的人力资本积累。要促进职业生涯的持续发展。

(六)可评估性原则

规划不但应该规划出总的职业发展目标，还应制定具体的阶段性步骤，要有明确的时间限制和标准，以便在达到职业生涯目标的过程中随时进行阶段性的评估和检查，随时掌握执行的情况，以便为职业生涯总目标的调整提供参考依据。

(七)可调整性原则

在制订职业生涯规划和采取具体措施时，要充分考虑到各种因素的变化与发展。职业生涯规划是一个不断面对困难、解决问题和作出决策的过程。目标与措施不是一成不变的，反馈与修正必不可少。越是长远的目标，规划越应该具有可调整性。

(八)激励性原则

规划的职业目标是否符合自己的性格、兴趣和特长，是否能对自己产生内在的激励作用，在制订规划时一定要充分考虑。个体成就感大多来自在工作中圆满完成岗位职责所赋予的任务并获得外部的认可。个体成就感越高，其受到的激励强度越大。从某种意义上来讲，来自工作中的激励才是最有效的激励。

（九）适时性原则

在进行规划时，需要预测未来的行动、确定将来的目标。一份合理的规划对于各项主要活动何时实施、何时完成，都应有时间和时序上的妥善安排，以作为核查规划落实情况的依据。

（十）利益整合原则

利益整合是指个人利益与组织利益的整合。这种整合不是牺牲个人的利益，而是处理好个人发展和组织发展的关系，寻找个人发展与组织发展的结合点。每个个体都是在一定的组织环境与社会环境中学习发展的，因此，个体必须认可组织的目标和价值观，并把个人的知识和努力集中于组织的需要和发展上。

二、职业生涯规划的内容

（一）学业规划

学生的主要任务就是学习，因此，学业规划是大学生职业生涯规划最重要的内容。学业规划包括专业技能学习规划、公共基础知识学习规划、就业知识学习规划等。大学生应该在认真研究社会需求、了解社会需要什么样的人才的基础上，结合学校的课程安排，制订科学的、个性化的学业规划。

1. 专业技能学习规划

进入大学前，每个大学生都必须选择一门专业。选专业应该是一件非常慎重的事情，它可能会影响一个人的整个职业生涯。大学生选专业的标准各不相同，但有一点应该是相同的，那就是希望毕业以后尽量从事与该专业相关的职业。大学期间的学习，主要目的是习得工作岗位需要的专业技能，而专业技能是大部分大学生毕业以后安身立命的本钱，其重要性不言而喻。那么，怎样才能做好专业技能学习规划呢？

（1）要确定专业技能学习的目标

例如，师范专业学生的学习目标应该是达到教师岗位所需要的技能要求，即一方面要达到理论学习要求，顺利毕业，取得教师资格证；另一方面，要通过实习，熟练掌握实操技能。会计专业学生的学习目标应该是掌握会计岗位所需要的会计知识，考取会计相关资格证书，如助理会计师证、会计师证等。大部分初入大学的学生对这些专业要求可能并不熟悉，需要通过各种途径增加了解，如查阅资料、咨询老师或者到相关岗位去观察。有的学生在整个大学期间学习目标都不明确，浑浑噩噩，不知道该学什么，毕业以后才发现自己根本达不到岗位的要求。

（2）要合理分解不同阶段的学习规划

大一阶段主要是打基础，适应新的学习环境，掌握专业的基础知识，了解专业的基本特点，寻找专业学习的方法，培养对于专业的兴趣；大二阶段是深入学习阶段，主要是了解专业的课程体系，掌握专业学习的主要方法，研究专业的发展动向，探析专业的就业特点；大三是实习实践阶段，主要是提高专业动手能力，撰写毕业论文，准备相关职业资格证书考试，为毕业做准备。

（3）要明确自己的学习方式

大学学习比较自由，主要依靠自学，需要大学生主动地去安排自己的学业。自学能力是专业能力提升的一个重要保障。大学生应充分利用好课堂时间汲取知识，同时加强自学，从而提高专业水平，增强竞争力。

生涯故事　求职成功的秘诀

某师范本科毕业生小霞，参加了成都市某中学语文教师岗位的招聘。经过笔试，小霞从200多名应聘者中脱颖而出，并顺利通过面试和试讲，成功与该中学签约。同她一起进入面试和试讲的是一名重点大学毕业的硕士。

面试时，当被问到自己有什么特长时，那名硕士说自己的科研工作做得好，在国家级期刊上发表论文若干篇。而小霞则现场为大家进行了书法展示，颇具专业水平。

试讲时，小霞发音标准、表达流畅、课程设计出色、板书整洁，最终被录用。

小霞成功的秘诀在于：一是专业基础知识扎实，从200多名笔试者中胜出；二是具备了良好的教师职业技能，如良好的表达能力、扎实的文字功底、突出的课程设计能力；三是综合素质较高，如书法特长为其加分不少。

2. 公共基础知识学习规划

公共基础知识主要指外语、计算机、写作、公共关系等方面的知识。如今是信息化时代，国际化程度越来越高，社会对人才综合素质的要求也越来越高，作为当代大学生，必须不断提高自己的综合素质，而公共基础知识就是综合素质的具体体现。有的大学生对公共基础知识的学习不够重视，认为对就业帮助不大，而毕业时没找到对口专业的工作，综合素质又不够高，就业顿时陷入困境；而那些综合素质高的学生，即使没有找到对口专业的工作，就业也相对容易。大学生在学好相关知识的同时，可适当考取一些外语、计算机等级证书，对提升就业竞争力很有帮助。但是，需要妥善分配好专业学习与公共基础知识学习的时间，不能顾此失彼。

3. 就业知识学习规划

就业知识学习主要包括就业形势分析、就业信息收集、就业技巧训练、职业素质培养等内容。

专业技能不等于专业岗位，技能与岗位之间需要一个桥梁，这个桥梁就是就业知识。不是专业技能学好了，就一定会有一份好的工作。而且必须先掌握就业知识，找到一个工作岗位，专业技能才有发挥的场合。有的大学生在校成绩很好，但对就业信息和职业要求一无所知，或是不知道如何在招聘者面前表现自己，最终导致求职失败。这都是因为缺乏就业知识的原因。

制订就业知识学习规划，要注意以下三点。一是要明确阶段性学习目标。大一阶段主要是认识自我，确定职业目标，提高职业素养；大二阶段主要是了解行业形势，做好职业生涯规划，学习面试笔试的技巧，做好求职的准备；大三阶段主要是明确专业岗位职责、搜集就业信息、参加招聘会等。二是要重视就业指导课，关注实习就业处的相关信息及国家相关就业政策。三是要树立正确的就业观。

（二）成长规划

大学生成长规划的内容主要包括：养成良好的生活习惯，培养健康的兴趣爱好，建立良好的心态，学会财务管理，树立正确的世界观，拥有梦想。

1. 养成良好的生活习惯

良好的生活习惯是个人身心健康的保证，而身心健康是学习、工作的基础。大学生精力旺盛，又处于长身体、学知识的阶段，良好的生活习惯可以促使其顺利、成功地度过大学阶段。为了达到身心健康的目的，大学生从踏进大学校门开始，就应着手培养自己良好的生活习惯。

大学生养成良好的生活习惯，应做到：保证合理的营养供应，不暴饮暴食、不采用节食的方法错误减肥；养成良好的作息习惯，合理安排作息时间；进行适当的体育锻炼和文娱活动；改变吸烟、酗酒、沉溺于电子游戏等不良的生活习惯。

2. 培养健康的兴趣爱好

健康的兴趣爱好对大学生的成长非常重要。兴趣是最好的老师，它可以促进一个人最高水平的努力，提高人们的办事效率。兴趣不全是天生的，大多数兴趣可通过后天培养。大学生应拓宽视野，多接触新鲜事物，多尝试。唯有多尝试，才能知道自己究竟喜欢做什么，什么才是自己的最爱。大学生应该充分利用学校的资源，多方寻找适合的平台，培养自己的兴趣爱好。

需要注意的是，健康的兴趣爱好有利于大学生的成长，不健康的兴趣爱好却极其有害。有的学生迷恋网络，通宵达旦上网；有的学生喜欢赌博、酗酒等，这些都是不健康的，要坚决杜绝。

3. 建立良好的心态

良好的心态、健全的人格，是大学生身心健康的重要标志及学习、就业的重要保障。

当今社会，科技越来越发达，知识更新越来越快，竞争压力越来越大，大学生就业、工作的难度也越来越大，这就需要大学生拥有良好的心态。“态度决定一切”，是对心态作用的最好描述。

4. 学会财务管理

大学是人生的重要阶段，是理财的起步阶段，也是学习理财的黄金时期。对于没有收入的在校大学生而言，大学阶段的财商培养只是训练和演练，目的在于帮助大学生在日常生活中养成良好的理财习惯。学会理财，是大学生踏入社会的一项准备工作，也是尽快适应社会生存法则的捷径。大学生要树立一种正确的金钱意识，学会花钱，即能够量入为出，会计划、会管理、懂得专款专用，花钱有节制。

阅读专栏 校园贷款的危害

一、校园贷款具有高利贷的性质

一些不法分子将目标对准学校，利用在校学生社会认知能力较差、防范心理弱的劣势，进行短期、小额的贷款活动。从表面上看这种借贷是“薄利多销”，但实际上他们的不法所得是银行利率的20~30倍，肆意赚取学生的钱。

二、校园贷款会滋生借款学生的恶习

学生的经济来源主要是父母提供的生活费。若学生具有攀比心理，且平时就有花钱大手大脚的恶习，那么大多数父母提供的费用肯定不足以满足其需求。因此，这部分学生可能会通过校园高利贷获取资金，并引发赌博等恶习，严重的还可能因无法还款而辍学，甚至走上犯罪道路。

三、若不能及时归还贷款，放贷人会采用各种手段向学生讨债

一些放贷人进行放贷时会要求学生提供一定价值的物品进行抵押，而且要收取学生的学生证、身份证复印件甚至私密照片，全面掌握学生个人信息。一旦学生不能按时还贷，放贷人可能会采取恐吓、殴打、威胁学生甚至其父母的手段进行暴力讨债，对学生的人身安全和校园秩序造成重大危害。

四、有不法分子利用“高利贷”进行其他犯罪

放贷人可能利用校园“高利贷”诈骗学生的抵押物、保证金，或利用学生的个人信息进行电话诈骗、骗领信用卡等不法行为。

5. 树立正确的世界观

“青年是引风气之先的社会力量。”作为国家的希望和未来，大学生应该树立正确的世界观，培养民族责任感，以强大国家为己任，立志做一个有利于社会的人。

6. 拥有梦想

梦想是指人们对于美好事物的一种憧憬和渴望，可以给一个人带来巨大的力量。教育家杜士扬这样赞叹道：“梦想点燃了一个人生命的希望和热情，梦想催动了一个人奋起战斗的勇气和决心，梦想激扬着一个人无视眼前的任何困难，梦想鼓舞着一个人百折不挠，永不放弃!”梦想距理想只有一步。一个人把梦想当作目标，加以规划、实施，梦想就变成了理想。每一个人都有梦想，但能够坚持梦想的却不多，而那些坚持者常常能取得成功。

(三)社会实践规划

参加社会实践活动有助于大学生通过体验自己学习和工作上的成功与不足，进行自我反思，不断地完善自我，进一步提高自身综合素质，从而培养广大学生的创新意识，激发学生勤奋学习、勇于创新、奋发成才的积极性和主动性，推动大学生“创新教育、实践教育”向纵深发展，也让其平时的理论学习有付诸实践的机会。

大学生社会实践规划主要包括参加大学社团、社会实践活动和实习三个方面。

1. 参加大学社团

大学生活只有短暂的三四年，转瞬即逝，应好好珍惜。选择一个感兴趣的社团好好锻炼自己是每一个大学生都应该考虑的。社团为大学生提供了一个与他人和社会接触的机会，从中可以提高自己的社交能力、实践能力、自制能力和生存能力，弥补某些性格上的缺陷，同时也可以增进同学之间的相互了解，结识更多的新朋友。

大学社团种类很多。面对各种各样令人眼花缭乱的社团组织，学生应该根据自己的特长与爱好，明确自身定位，选择适合的社团。在选择社团时，还要综合多方面的因素和条件，考虑清楚后再做决定，切不可草率、贪多，也不能抱着功利性的想法。一旦入选某个社团，就必须认真做好社团的每一项工作，坚持到底。

2. 社会实践活动

“学以致用，贵在实践”，大学生必须把自己的所学应用到实践中去，在实践中增长自己的见识和才干，体现自身价值。参加社会实践活动可以提高大学生应付各种情况的能力，培养解决问题的能力；促进集体协作，提升交往能力。社会实践还可以培养大学生吃苦耐劳的精神，使他们学会管理自己，挖掘自身潜能，以适应世界和时代的变化，增强生存能力。

那么，大学生应该如何开展社会实践活动呢?

(1)可以利用假期和课余时间参加社会实践活动

例如，前往国有大型企业参观，领略国企改革的成就；定期参加学校开展的报告活动和社团活动；到农村进行农民生活状况的调查，了解新农村建设情况；作为青年志愿者深入社区，走进千家万户，帮助社区解决实际问题等。此外，许多单位也会在假期有更多的

用人需求，尤其是服务行业，向大学生提供了许多临时性工作岗位。大学生在寒暑假参加社会实践活动，既可以锻炼自己的自立能力，又可以预先适应社会，为以后就业打好基础。当然，利用课余时间如中午、晚上也可以参加勤工俭学等社会实践活动，但这样会挤占大部分自主学习时间，对大学生丰富知识、精修专业是有一定负面影响的，一般情况下并不提倡。

(2)必须明确参加社会实践活动的目的

大学生参加社会实践，应该明确目的是什么，是开阔视野、适应社会、学会独立、解决经济困难还是专业实践，或者兼而有之？只有明确目的，才能够在实践中有所收获，否则，一心只为赚钱，就会失去社会实践的意义。

(3)要做好社会实践总结

这样做可以让自己明确取得了哪些收获，得到了哪些经验教训，哪些是成功的，哪些是需要改进的，从而在以后的学习工作中扬长避短。

3. 重视实习

实习对大学生来说意义重大，主要体现在以下几个方面。

(1)完善专业技能，增强动手能力

当前，我国大部分高校学生在校期间的学习都是以理论学习为主，大学生获得的实践操作机会相对有限，这就导致他们的专业技能不高。实习可以解决这个问题。在实习单位，大学生可以目睹专业知识如何被运用到实践中，并且在老师的指导下，他们可以亲手操作，从而把抽象的理论转化为实际的技能，从而提高自己的专业能力。

(2)了解职业与行业，确认喜欢或擅长的职业

了解职业与行业有很多方法，如阅读相关的文章、请教业内人士，但最直接的方法还是亲自做这份工作。在做的过程中，可以确定自己是否喜欢这份工作，以及自己能否胜任。如果既喜欢又能胜任，以后毕业找工作时，就可以把它作为目标职业；反之，就要寻找新的工作方向。

(3)为从学生角色向职业人角色转变做准备

人们常说，大学是个象牙塔。确实，学校与职场、学习与工作、学生与员工之间存在着巨大的差异。在角色的转化过程中，人们的观点、行为方式及心理等方面都要做适当的调整。而实习提供了一个机会，让大家接触真实的职场。有了实习的经验，毕业后参加工作就可以更快、更好地融入新的环境，完成学生向职场人士的转换。

(4)增强找工作时的竞争优势

曾经有公司做过一项调查“雇主如何选择应届毕业生”，参与调查的公司包括外企、国企和民营企业，规模也有大有小。有一个题目是让他们选择看重的方面，包括学校、专业、成绩、证书、实习经验、社会实践和户口等。结果不同性质与规模的公司的侧重点有

很大不同，但唯有一个要素是所有公司都重视的，那就是和应聘职位相关的实习经验。所以，如果在大学期间有相关的实习经验，在找工作时会有很大的优势。而且不少公司会挑选实习生中的优秀者留下来成为公司的正式员工。这样的招募方式正被越来越多的跨国公司使用，并成为其挖掘“早期人才”的战略之一。例如，有一年 IBM 的实习生中有 50%留在了 IBM，他们希望这个比例在第三年可以提高到 80%。

实习是大学生对自己未来职业的一种体验，只有亲身经历后方能进一步确定自己的目标职业是否正确，理想中的职业与实际中的职业是否有差距，差距有多大，以及自己是否能够接受。而对于招聘公司来讲，实习经验是他们考查大学生能力的一种方式。如果连实习都不能完成，怎么能相信这个人可以胜任以后的正式工作呢？

大学生在实习前应对实习有所规划，对是否需要实习、到哪里实习、在实习中培养哪些职业素养做到心中有数，而且在实习中对自己遇到的困难要坦然面对。实习结束后尽可能请实习公司为自己的实习经历写一份实习评估或是评价，这种来自实习单位的评语，对大学生未来的求职有很重要的作用。

第二节 职业生涯规划的步骤与误区

一、职业生涯规划的步骤

职业生涯规划的三要素：“知己”“知彼”和“决策”，它们是进行职业生涯规划必须考虑的因素。实际上，要进行完整而有效的职业生涯规划，还要遵循以下七个步骤：探索自我、探索职业、职业生涯决策、选择职业道路、确定职业生涯目标、制订行动计划以及评估与反馈。

（一）探索自我，明确职业生涯方向

探索自我的目的是认识自己、了解自己。因为只有认识了自己，才能对自己的职业作出正确的选择，才能选定适合自己发展的职业生涯路线和职业生涯目标。自我评估是个人职业生涯规划的第一步，它是个人职业生涯规划的基础，也是能否获得可行的职业生涯规划方案的前提。

探索自我包括对自己的兴趣、特长、性格、学识、技能、智商、情商、价值观以及社会角色等进行深入的认识，了解自己在做职业选择时喜欢什么、擅长什么、真正看重什么。通过对自己个性的分析和评估，明确自己的职业生涯目标和方向。

(二)探索职业，发掘职业生涯机会

探索职业主要是探索各种环境因素对自己职业生涯发展的影响。每个人都处在一定的环境之中，离开了这个环境，便无法生存与成长。环境是个体成长与发展的条件。所以，在制订个人的职业生涯规划时，要分析环境的特点、环境的发展变化情况、自己与环境的关系、自己在这个环境中的位置、环境对自己提出的要求以及环境对自己有利的方面与不利的方面等。只有对这些环境因素充分了解，才能做到在复杂的环境中趋利避害，使职业生涯规划具有实际意义。对职业的探索主要包括以下四个方面。

1. 组织环境

组织环境即成长的小环境，对大学生来说，主要指大学阶段的学习环境。

2. 政治环境

政治环境即国家的政治环境。作为青年大学生，应了解国家的政治环境，关心国家的政策，铭记自己的历史使命。

3. 社会环境

这里的社会环境包括两个层面：一是个人成长的小环境，如家庭环境、社会关系等；二是成长的大环境，包括区域的环境，乃至国家的社会环境。对大学生来说，了解社会环境有助于掌握成长环境中的社会资源和条件，便于为自己所用，促进自己的职业生涯更快更好的发展。

4. 经济环境

经济环境是指与职业发展领域相关的经济环境。职业目标与职业发展领域的经济环境相协调，能够促进个人职业生涯的发展。

(三)职业生涯决策，明确职业生涯定位

职业生涯决策的正确与否，直接关系人生事业的成功与失败。职业生涯的选择是生涯目标制定的最关键因素。在进行职业生涯决策时，主要应注意以下几个方面。

1. 性格与职业的匹配

性格与职业的匹配即个人的性格特点是否与职业所要求的性格相匹配。例如，性格外向的人从事与人打交道的职业更合适，性格内向的人和与事打交道的职业更匹配。

2. 兴趣特长与职业的匹配

选择职业或岗位时，不仅需要了解自己的性格，还要结合自己的兴趣和特长。有的人对研究自然知识感兴趣；有的人喜欢拓展人际关系；有的人对机械操作感兴趣……不同的职业也需要对应的兴趣特征。一个擅长技能操作的人，在技能操作领域得心应手，如果硬把他用在其他不擅长的领域，他就会感到无用武之地。兴趣爱好是人们选择职业的重要依据。

3. 价值观与职业报酬的匹配

在进行职业选择时，有的人看重高薪、有的人看重职业带来的荣誉和精神上的满足……因此认清自己的职业价值观有助于自己选择合适的职业。

(四)选择职业道路，明晰职业生涯发展路线

所谓“条条大路通罗马”，在选择了适合自己的职业后，就会面临多条职业道路和发展路线。通常，在职业发展道路中有两种发展方向可供选择，即行政管理路线和专业技术路线(见图 5-1)。由于发展路线不同，对职业发展的要求也不相同。因此，在职业生涯规划中，需要根据职业目标作出选择，使自己的学习、工作以及各种行动措施沿着职业生涯路线或预定的方向前进。

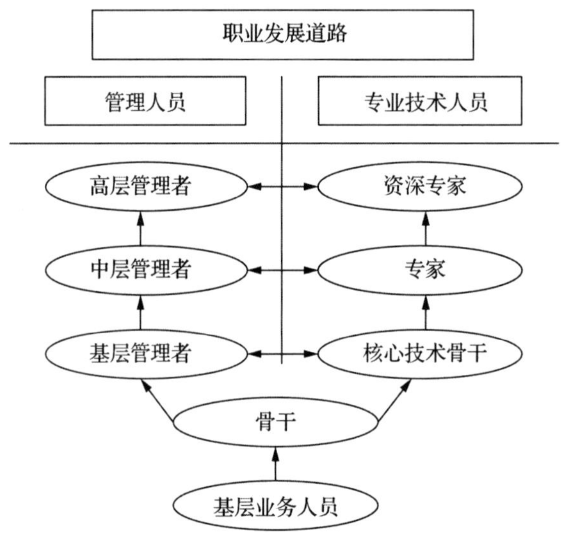

图 5-1　两种职业道路发展方向

(五)确定职业目标，细化职业生涯任务

职业目标的确定，是在继职业选择、职业生涯路线选择后，对人生目标作出的抉择。这个抉择是以个人的才能、性格、兴趣、成长环境等信息为依据的。职业目标的确立，可以是人生目标也可以是长期目标、中期目标、短期目标。通常，应先根据对社会宏观环境与个人情况的分析，确定自己的人生目标和长期目标，再对目标进行分解，细化出符合自身情况的中期目标和短期目标。

(六)制订行动计划，实现职业生涯目标

在确定了职业生涯目标后，就需要制订相应的行动计划来予以执行。如果没有切实可行的行动方案，没有严格有效的执行措施，再美好的目标也只是镜中花、水中月，难以实现。这里所指的行动，是指落实目标的具体措施，主要包括工作、训练、教育、轮岗等方

面的措施。例如，为达成目标，计划在工作方面采取什么措施提高工作效率？在业务素质方面，计划通过学习哪些知识、掌握哪些技能来提高业务能力？在潜能开发方面，计划采取什么措施开发潜能？等等。这些都要有具体的计划与明确的措施，并且这些计划应是具体且可执行的，以便于定时检查。

（七）评估与反馈，及时修正职业生涯规划

所谓计划赶不上变化。影响职业生涯规划的因素有很多，有的变化因素是可以预料的，有的则无法预料。在这种情况下，如果要保证制订的职业生涯规划行之有效，就需要根据主、客观条件的变化，及时对规划的目标和行动计划进行调整。调整修订的内容包括职业的重新选择、职业生涯路线的调整、人生目标的修正、实施措施的变更等。评估与反馈是一个再认识、再发现的过程。

二、职业生涯规划的误区

由于知识、阅历、思维、能力方面的一些限制，部分大学生在进行职业生涯规划时容易走入误区。常见的职业生涯规划误区主要有以下几种。

（一）忽视职业生涯规划

在校大学生缺乏职业生涯规划意识的现象比较普遍。真正了解职业生涯规划的大学生为数不多。某问卷调查显示，对于“你是否规划过自己的职业生涯？”这个问题，回答“有规划”的人只占被调查者的20.1%。一些大学生认为自己尚处于学习阶段，未来有很多不确定因素，不宜过早地进行职业生涯的规划。毕业前，一些大学生才临时抱佛脚地规划职业生涯，但为时已晚。

（二）把命运交给他人

在职业生涯规划过程中，一些大学生过分依赖他人。因为他们认为自己涉世不深，对关系自己未来发展的问题自己不能作主，总希望有人能替他们作出最好的选择与规划。事实上，职业生涯规划最大的特征就是个性化，个人职业生涯规划的制订必须由自己主导。由于不同大学生的成长环境、性格特征、兴趣能力、价值观念等有所不同，所以由他人代为制订的职业生涯规划通常会与大学生本人的实际情况产生偏离。无论是父母、老师，还是朋友、同学，都只能给予对于规划的意见或建议，大学生自己的职业生涯必须由自己进行规划。

生涯故事 工作并不能改变性格

小李的专业是程序设计，他比较内向，不善言辞。他觉得自己这样的性格不理想，便决定找一份销售或者客服方面的工作来做，借此改变自己的性格。但结果并不尽如人意。每当拿起电话与陌生人沟通时，小李的内心便充满抗拒感。最终，小李还是辞职了。

性格是与生俱来的，工作会对个体的性格产生一定的影响，但个体的性格并不会因此而发生本质的变化。与个体的性格特质、能力特长等完全不相匹配的工作，不仅不能让个体发挥专长、做出成绩，而且还可能让个体产生深深的挫折感，甚至丧失自信。

(三)急功近利

由于近年来就业压力越来越大，所以很多大学生为了将来能有更好的职业发展，一进入大学就开始为考研做准备，在校期间与放假期间，大部分时间都在学习，很少考虑工作的事情，也很少参加社会实践活动，以免影响自己学习。部分大学生不考虑自己的实际情况，盲目地考证或参加培训。更有意志不坚定者，当看到社会上某种职业收入高时，就想从事该职业；但看到另一种职业收入高时，又想从事另一种职业，全然把自己的规划抛到脑后。这些做法都是急功近利的表现，不仅不能让自己加快走向成功的步伐，反而会让自己的职业发展受到阻碍。

(四)把职业生涯规划等同于职业选择

职业生涯规划是一个周而复始的连续的过程。职业选择是个体根据自身特质、专业、兴趣、能力等选择适合自己的职业的过程，简单地说，就是找一份工作。它只是职业生涯规划中的重要一环，并不等同于职业生涯规划。很多大学生将两者等同，认为规划职业生涯就是找一份工作，并在找到工作后就将职业生涯规划抛之脑后，不再过问。这种认识是错误的。

(五)轻易放弃

大学生在具体实施职业生涯规划的过程中会遇到很多困难或各种各样的问题。在这种情况下，一些大学生就会开始怀疑自己的职业生涯规划是否科学，并从心理上产生动摇，甚至过早地放弃既定目标，改变行动计划。这类人总认为计划没有变化快，并产生走一步算一步的想法，进而不再进行职业生涯规划。

第三节 职业生涯规划常用方法

职业生涯是人生的重要组成部分，职业生涯规划直接影响着个人的前途和命运。因

此，职业生涯规划一定要科学、正确，这就需要掌握一定的方法和技巧。职业生涯规划的常用方法有 SWOT 分析法、5W 分析法等。

一、SWOT 分析法

SWOT 分析法在个人职业生涯规划中具有较好的分析效果。SWOT 分析是一种功能强大的分析工具，是检查个人的技能、能力、职业、偏好和职业机会的有用工具。通过 SWOT 分析，可以很容易了解自己的优点和弱点，并且可以评估出自己所感兴趣的不同职业途径的机会和威胁所在。其中 S 代表 Strength（优势），W 代表 Weakness（弱势），O 代表 Opportunity（机会），T 代表 Threat（威胁），其中，S、W 是内部因素，O、T 是外部因素。一般来说，在个人职业生涯规划中进行 SWOT 分析时，应遵循以下几个步骤。

（一）评估自己的长处和短处，进行 SW 分析

每个人都有自己独特的知识、技能、天赋和能力。伴随着社会的进步与发展，劳动分工日益细化，人们在职业领域中都会有自己擅长与适合的领域，也同样会有不喜欢和不能胜任的岗位。譬如，有些人不喜欢整天坐在办公桌旁，而有些人则一想到不得不与陌生人打交道，就心里发怵，惴惴不安。进行 SW 分析，可以先做一个四分格的 SW 分析表（见表 5-1），在 S 方向列出自己喜欢做的事情和自己的长处。同样，在 W 方向列出自己不喜欢做的事情和自己的弱势。值得注意的是，找出自己的短处与发现自己的长处同样重要，因为这有助于基于自己的长处和短处做两种选择：一是努力去改正自己的缺陷和常犯的错误，提高自己的技能；二是放弃那些自己不擅长、技能要求很高的职业。根据 SW 分析可以列出自己认为所具备的很重要的强项和优势以及对职业选择会产生影响的弱项和劣势。

表 5-1 个人 SW 分析

优势(S)	劣势(W)
1	1
2	2
3	3
⋮	⋮

（二）找出自己的职业机会和威胁，进行 OT 分析

进行 OT 分析，同样可以先做一个四分格的 OT 分析表（见表 5-2）。在 O 方向列出某一职业存在的机遇和资源，在 T 方向列出可能存在的威胁和危险。这些机会和威胁会影响个人的职业选择和未来的职业发展。如果一个行业所处的外部环境不利，那么它能提供的职业机会将会很少，而且其所能提供的职业升迁的机会也会很少。相反，如果一个行业充

满了许多积极的外界因素和良好的外部发展环境，该行业将为求职者提供广阔的职业机会和发展前景。可以根据个人的情况和兴趣，选择一两个行业，然后认真地评估这些行业所面临的机会和威胁。

表 5-2　个人 OT 分析

机会(O)	威胁(T)
1	1
2	2
3	3
⋮	⋮

(三)提纲式地列出未来 3~5 年的职业目标

在进行了 SWOT 分析的基础上，列出未来 3~5 年内自己最想实现的 4~5 个职业目标。这些目标可以包括：你最想从事哪一种职业，你将管理多少人，你期望的薪酬水平，你想达到的管理岗位级别等。需要注意的是，必须充分发挥自己的优势，并使之与所在行业提供的职业机会相匹配。

(四)列出未来 3~5 年的职业行动计划方案

根据列出的未来 3~5 年的职业目标，拟订一份实现每一个目标的行动计划，并详细说明为实现每一目标需要做的具体事，以及何时完成这些事。如果需要外界帮助，那么它们是何种帮助以及如何才能获取这种帮助。例如，根据个人 SWOT 分析的结果，为了实现个人理想的职业目标，你需要进修更多的管理课程，那么，在职业行动计划中就应说明要进修哪些课程、什么水平的课程以及何时进修这些课程等。一份详尽的行动计划将有助于个人进行职业生涯决策，就像外出旅游前事先制订的计划将成为你的行动指南一样。

(五)寻求专业帮助

在开展了深入的个人 SWOT 分析后，要改变自己的缺陷和不足，往往需要父母、老师、亲友、上级主管、职业咨询专家等给予一定的帮助，特别是借助专业人士的力量，会让你更容易发现问题，更容易找到解决问题的捷径。显然，进行一次详尽的个人 SWOT 分析需要投入一定的时间和精力，并需要认真地对待，因为详尽的个人 SWOT 分析，可以为你提供一个连贯的、实际可行的个人职业策略，从而提高个人的求职和职业发展竞争力。

生涯故事　SWOT 分析法实例

宋奇，男，上海某大学公共事业管理专业大三学生。他勤奋好学，吃苦耐劳，敢于面对挑战，喜欢从事有挑战性的工作。

宋奇对人力资源管理有浓厚的兴趣，在校期间系统地学习了人力资源管理的相关理论知识。他的短期职业目标是大学毕业后成为人事经理。宋奇的 SWOT 分析如表 5-3 所示。

表 5-3　宋奇的 SWOT 分析

因素	内容
优势	①做事比较认真、踏实，有浓厚的学习兴趣，尤其对人力资源管理有着浓厚的兴趣 ②有乐观积极的生活态度 ③有极强的责任心和耐心 ④办公软件运用能力强 ⑤英语水平较高，尤其具有较好的口语表达能力 ⑥对社会现象有自己的思考，且具有一定的分析能力 ⑦书面表达能力较好，逻辑性和条理性较强
劣势	①性格偏内向，对管理工作不太了解 ②办事不够细心，有时考虑问题不全面 ③做事不够果断，尤其在做决定时容易犹豫不决 ④做事有时拖拉 ⑤工作、学习有些保守，冒险精神不够，创新能力有待提高
机会	①经济的快速发展为个人的发展提供了广阔的空间 ②在学校可获得优质的人脉资源，奠定良好的人际关系基础 ③随着经济和社会的发展，企业对中高级人力资源管理者的需求越来越大 ④有亲戚从事人力资源管理工作
威胁	①距离毕业仅剩一年时间，各种准备相当不充分。相比其他重点大学的毕业生来说，自身实力还不够突出 ②企业对个人素质的要求不断提高，个人能力尚有不足 ③缺乏实践经验

通过以上分析，可以看出宋奇从事人力资源管理工作的优势与机会大于劣势和威胁，他具备从事该工作的专业优势、个性优势、能力优势及发展条件优势。因此，他应该在今后的一年中积极寻找相关实习机会，为就业做好充分的准备。

课堂体验

请你参照宋奇的SWOT分析，对自己未来想从事的职业，用SWOT分析法进行初步分析并填在表5-4中。

表5-4 你的SWOT分析

因素	内容
优势	
劣势	
机会	
威胁	

二、5W法

5W分析法是指采用归零思考模式，通过“自己提问、自己回答”的方式综合分析，找准自己的职业定位和职业目标，最后形成适合自己的、合理的职业生涯规划的方法。

（一）“5W”的内涵

Who am I？我是谁？

What will I do？我想做什么？

What can I do？我能做什么？

What does the situation allow me to do？环境支持或允许我做什么？

What is the plan of my career and life？我最终的职业生涯目标是什么？

以上5个“W”涵盖了目标、定位、条件、距离、计划等诸多方面。回答以上五个问题，找到它们的最高共同点，有助于进行职业生涯规划。

（二）如何思考“5W”

我是谁？要回答这一问题，自己必须进行深刻反思，把自身的优点和缺点一一列出来，从而形成一个比较清醒的、全面的自我认识。

我想做什么？这一问题要求大学生对自己的职业发展心理进行检查。每个人在不同阶段的兴趣和目标并不完全一致，有时甚至是完全对立的，但随着年龄和经历的增长，个人的兴趣和目标会逐渐固定下来，并最终形成自己的终生理想。

我能做什么？个人职业的定位最终以自己的能力为根本基础，而其职业发展空间的大小则取决于自己的潜力，因而，必须对自己的能力与潜力进行全面总结。对于自身潜力的了解应该从以下几个方面着手：个人兴趣、毅力、临事判断力与决断力，知识结构是否全面、是否及时更新等。

环境支持或允许我做什么？环境对于职业选择的重要影响主要来自客观方面，如家庭支持、朋友关系、同事关系、领导态度、亲戚关系等。对于涉世未深的大学生来说，后者的人为因素更加明显，事实也证明，人脉资源越丰富的大学生找工作越容易；同时，职业发展也很容易受家人、朋友等人的态度的影响。

我最终的职业生涯目标是什么？明晰了前面四个问题，就能从各个方面找到对自己有利的和不利的条件，那么，对于第五个问题自然就有了一个清晰明了的方向，从而可以发现不利条件最少的、自己想做而且又有希望实现的最终职业生涯目标。

（三）“5W”法的实际操作

1. Who am I？（我是谁？）

优势：______________________________

不足：______________________________

2. What will l do？（我想做什么？）

（1）______________________________

（2）______________________________

（3）______________________________

3. What can I do？（我能做什么？）

（1）______________________________

（2）______________________________

（3）______________________________

4. What does the situation allow me to do？（环境支持或允许我做什么？）

支持：______________________________

____

限制：____

____

5. What is the plan of my career and life ?（我最终的职业生涯目标是什么？）

____

____

为了我的职业目标，我的行动计划是：

（1）____

（2）____

（3）____

"5W"法是通过一步步的分析，帮助大学生清楚生涯目标的选择。在分析中让大学生渐渐地了解自己的个人特点和职业机会，从而最终确定适合自己的职业生涯目标。

生涯故事 5W 分析法实例

周雨是一名计算机专业的学生。她觉得在这个专业中，女生的竞争力明显弱于男生。与计算机相关职业相比，周雨更喜欢教师这个职业。因此在选择职业时，周雨觉得十分难以抉择。最后在老师的建议下，她采用了"5W"分析法来思考自己的职业生涯，确定自己的就业方向。

1. 我是谁

某重点高校计算机专业的大四学生，优秀学生干部；学业成绩优秀，英语已过国家六级；辅修过心理学和管理学；在高校演讲比赛中拿过名次；家庭经济状况一般；父母工作稳定，身体健康，暂时还不需要他人的照顾。

2. 我想做什么

最想成为一名老师，这是我儿时的梦想，也是我的兴趣所在；其次可以成为一名公司的技术人员；如果可以顺利出国读管理方面的硕士，回国后做一名企业管理人员也是可以接受的。

3. 我能做什么

我虽然不是学师范专业的，但做过家教，与学生交流有天生的优势——做家教时，每当看到学生成绩进步时就很有成就感。当过学生干部，组织过几次大型活动。实习时在公司做过一些技术开发工作，虽然没有大的成就，但感觉还行。

4. 环境支持或允许我做什么

家里亲戚推荐我去一家公司做技术开发工作。GRE 考得还可以，已经申请了几所国外的高校，但能不能有奖学金还很难说。如果拿不到奖学金，家里难以提供留学资金。

有几所学校来系里招聘，但不是教师岗位，而是计算机技术维护岗位。同学开了一家公司，希望我能够加入，但是我不了解这个公司的具体业务，也不知道其发展前景如何。

5. 我最终的职业目标是什么

有以下三种选择：

第一，到学校当老师。我有这方面的兴趣和理想，具备相应的知识和能力；不足是缺乏教学经验，但可从助教做起，慢慢积累。

第二，到公司做技术人员。做技术人员，收入会高一些，但计算机行业发展迅速，需随时进行知识更新，压力大，信心不足，兴趣也不大。

第三，如愿获得奖学金，出国读书，回国后成为一名企业管理人员。这个选择的不确定因素较多，自己始终处于被动状态。

周雨的这三种选择都有合理性，但从个人职业生涯发展上看，第一种选择是最为合适的，这是因为：①从心理学角度来看，第一种选择能使她在工作时更投入，从而获得的成就感也最多，最终实现自己的梦想；②从职业发展角度来看，教师这个职业的社会地位呈上升趋势；③从自身条件来看，她具备教师需要的性格特征和基本素质。

目前，她面临的主要问题是专业不对口。如果她能在确定职业目标后，努力弥补在专业知识和职业技巧方面的差距，考取教师资格证，那么她将很有可能实现自己的职业理想。

课堂体验　利用 5W 分析法进行自我分析

活动目的

通过 5W 分析法进行自我分析，使学生更好地认识自我，初步找到自己的职业发展方向。

活动流程

1. 每位学生准备五张白纸、一支笔。

2. 在五张白纸上分别写下以下五个问题的答案：

(1) 我是谁？

(2) 我想做什么？

(3) 我能做什么？

(4) 环境支持或允许我做什么？

(5) 我最终的职业目标是什么？

3. 静下心来，排除干扰，按照顺序独立、仔细地思考每一个问题，初步找到自己的职业发展方向。

4. 老师挑选几名学生分享自己的思考过程和结论，并进行点评。

【回顾·练习】

1. 简述职业生涯规划的主要原则。

2. 职业生涯规划的步骤有哪些?

3. 试用 SWOT 分析法对自己进行职业分析。

【发现·探索】

(一)我的平衡轮

小调查

你对自己未来的职业发展是否有规划设计?

A. 有明确的规划设计　　B. 有规划设计　　C. 没有规划设计

要求

画一个圆,并将其 8 等分。列出你在生活中最重视的 8 个方面:健康、家庭、事业、爱情、朋友、财富、个人成长和休闲,并填入等分的圆中。

思考

1. 它们的优先顺序是怎样的?

2. 对你来讲什么是最重要的?

3. 每一方面的满意度是多少(如果 10 分是满分,你给每一方面打几分)?在图中用阴影标识出各方面的分数。

4. 你对目前的状况满意吗?如果选一个你最想改变的地方,会是什么?

5. 假如你对不满意的状况进行打分,从 1 到 10,会是几分?假如不满意的状况得到了改善,你希望提升几分?那时,你的生活会有什么不同?现在你会选择哪些方法去改善?请尽可能多地列出来。

6. 在所列方法中,哪一个是你可以马上付诸行动的?当你做到了,谁会为你的改变而高兴?那时的你会对自己说些什么?

(二)课外调查

调查内容

以小组为单位进行一次调查活动,调查对象为本专业已毕业工作的校友,调查内容为职业生涯规划的制订情况及影响。

活动目的

通过调查,更加深入地认识职业生涯规划的重要性。

活动流程

1. 分组。每 6 人一组,设组长一名。

2. 组长组织小组成员讨论并确定需要提问的问题。

3. 小组成员每 2 人一组,联系调查对象。

4. 根据调查结果,进行小组讨论。

第六章 强化职业素养 奠基职业发展

学习指南

俗话说：“人之成才，重在素质，素质形成，重在修养。”“文凭不是敲门砖，素质才是金钥匙。”可见提升职业素养与职业发展的重要关系。

人的职业生涯发展方向主要有两个：一是不断提高专业水准；二是培养职业素养。前者易被大家关注，后者则易被忽视。一般人把自己的职业看作一种谋生的手段、一份工作而已，很少有人将其视为一种神圣的职业；职业人往往敬业、专注，这就是一般人和职业者的最大区别。从基本目标来说，工作是为了挣一份工资而谋生。从高标准来说，工作是自我价值的实现过程。职业者要从各方面严格要求自己，要通过自己的职业工作塑造自我，要清楚“你非你、我非我”的道理，即每一个人都是社会的一分子，不是孤立的一个人，每个人都在自己的工作岗位上承担着一份社会赋予的职责。

学习目标

知识目标

1. 理解职业素养的内涵及特征。
2. 熟悉职业资格的内容。
3. 理解职业素质的重要性。
4. 掌握职业道德的核心要求。

能力目标

1. 能通过获得职业资格证书提升专业素养。
2. 能在实践中培养沟通、创新等职业能力。
3. 能遵守职业道德规范，处理职业中的伦理问题。

素质目标

1. 培养敬业精神与责任意识，树立正确的职业价值观。
2. 增强团队协作与自我管理能力，提升职业竞争力。

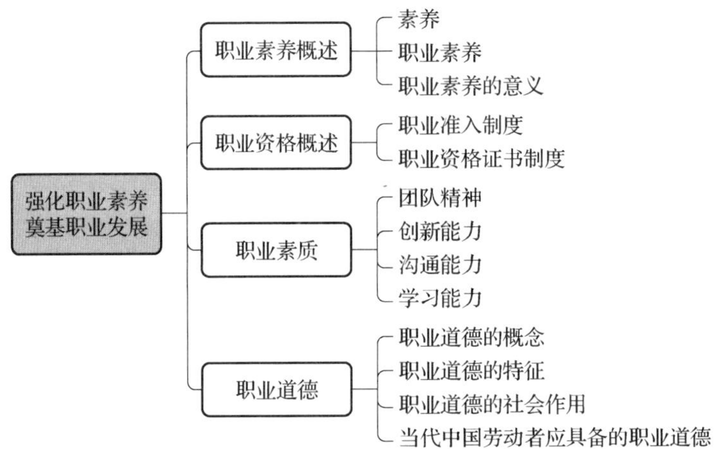

小苏的实习成长记

广告学专业大三学生小苏进入一家知名广告公司实习，负责协助资深团队完成某知名饮料品牌的夏季营销方案。刚进入项目组时，面对陌生的工作环境和复杂的项目需求，小苏没有丝毫退缩，而是迅速调整状态，展现出了极高的职业素养。

在专业能力方面，小苏在校期间积累的扎实专业知识派上了用场。他熟练运用 PS、AI 等设计软件，快速完成了大量海报初稿的设计。同时，凭借对市场趋势的敏锐洞察力，他主动收集整理了近年来饮料行业的营销案例和消费者偏好数据，为团队提供了丰富的参考资料。

在工作中，小苏始终保持高度的责任感。一次，项目组在临近提案的关键时刻发现，原本计划使用的部分素材存在版权问题。小苏主动加班到深夜，重新筛选素材，与版权

方沟通协商，最终及时解决了问题，确保提案顺利进行。他这种对工作认真负责、不推诿不拖延的态度，赢得了团队成员的一致认可。

实习结束时，小苏不仅出色地完成了各项工作任务，还收获了宝贵的实践经验和职场人脉。

小苏在实习中的表现，不仅为项目成功提供助力，更为大学生树立了职业发展的典范——职业素养不仅是完成工作的基本要求，更是实现个人价值与职业突破的核心驱动力。

第一节　职业素养概述

人在一生中往往要扮演很多种角色，从事多种职业。但不管扮演什么角色，从事什么职业，要想成功，都必须具备一定的职业素养。大量事实表明，在当今职场中，人们不但要有扎实的理论知识、娴熟的操作技能，更要有良好的综合素质，只有不断加强职业素养的培养，才能实现自己的职业理想。

一、素养

所谓素养，是指人们为了一定的目的，在关乎自身生存和发展的各个认识与实践领域所进行的勤奋学习与涵养锻炼的功夫，以及在其知识才能和思想品质方面所达到的水平。它是人自身认识世界、改造世界的条件和能力，是人类在社会活动中需要遵守的行为规范。在现实社会中，人们无论从事何种职业，都必须掌握相关的知识理论与实践操作技能，在不断的学习和锻炼中具备相关领域所需的某些知识理论、技术才能、品性特质等特定方面的素养。

二、职业素养

在职场中，个体行为的总和构成了其自身的职业素养。职业素养是内涵，个体行为是外在表象。每个劳动者，无论从事何种职业，都必须具备一定的思想道德素质、科学文化水平、专业技能手段、强烈的职业意识等。只有这样，才能成为具有良好职业素养的人，才能顺应知识经济时代社会竞争激烈、人际交往频繁、工作压力大等职业特点的要求。

（一）职业素养的含义

在我国，劳动者职业素养被分为专业素养和非专业素养。其中，专业素养又被称为显性的职业素养，它包括劳动者在职业知识、职业行为和职业技能等方面应具备的素养，这些是可以通过各种学历证书、职业技能从业资格证书等形式证明的素养。非专业素养又被称为隐性的职业素养，是劳动者从事职业活动时应具备的综合素养。它主要体现在劳动者的职业道德、职业意识、职业态度等方面，具体表现为道德意识、敬业精神、责任意识、执行力、沟通能力等。专业素养和非专业素养共同决定着劳动者职业生涯是否成功。非专业素养是专业素养的基础，专业素养是非专业素养的体现。

（二）职业素养的特征

职业素养其实是一个人在求职过程及工作过程中综合素质的体现，概括来讲，有以下几方面的特征。

1. 职业性

职业性是职业素养的根本属性，是针对不同职业特点对劳动者提出的不同的职业素养要求的体现，也是一个人从事职业活动的基础。比如，作为一名教师，应该具备思想素养、知识素养、业务素养以及个人魅力。其中，思想素养是指爱岗敬业、为人师表等，这与教师职业的特殊性有着紧密的联系。又如，公交车司机的职业素养包括劳动者普遍应该具备的基本素养：爱岗敬业、诚实守信。除此之外，安全驾驶、热情服务、遵章守纪、准点运行、仪表端庄、钻研技术、见义勇为、文明服务、进取奉献等也是对一名公交车司机的职业道德和职业素质的要求。

2. 养成性

职业素养需要在长期的劳动过程中逐渐培养起来。比如，一名具有音乐天赋的儿童必须经过专业且系统的培训才能在该领域有所建树，成长为音乐家。职业素养既与自身先天条件有关，也与周围的环境有着密不可分的关系。一个人需要通过模仿、反思、改进等多种途径实现积累，并将积累内化为自己的东西，之后随着不断努力学习与提升，将其发展成为该职业所需的职业素养。

3. 情境性

职业素养并非指程序化的固定动作的组织体系，它在不同情境下会有相对应的表现。而且，职业素养的要求会随着情境变化而改变。例如，装卸工在施工工地拆卸一辆大型起重机与在汽车维修车间拆卸一辆需要维修的汽车是有区别的。工人所处环境的不同，决定着工人所应掌握的劳动技能以及职业素养要求的特殊性。

4. 统整性

在大工业时代，社会对劳动者的要求基本上都是统一的，这与时代的进步与发展、生产力水平有着密切的联系。随着工业革命的发展和技术的进步，大量劳动者涌入工厂，工厂的特殊性对劳动者各方面提出了整体要求。在现代社会，同样主张将职业要求视为一个

整体。从业人员除了应该具备良好的职业道德、职业意识和职业态度，还需要遵守行业的职业规范与职业准则、职业形象与职业礼仪等，只有这样，才能胜任本职工作。因此，职业素养是心理层面、道德层面以及行为层面的统一，是在日常的职业活动中与其他要素作用时体现出来的一种专业素养。脱离了具体的工作环境与工作任务，职业素养就失去了存在的意义。

三、职业素养的意义

职业素养是从业者在从事的职业中尽自己最大的能力把工作做好的素质和能力，是衡量一个从业者成熟度的重要指标，在个人的提升、企业的发展及整个社会的进步中都具有十分重要的意义。

从个人角度来看，只有适应职场各方面要求，才能在职场中生存下来。如果个人缺乏良好的职业素养，就很难在职场中取得突出的业绩，更不可能站得高、行得远。《一生成就看职商》一书中，作者吴甘霖写道："一个人，能力和专业知识固然重要。但是，在职场要成功，最关键的并不在于他的能力与专业知识，而在于他所具有的职业素养。"面对竞争激烈的市场，社会中的个体不太可能在一家企业或者一个工作岗位上做一辈子。究其原因，客观因素占有一定的比重，但是主观因素也是不可忽视的，如沟通能力、诚信问题等，这些都影响着一个人的职业生涯发展。如果一个职场人无法把细节处理好，就很容易在竞争激烈的市场中被淘汰。因此，着力培养劳动者的职业素养已经成为当前职业教育的迫切任务。而劳动者自身更要认识到职业素养的重要性，努力树立正确的从业观，将显性职业素养和隐性职业素养一起抓，全面提升个人的职业素养，只有这样，才能在激烈的竞争中立于不败之地。

从企业角度来看，随着社会上受高等教育人数的增多以及企业间竞争的日益激烈，用人单位要想确保企业长远发展，必须对应聘者进行全方位的考察。学历、工作经验等职业素养中的显性素养虽然很重要，但是应聘人员的隐性职业素养才是企业更应该注重的。近些年，应聘人员的道德品质慢慢成为人力资源部门的重要考核内容。应聘人员只有具备良好的职业素养，与企业具有相同的价值观念，才能帮助企业节省成本、提高效率，才能与企业同命运、共发展，从而使企业在竞争激烈的市场中勇往直前。

从社会角度来看，国家的发展离不开国民职业素养的提高，它是社会稳步发展的前提条件。扩大就业是我国当前和今后长时期重大而艰巨的任务。就业难的问题困扰着当今的大学生，如何顺利就业是摆在毕业生面前的一个重要问题，而造成部分大学生就业难的根本原因在于用人单位在用人需求方面的各项要求与应聘者所具备的各种专业技能和职业素养之间的矛盾。这就要求职场应聘人员在不断提高自己的职业技能的同时，更加注重自身基本职业素养的培养，促使自己在价值观念、道德品质等方面满足企业需求。因此，应聘人员在择业过程中要树立正确的就业观念，培养优秀的职业道德品质，将它与高尚的职业理想结合起来，以便尽快适应职业岗位的要求，进而推动国民职业素养的提升和国家经济建设的发展。

第二节 职业资格概述

职业资格是对从事某一职业所必备的学识、技术和能力的基本要求，反映了劳动者为适应职业劳动需要而运用特定的知识、技术的能力。职业资格与职业劳动的具体要求密切结合，更直接、更准确地反映了特定职业的实际工作标准和操作规范，以及劳动者从事该职业所达到的实际工作能力水平。

一、职业准入制度

(一)职业准入

职业准入也称就业准入，是指从事技术复杂，通用性广，涉及国家财产、人民生命安全和消费者利益的职业(工种)的劳动者，必须经过培训，并取得职业资格证书后，方可就业上岗。

我国实行职业准入的职业范围由人社部确定并向社会发布。依据《中华人民共和国职业分类大典》，国家规定实行职业准入的职业有律师、医师、教师、会计师、车工、铣工、磨工、镗工、组合机床操作工、加工中心操作工、铸造工、锻造工、焊工等。

(二)职业准入制度的规定

1. 用人单位招用的专业技术从业人员，必须是取得相应职业资格证书的人员。

2. 职业介绍机构要在显著位置公告实行职业准入的职业范围，各地印制的求职登记表中要有登记职业资格证书的栏目，用人单位招聘广告栏中也应有相应职业资格要求。

3. 职业介绍机构的工作人员在工作过程中，对国家规定实行就业准入的职业，应要求求职者出示职业资格证书并进行查验，凭证推荐就业。用人单位也应凭证招聘用工。

4. 从事就业准入职业的新生劳动力，就业前必须经过 1~3 年的职业培训，并取得职业资格证书；对招收未取得相应职业资格证书人员的用人单位，劳动监察机构应依法查处，并责令其改正；对从事个体工商经营的人员，要在其取得职业资格证书后，市场监管部门才为其办理开业手续。

(三)职业准入制度的意义

实施职业准入制度，既是经济社会发展的需要，也是合理开发和配置我国劳动力资源的战略举措。其目的就是要促进劳动者改善素质结构和提高素质水平，进而促进劳动者就业和再就业能力的提高。

二、职业资格证书制度

职业资格证书制度是我国就业制度的一项重要内容，也是一种特殊形式的国家考试制度。其主要内容是按照国家制定的职业技能标准或任职资格条件，通过政府认定的考核鉴定机构对劳动者的技能水平或职业资格进行客观公正、科学规范的评价和鉴定，对合格者授予相应的国家职业资格证书。

阅读专栏

《中华人民共和国劳动法》第六十九条规定：“国家确定职业分类，对规定的职业制定职业技能标准，实行职业资格证书制度，由经备案的考核鉴定机构负责对劳动者实施职业技能考核鉴定。”

《中华人民共和国职业教育法》第十一条明确指出：“实施职业教育应当根据经济社会发展需要，结合职业分类、职业标准、职业发展需求，制定教育标准或者培训方案，实行学历证书及其他学业证书、培训证书、职业资格证书和职业技能等级证书制度。国家实行劳动者在就业前或者上岗前接受必要的职业教育的制度。”

(一)职业资格

职业资格是指对将要从事某一职业的劳动者所必备的学识、技术和能力的基本要求。职业资格包括从业资格和执业资格。从业资格是指从事某一专业(工种)的学识、技术和能力的起点标准，也是基本的标准或最低要求。执业资格是指国家对某些责任较大，社会通用性强，关系国家、社会公共利益的专业(工种)实行准入控制，是依法独立开业或者从事某特定专业(工种)的学识、技术和能力的必备标准。

根据人社部制定的《国家职业技能标准编制技术规程(2018年版)》的规定，职业技能一般分为五个等级，由低到高可分为：五级/初级工、四级/中级工、三级/高级工、二级/技师、一级/高级技师。各等级的具体判定标准见表6-1。

表 6-1 职业资格等级标准

等级	等级标准
五级/初级工	能够运用基本技能独立完成本职业的常规工作
四级/中级工	能够熟练运用基本技能独立完成本职业的常规工作；在特定情况下，能够运用专门技能完成技术较为复杂的工作；能够与他人合作
三级/高级工	能够熟练运用基本技能和专门技能完成本职业较为复杂的工作，包括完成部分非常规性的工作；能够独立处理工作中出现的问题；能够指导和培训初、中级工
二级/技师	能够熟练运用专门技能和特殊技能完成本职业复杂的、非常规性的工作；掌握本职业的关键技术技能，能够独立处理和解决技术或工艺难题；在技术技能方面有创新；能够指导和培训初、中、高级工；具有一定的技术管理能力
一级/高级技师	能够熟练运用专门技能和特殊技能在本职业的各个领域完成复杂的、非常规性工作；熟练掌握本职业的关键技术技能，能够独立处理和解决高难度的技术问题或工艺难题；在技术攻关和工艺革新方面有创新；能够组织开展技术改造、技术革新活动；能够组织开展系统的专业技术培训；具有技术管理能力

（二）职业技能鉴定

职业技能鉴定是一项考试考核机构按照国家职业标准针对劳动者职业技能水平进行考核的活动，属于标准参照型考试，它是职业资格证书制度的重要组成部分。

1. 职业技能鉴定的方式

职业技能鉴定采用理论知识考试、技能考核及综合评审的方法。其中，理论知识考试以笔试、机考等方式为主，主要考核从业人员从事本职业应掌握的基本要求和相关知识要求；技能考核主要采用现场操作、模拟操作等方式进行，主要考核从业人员从事本职业应具备的技能水平；综合评审主要针对技师和高级技师，通常采取审阅申报材料、答辩等方式进行全面评议和审查。

理论知识考试、技能考核和综合评审均实行百分制，成绩皆达 60 分(含)以上者为合格。职业标准中标注“★”的为涉及安全生产或操作的关键技能，如考生在技能考核中违反操作规程或未达到该技能要求，则技能考核成绩为不合格。

2. 职业技能鉴定的申报条件

根据《国家职业技能标准编制技术规程(2018 年版)》的规定，申请职业技能鉴定的人员，申报鉴定的等级不同，申报条件也各不相同。

例如，具备以下条件之一者，可申报五级/初级工：①累计从事本职业或相关职业工作 1 年(含)以上；②本职业或相关职业学徒期满。

具备以下条件之一者，可申报四级/中级工：①取得本职业或相关职业五级/初级工职业资格证书后，累计从事本职业或相关职业工作 4 年(含)以上；②累计从事本职业或相关职业工作 6 年(含)以上；③取得技工学校本专业或相关专业毕业证书(含尚未取得毕业证

书的在校应届毕业生)，或取得经评估论证、以中级技能为培养目标的中等及以上职业学校本专业或相关专业毕业证书(含尚未取得毕业证书的在校应届毕业生)。

3. 申请职业技能鉴定的步骤

申请职业技能鉴定的人员要根据申报职业的资格条件，确定自己申报鉴定的等级。如果需要培训，要到经政府有关部门批准的培训机构参加培训，然后向当地职业技能鉴定站(所)提出申请，填写职业技能鉴定申请表。报名时应准备好照片、身份证、培训毕/结业证书、技术等级证书或工作单位劳资部门出示的工作年限证明等。申报技师、高级技师任职资格的人员，还应提交本人的技术总结和论文资料等。

4. 职业技能鉴定的特征

我国的职业技能鉴定有以下特征。

(1)在制度体系上，属于国家证书制度。

(2)在认证方式上，采用国际通行的第三方认证的现代认证方式。

(3)在考试性质上，属于标准参照性考试。

(4)在鉴定内容上，主要以职业活动本身为导向决定其考核内容。

(三)职业资格证书

职业资格证书是国家给达到职业资格规定必备的学识、技术和能力的劳动者发放的证明。职业资格证书是求职、任职、独立开业和用人单位录用的重要依据。只有考试或考核通过后，才能获得职业资格证书。

1. 职业资格证书的分类

职业资格证书可分为执业资格证、专业技术人员职业资格证和技能人员职业资格证。

执业资格证是国家对特殊行业规定资格准入的凭证，即无此证书不能从事这一行业。执业资格归行业主管部门管理，如注册会计师(CPA)资格归财政部注册会计师考试委员会管理，医师执业资格归国家卫生健康委员会管理。

专业技术人员职业资格证是与职称对应的证书，两者的对应关系是：国家一级职业资格证对应高级职称，国家二级职业资格证对应中级职称，国家三级职业资格证对应初级职称。政策上，专业技术人员需要先取得资格证，单位才会聘任。

技能人员职业资格证与职称没有关系，主要针对的是技能工人，包括国家四级职业资格证和国家五级职业资格证。

2. 办理职业资格证书的程序

根据国家有关规定，办理职业资格证书的程序为：职业技能鉴定所(站)将考核合格人员名单报经当地职业技能鉴定指导中心审核，再报经同级劳动保障行政部门或行业部门劳动保障工作机构批准，然后由职业技能鉴定指导中心按照国家规定的证书编码方案和填写格式要求统一办理证书，加盖职业技能鉴定机构专用印章，经同级劳动保障行政部门或行业部门劳动保障工作机构验印后，由职业技能鉴定所(站)送交本人。

生涯故事 职业资格证书的重要性

小徐和小魏是同班同学，所学专业是电子商务。毕业后，两人同时被一家公司录取，担任产品销售工作。一年后，公司进行人事调整，小徐下岗了，而小魏留在公司。小徐很不服气："我和他一起来公司，工作能力差不多。他留下，我却被辞退。为什么?"他找领导问原因，领导的回答令他惊讶："小魏有职业资格证书!"小徐争辩说："我和小魏是同一所职业学院毕业的，他学的，我也学了；他能干的，我也能干……""我们都学过会计课程，我只不过没有参加考核鉴定罢了……"领导耐心地说："你讲的是事实。但职业准入这件事，我说了不算，你说了也不算。现在咱们单位缺财会人员，如果你能取得会计从业证书，单位可以安排你重新上岗。"小徐不服气："证书比能力还重要吗?"

其实，小徐有所不知，不只是在中国，在世界许多发达国家，没有相应的职业资格证书，即使是具有一定的工作经验，也不一定会被录用。因此，小徐应该重新作一些选择。

1. 如果想继续从事会计行业的工作，就应该参加会计人员从业资格的考核鉴定，获取会计从业资格证书。

2. 如果觉得考证有困难的话，只能再择业，从事不需要资格证书的工作，或者从事与自己已有资格证书相对应的工作。

经过思考，小徐决定根据现在用人单位的用人标准，报名参加会计资格考试，将来从事会计方面的工作。

(四)大学生考取职业资格证书的好处

1. 证书驱动职业兴趣的探索

进入大学之后，大学生若没有明确的目标进行自我驱动，容易进入迷惘状态。而有了考取职业资格证书这一目标后，大学生就会思考毕业后从事哪方面的职业、达到什么样的职业目标等一系列问题。探索这些问题的过程，是大学生探索职业兴趣和了解就业需求的过程，同时也是认识自我和提升自我的过程。

2. 备考过程中实现自我进化

在践行考取某职业资格证书目标的过程中，大学生不仅可学习专业领域之外的知识，拓宽自己的知识边界，还可以使自己的意志力和执行力得到磨炼。因为这个目标完全是自发达成的，整个过程没有人监督。有的人可能中途就会放弃，而能坚持到最后的人必定会实现自我提升和进化。

3. 职业资格证书增加求职砝码

拥有职业资格证书不仅代表了求职者有从事某种职业的基本资格，也表明了求职者的学习能力和执行能力，这是招聘单位更看重的职业素养。因此，拥有资格证书的人求职成功的概率更大。

课堂体验

步入 2025 年，就业市场的竞争愈发激烈，职业资格证书已成为职场人提升核心竞争力、拓宽职业发展路径的关键“法宝”。在众多认证中，一批高含金量的职业资格证书凭借行业认可度高、职业适配性强的优势，持续吸引着无数有志之士投入备考，比如注册会计师证、法律职业资格证、特许金融分析师证、精算师证、教师资格证、一级注册建筑师执业资格证、执业医师资格证、企业人力资源管理师证等，都是当下备受关注的热门选择。

面对这些各有优势的高含金量证书，你是否了解它们具体的报考细节、考试重点？又是否结合自身职业规划，思考过哪类证书能为你的职场发展助力，帮助你开启职业新篇章呢？

第三节　职业素质

职业素质是劳动者对社会职业了解与适应能力的一种综合体现，其主要表现在职业兴趣、职业能力、职业个性及职业情况等方面。影响和制约职业素质的因素很多，主要包括受教育程度、实践经验、社会环境、工作经历以及自身的一些基本情况(如身体状况等)。一般来说，劳动者能否顺利就业并取得成就，在很大程度上取决于本人的职业素质。职业素质越高的人，获得成功的机会就越多。而对于大学生来说，职业素质优先考虑的是团队精神、创新能力、沟通能力与学习能力。

一、团队精神

(一)团队精神概述

1. 团队

团队是指互助互利、团结一致、为统一目标和标准而奋斗到底的一个群体。团队不仅强调个人的业务成果，更强调整体的业绩。

团队的精髓是共同承诺。共同承诺就是共同承担团队的责任。作出这一承诺，团队就会齐心协力，成为一个强有力的集体；没有这一承诺，团队就如同一盘散沙。

2. 团队精神

团队精神是大局意识、协作精神和服务精神的集中体现，是团队成员对团队感到满意与认同，自觉地以团队的利益和目标为重，并在各自的工作中尽职尽责，自愿并主动与其他成员积极协作、共同努力奋斗的意愿和作风。

团队精神的基础是张扬个性。张扬个性，即强调个性自由，这是敢于打破常规的动力源泉。要塑造团队精神，就必须尊重个体的兴趣与成就，尊重个人的个性。

团队精神的核心是协同合作。团队精神强调的不仅仅是一般意义上的合作与齐心协力所带来的“1+1=2”的效果，其核心在于加强沟通，发挥个性优势，在团结协作中实现优势互补，产生积极的协同效应，带来“1+1>2”的效果。

团队精神其实是一个组织共同的价值观问题。团队精神的动力是共同目标。团队有目标，大家才会向着这个目标坚定不移地走下去。只有团队目标达到了，即团队成功了，个人才能获得成功。如果脱离了团队目标，即使个人目标达到了也是毫无意义的。

生涯故事 职业素养浇灌出的成长之光

漆黑的夜晚，在环境学院的实验楼三楼，总是灯火通明。这不是忘记关灯，而是有一群最可爱、最朴素的人在那辛苦地完成各项任务。他们不是老师、研究生，而是普通的大学本科生。大三学生龙相金就是其中一员。由于一次偶然的机会加入植物组织培养实验室。然而就是这样，一坚持就是一年，毅然放弃寒假早回家、暑假打工的机会，留在实验室专心工作。皇天不负有心人，在今年的省级比赛、国家比赛中均取得优异的成绩。其实很多时间，在植物组织培养实验室很枯燥、很烦恼，甚至有时会倒贴自己的生活费。但是，就是因为学院的一堂堂职业素养课，使龙相金同学干一行爱一行。他经常说：“实验室就是我的家。”这是多么朴实的一句话，却又将他心中的那份情感完美地诠释出来。龙相金回忆道：“还记得从一进校开始上的第一堂职业素质课，那是印象最深的一节课。各种互动活动、室内拓展等，让我从高中沉闷的学习模式中走出，觉得它越来越有意思。偶然的机会，植物组织培养实验室指导老师何老师找到我，问我需要加入植物组织培养实验室吗？当时犹豫了一下，想到与自己的专业有关就同意了。进入植物组织培养实验室之后，生活充实起来，自己的时间却越来越少。”

正当决定要退出时，听了一堂“企业需要什么样的人才”的职业素养讲座，突然觉得自己的付出是值得的。之后又连续听了关于职业素养的系列讲座，如：“吃亏”意识的培养、责任与执行等，更加坚定自己留下的决心。这样的机会可不是人人都有的，我们既然拥有就要好好珍惜。从开学的打发日子，到现在的实验室充实，感触很大，也很深。

最大的改变是在思想上由生涩到成熟。

现在植物组织培养实验室有大二的学生六名，大一学生约二十名。他们没有补贴、没有工资，虽然他们的性质只是志愿者，可是他们依然将工作完成得非常漂亮。在实验室里他们像兄弟姐妹般互助互爱、竞争，从他们的身上我们看出了职业素养的缩小版。问到大一的学生为什么要待在植物组织培养实验室，他们的回答很简单却很实际——“企业以后需要我们这样的人才”。

（二）培养大学生团队精神的意义

1. 时代发展的需要

社会把“是否具有团队精神”作为人员是否被录用的重要指标。在现代社会，个人的力量显得非常渺小，单靠个人能力来解决重大问题的可能性已微乎其微，更多的成果是靠“集体大脑”，而创新人才将以一种团队的形式体现出来。也就是说，时代要求个体除了具备必要的自身能力，还必须具备与他人合作的协作能力。为此，培养受社会欢迎的具有良好团队精神的大学毕业生，必将是高校教育的职责和神圣使命。

2. 有助于大学生尽快适应社会

培养大学生树立团队精神，有助于培养其良好的心态，使其灵活地应对风雨变化的社会大环境。同时，如果大学生具备团队精神，在求职就业过程中就更容易受到企业的青睐，进而获得更好的就业机会。

3. 有利于大学生综合素质的提高

培养大学生的团队精神，有助于提高其与人共事时的奉献、进取、团结合作的人际交往能力和作风，使其养成民主意识，提高心理素质。在长期的活动中培养大学生的团队精神，能创造出一种增强满意度的氛围，使他们创造性地工作和学习，谋求通过与人合作来共同创新和发展。

（三）培养团队精神的途径和方法

1. 团队组织者和领导者的团队精神培养

作为团队的组织者和领导者，第一，要建立一种有效的监督和约束机制，营造一种团结严谨的工作氛围；第二，要消除不必要的工作界限，培养团队成员整体配合的协作精神，养成“分工不分家”“互相支持和努力”的工作习惯；第三，要让每一位成员都能拥有自我发挥的空间，但要破除个人主义以及唯我独尊、夜郎自大的傲慢心理，把团队成员的力量凝聚到同心协力的行动上，凝聚到荣辱与共的感受上，树立团队集体主义观念；第四，要尊重每一位成员，让每一位成员都学会包容、欣赏、尊重其他成员的个体差异性，使团队的全体成员产生归属感和凝聚力，树立共同目标，实现共同理想。

2. 团队成员的团队精神培养

作为团队成员，要培养团队精神，必须注重以下能力和品质的培养。

（1）培养主动做事的品格

在一个团队里，不能被动地等待别人告诉你应该做什么，而应该主动去了解团队需要我们做什么，充分发挥主观能动性和主观意识，然后进行周密规划，并全力以赴地去完成。

（2）培养敬业的品格

有敬业精神才能把团队的事情当成自己的事情，才能发挥自己的聪明才智。个人的命运是与所在的团队联系在一起的，要有意识地多参与集体活动，并且要尽自己所能认真完成个人承担的任务。无论学习或是工作都要养成认真负责的好习惯，增强责任感。

（3）培养宽容与合作的品质

团队中的每个成员都各有长处和不足，关键是成员之间以怎样的态度去看待，能否在平常之中发现他人的美。在日常生活中培养宽容与合作的品质，不仅是培养团队精神的需要，也是获得人生快乐的重要途径。

（4）培养全局意识、大局观念

团队精神不反对个性张扬，但个性必须与团队的行动一致。在工作中，要有意识地培养全局观念。比如要建设一个优秀班组，就不能只考虑自己的需要而不关注别人的感受；要建设一个优秀部门，每个人就不能借口自己有这样或那样的事情而不参与集体的活动。否则，团队就会像一盘散沙，优秀的团队难以形成，自己也很难从中受益。

（四）影响团队绩效的因素

1. 公平因素

公平可分为程序上的公平和结果上的公平。程序上的公平是要给人以平等的机会，而结果上的公平是要给人以平等的结果。在满足程序公平的前提下，结果上的不公平表明了个人的能力以及努力程度；如果程序上不公平，就会导致秩序混乱。所以，相对而言，程序上的公平比结果上的公平更重要。如果不注重程序公平，而只追求结果上的公平，就可能导致分配上的大锅饭，从而影响业绩突出的团队成员的积极性，进而影响整个团队的绩效。

2. 绩效评估方法

一个团队需要一套公平、透明的绩效评估体系，并以此对每个成员的绩效作出评估。评估体系不透明、不科学，就会影响团队成员的积极性，进而影响整个团队的绩效。因为不对团队成员的个人努力做出评估，团队中就会有人滥竽充数，不会为团队建设作出贡献，甚至会影响团队其他成员的积极性。

3. 人际关系

复杂的人际关系会对团队绩效产生很多负面影响，因为团队成员把精力耗费在人际关

系方面，用在工作上的精力就少了，这必然会影响团队的整体绩效。所以，团队一定要创造一种和谐的人际关系氛围，使团队成员可以在简单的人际关系中，轻松而又全力以赴地进行工作。

阅读专栏　职场新人在团队中的注意事项

职场新人要想快速地融入团队，在平时的工作、生活、学习中一定要注意以下几点。

1. 尽快了解企业文化

每个企业都有自己独特的文化，都有自己的发展史、规章制度。加入该团队的新人应该多留心、多观察，了解相关规章制度和工作流程，这将有助于你今后的发展。

2. 把同事当家人

同事之间应该是相互合作的关系。我们一生约有一半的时间都是和同事在一起的，所以应该互帮互助、互惠互利，把同事当成家人，而不应该把同事看成竞争对手。

3. 不过问、宣传别人的隐私

每个同事都有自己不愿被别人知道的隐私，所以不要轻易打听别人的隐私。即使对方相信你，主动向你说起，你也不应该辜负他对你的信任，一定要严守别人的隐私。

4. 讲话注意分寸

单位不是学校，更不是家里，所以在单位说话时一定要注意分寸，不要信口开河，否则会给人留下不稳重、轻浮的印象。

5. 尊重所有同事

人们都喜欢与那些懂礼貌、尊重人的人打交道，与新同事共处时应该注意彼此尊重。

6. 工作时不要带感情色彩

当你对某事或某人带有强烈的感情色彩(或喜欢或反感)时，请记住一定不要带到工作中，因为这样既影响情绪，又影响工作。此外，也不要把同事划分为同类和异己，更不要拉帮结派，搞小团体。

7. 遵循AA制的处事原则

同事之间会经常聚餐或游玩，这是沟通的最佳时机。但要注意处理此事时最好采用AA制，因为这样做大家都会觉得很公平，心里没有负担，经济上也承受得起。

二、创新能力

创新能力是当代大学生应具备的职业素质之一。没有旺盛的进取心，就会被时代所抛弃；没有开拓创新的能力，就只能因循守旧，墨守成规，工作就自然没有起色。有了不断进取的创新能力，任何艰难困苦都不能阻挡我们前进的步伐。

（一）创新能力概述

1. 创新能力的概念

创新能力是运用知识和理论，在科学、艺术、技术和各种实践活动领域中不断提供具有经济价值、社会价值、生态价值的新思想、新理论、新方法和新发明的能力。

2. 创新能力的内容

创新能力包括创新意识、创新思维、创新技能、创新精神等几个方面的内容。

（1）创新意识

创新意识是善于独立思考、敢于标新立异，提出新观点、新方法，解决新问题和创造新事物的意识。它是创新思维和创新活动的基本前提和条件，直接决定创新活动的产生和创新能力的发挥。

（2）创新思维

创新思维是逻辑思维、形象思维、直觉思维、灵感思维等多种思维形式的有机结合，是判断推理敏捷，概括综合准确，分析思考深刻，联想想象新奇的高级智能思维方式。创新思维是创新能力的核心，是创新活动的关键。

（3）创新技能

创新技能是指创新主体在开展创新活动时所需要的实践技能，包括信息加工技能、动手操作技能、运用创新技术的技能和物化创新成果的技能等。创新技能是创新能力的直接体现。

（4）创新精神

创新精神包括高度的责任感和敬业精神，勇于开拓的精神，对新事物的强烈的好奇心以及敢于冒险、勇于进取的品质。创新精神是培养创新意识、锻炼创新思维、提高创新技能的保证。良好的创新精神对培养创新思维、激发创新灵感和进行创新活动来说都是不可或缺的。

课堂体验　有关手机的一分钟联想

当看到“手机”你会想到什么？在一分钟内写出与手机相关的词语。

____

____

在这些词语中，联想一下与“手机”相关的职业有哪些？

____

____

（二）大学生的创新能力现状

大学生正处于思维创造活动发展的重要阶段。他们思维敏捷、精力旺盛、思想活跃，然而，我国大学生的创新能力还不够全面，主要表现为以下几个方面。

1. 好奇心强，但创新意识不足

大学生具有强烈的好奇心，并对事物因果关系的规律性探索越来越感兴趣，独立思考、独立判断的能力开始逐步发展。但由于各种原因，他们并没有完全养成创新意识。而且，大学生往往只是在单纯的好奇上停滞不前，不愿意或者不敢标新立异，也不敢提出新观点、新方法，以及为解决新问题和创造新事物而努力。

2. 思维敏捷，但缺少创新思维方法

大学生随着知识和经验的不断积累，想象力逐渐丰富起来，思维能力，尤其是逻辑思维能力有了很大程度的发展，思维也较敏捷。但由于知识面窄，学科之间缺乏合理的整合，思维方式往往是单一的和直线式的，致使大学生思考问题时缺乏灵活性和全面性。

3. 具有一定的创新想法，但缺乏创新技能

许多大学生经过长期的脑力训练，在特定因素的诱发和引领下会产生灵感。但由于缺少创新技能和横向联系，灵感最终是昙花一现。要使这些灵感变为现实，需要一些必要的创新技能，而这正是我国大学生在长期的应试教育下所缺乏的。创新技能的缺乏限制了大学生创新能力的进一步发展。

4. 有创新热情，但创新精神不佳

大学生通过自主学习和教师的引导，有了一定的创新热情。但由于缺乏广泛的沟通和对社会的全面了解，导致他们的创新目标不够明确。许多大学生虽然不满足于现状，但往往只是满腹牢骚、唉声叹气，缺乏行动的信心。另外，很多大学生也缺乏创新的毅力。有些大学生也能认识到毅力在创新活动中的重要性，但在实际工作过程中往往虎头蛇尾、见异思迁、放弃追求。

（三）培养大学生创新能力的途径

当今时代的发展对大学生的创新能力提出了更高的要求。对大学生来说，这既是挑战，也是实现自我全面发展的机遇。要培养大学生的创新能力，可以从以下 4 个方面着手。

1. 不囿于常规，敢于超越，增强创新意识

创新是真正意义上的超越，是一种敢为人先的胆识。现在的大学生大多是从应试教育中走过来的，在小学、中学接受的大多是老师机械式的灌输，课堂上缺乏热烈宽松的气氛，学生很少有独立思考的空间，学习的目的就是为了考试。这样，大学生的悟性在经过“千锤百炼”之后基本上被埋没了，思维被不同程度地束缚。因此，大学生创新能力的提高应该从增强创新意识开始，要善于发现问题、提出问题，不拘泥于条条框框的束缚，勇于超越常规，在超越中求发展。

2. 培养各种能力，做到知识与能力并重

创新不是一种简单的“包装”现象，它体现的是一种更高层次的能力，需要各种基础能力作为保障。要真正地具备较强的创新能力，必须首先具备很强的综合能力和综合素质，尤其是观察能力、分析问题的能力和解决问题的能力、独立思考的能力和学习的能力，这些能力需要靠不断思考与学习来获得。这些能力积累起来就成了一股不可战胜的力量。

3. 建立健全合理的知识体系

创新能力的提高是一个日积月累、循序渐进的过程。创新需要基础，没有基础，超越便没有了可能。为创新做好准备，必不可少的一个环节就是脚踏实地地学好知识，掌握真才实学，在此基础上融会贯通，构建健全合理的知识体系。

4. 积极参与社会实践，理论联系实际，学以致用

创新的灵感大部分来源于现实生活，现实生活也是创新最好的素材。参与社会实践对培养大学生的创新能力的作用是不可低估的。另外，积极有效的社会实践也可以增强大学生的竞争意识和创新意识。

三、沟通能力

（一）沟通能力概述

沟通能力是指一个人与他人有效地进行信息交流的能力。恰如其分和沟通效果是人们判断沟通能力的基本尺度。其中，恰如其分是指沟通行为符合沟通情境和彼此的标准或期望；沟通效果是指沟通活动在功能上达到预期的目标，或者满足沟通者的需要。

从表面上看，沟通能力似乎就是一种能说会道的能力，实际上它包括了从穿衣打扮到言谈举止等一切行为的能力。一个具有良好沟通能力的人可以充分发挥自己所拥有的专业知识及专业能力，并能给对方留下“我最棒”“我能行”的深刻印象。

（二）大学生沟通障碍的表现

当代大学生不良的人生追求和对社会需求的沉淀性认识导致了沟通能力与现代社会的期望产生了或多或少的偏离，主要特征表现如下。

1. 追求高分和证书，忽视沟通能力的培养

很多时候优秀的学习成绩是父母唯一的期望，因为它是获得一个好工作的前提和必备条件。这样的意识观念至今还影响着相当数量的大学生。他们沉浸于书海，却寡言少语，缺乏甚至逃避与他人交流沟通，不注重甚至不会自我修饰。当他们走向社会时，展示的只是优异的学习成绩和各种证书，收获的却是用人单位的叹息。

2. 个性张扬式的人际关系冷漠

信息社会有两大标志：一是时尚，二是网络。竭力追求各种时尚的大学生在刻意塑造与众不同的个性表现：金黄色的头发，嘴里说出难以理解的话语，我行我素，不顾及他人的感受等，这些都导致了他们“鸡立鹤群”。网络已不再仅仅是操作工具，而是某部分人的“生活必需品”，他们将时间和情感寄托于虚拟的世界中。

人的发展应建立在现实中的人与人互动的基础上，但有的大学生沉醉于那种虚假的满足感中，他们的人格和交往模式也被那种虚拟环境模糊化了。当回到现实中时，他们都是发号施令者，都要充分地展示自己的个性，可得到的回应仍是自我的“高高在上”，难以融入群体，阻碍了组织团队的建设。

3. 个体文化与组织文化的偏离

文化是人类与社会不断相互作用而积淀的结晶，它具有一定的传承性。但在信息社会时期的社会变迁、阶层流动、文化交流过程中，呈现出一种大学生新新人类文化。他们缺乏社会所期望的勤俭、纯真和理性，更多的是自以为是的“后现代主义文化”的价值取向和行为取向。这样的大学生很难建立可信度，很难构建共同价值观体系，也难以获得认同感。

(三)提升大学生有效沟通能力的途径

1. 悦纳自己，克服自卑心理

要想协调好人际关系，让别人接纳和喜欢自己，首先要悦纳自己。一个人自卑、缺乏自信，往往与对自己没有形成正确的认识和评价有十分紧密的联系。我们与他人进行比较时，一是要注意比较的标准，不能以己之短去比别人之长，这样势必导致比较的误差；二是比较时必须客观，千万不能认为自己某一方面不如他人就彻底否定自己。要善于发现自己的优点和长处。只有这样，才能对自己有一个客观公正、符合实际的自我认识与评价。在沟通中，要有交往成功的信心，不要总是被“人际交往会失败”的心理所困扰。只有多与人沟通，才能增加与他人进行社会比较的机会，也才能发现自己的长处，增强自己的信心，克服自卑感。

2. 真诚待人、尊重他人

真诚是一种待人态度，是一个人发自内心而不是虚情假意地对他人的关心和尊重。与人交流时，应该讲究方式方法，尤其在表达不满时更是要考虑到交往对象的接受程度，以便优化人际关系，减少人与人之间不必要的冲突和摩擦。一般情况下，在表达不满时，应该遵循如下两条原则：第一，对事不对人，就是只对事件本身发表自己不同的看法，不要攻击对方的人格；第二，对己不对人，就是直接表达自己的内心感受，而不要轻易地对对方的行为下结论。

要做到尊重他人，就要做到以下两点：首先，要学会面带微笑。微笑是发自内心地对别人友好、接纳、赞同、理解、宽容和尊重，不是皮笑肉不笑的虚情假意。其次，要认真倾听，就是要诚心、耐心、细心地听，而且要把耳、眼、脑一起调动起来。用眼睛观察对方讲话的表情，用脑子分析对方讲话的意图，以示对交往对象的尊重。即使对方讲的话并不十分令人感兴趣，也应让对方把话讲完。

3. 平等交往

沟通中的平等主要是指精神和人格上的平等。现实生活中，人与人之间要真正做到平等交往是很困难的。例如，地位较高的人往往轻视地位较低的人，带有一种居高临下的心理；而地位较低的人则往往抱着不敢高攀或不愿高攀的心理，这就容易造成沟通中的心理障碍。

要把握平等交往的原则，一方面要一视同仁，不以貌取人、以势取人、以才取人、以物取人、以家境取人、以学习成绩取人；另一方面，也要平等待己，克服自卑心理，不要自视低人一等。

4. 宽容待人

大学生的自尊心是非常强的，不允许别人轻易冒犯自己，这是可以理解的，但有时也要学会忍耐。有些学生在日常生活中一点儿亏也不吃，一触即跳，点火就着，本来要维护自己的自尊，但往往却适得其反。

大学生感觉的“过敏”不可避免地会激发一些矛盾，这就要求大学生在沟通中不要斤斤计较，而要谦让大度、克制忍让，不计较对方的态度和言辞，并勇于承担自己的责任，做到“宰相肚里能撑船”。宽容克制并不是软弱、怯懦的表现。相反，它是有“肚量”的表现，是建立良好人际关系的润滑剂，能“化干戈为玉帛”，赢得更多的朋友。

5. 掌握人际沟通的语言艺术

语言艺术运用得好，就能优化人际交往；相反，如果不注意语言艺术，往往在无意间就会出口伤人，引发或激化矛盾。人际沟通的语言艺术有以下几种。

(1)称呼得体

称呼关系人们之间的心理关系的融洽程度。恰当得体的称呼能够使人获得一种心理满足，使对方感到亲切，沟通便有了良好的心理气氛；称呼不得体，往往会引起对方的不快甚至反感，使沟通受阻或中断。所以，在沟通过程中，要根据对方的年龄、身份、职业等具体情况及沟通的场合、双方关系的亲疏远近来决定对方的称呼。对长辈的称呼要尊敬，对同辈的称呼要亲切、友好，对关系密切的人可直呼其名，对不熟悉的人要用敬辞。

(2)正确运用语言

讲话时要表达清楚、生动、准确、有感染力、逻辑性强，少用俚语和方言，切忌平平淡淡，滥用辞藻，含含糊糊；语音、语调、语速要恰当，要根据谈话的内容和场合采取相

应的语音、语调和语速；讲笑话要注意对象、场合、分寸，以免笑话讲得不得体，伤害他人的自尊心。

(3)适度地称赞对方

每个人都希望别人赞美自己的优点。真诚的赞美往往能获得出乎意料的效果。如果我们能够发掘对方的优点，并进行赞美，对方会很愿意与你多沟通。但是赞美要适度，要有具体的内容，绝不能曲意逢迎。

(4)避免争论

大学生喜欢争论，但很多争论是在互不服输、面红耳赤、不愉快甚至演化成直接的人身攻击或严重的敌意中结束的，这对沟通的负面影响是显而易见的。因此，大学生要尽量避免争论，并且要通过讨论、协商的途径解决分歧，最终要以“求同存异”的方式表明必要的原则性，同时又不伤害彼此友谊，不强加于人。

课堂体验　我说你画

请一名同学担任“传达者”，其余人作为倾听者。传达者看图 6-1 两分钟，背对全体“倾听者”下达画图指令。“倾听者”根据“传达者”的指令画图 6-2 的图形，“倾听者”不许提问。

图 6-1　样图

图 6-2　样图

传达者感受	倾听者感受
为什么会出现这种情况？	

请一名同学担任“传达者”，其余人作为倾听者。传达者看图 6-2 两分钟，面对全体“倾听者”下达画图指令。其中允许“倾听者”不断提问，看看这一轮的结果如何？请

"传达者"和"倾听者"谈自己的感受，并比较两轮过程与结果的差异。

传达者感受	倾听者感受
为什么会出现这种情况？	

四、学习能力

一个企业的发展和活力取决于这个企业与员工学习的广度和深度。在学习型企业中，不能把学习仅仅看成个人行为，而是要把学习作为企业生存和发展的需要。因此，大学生必须具备学习能力才能适应学习型企业的需要。

（一）学习能力概述

学习能力是指个体掌握知识并在实践中运用知识的能力。学习能力的内涵包括发现问题和解决问题的能力，收集、分析和利用信息的能力，以及学会分享与合作的能力。

学习能力要求个人不仅要学习宽泛博学的知识，还要学会学习的方法，树立终身学习的理念，与时俱进。无论是在大学学习阶段还是职业生涯阶段，人们都必须具备再学习的能力，不断吸纳新的知识和技能，以适应社会发展的变化。

（二）学习能力的重要性

在当代社会，学习能力的强弱对一个组织和个体都有着极其重要的意义和作用。我们可以从以下几个方面来重新认识学习能力。

1. 企业与个人成功的奥秘：学习能力强

实践证明，企业或个人的学习能力强，往往能够取得成功、创造辉煌。其成功的奥秘在于：一是能够用最短的时间学到新知识，获取新信息；二是加强集体学习能力，能够集思广益，调动大家的积极性；三是能够以最快速度把学到的新知识、新信息和新技术应用于企业或个人的变革与创新，满足市场与客户的需要。

2. 掌握学习能力——终身受益

寒窗苦读表面上看学的是些"无用之学"，实则是获取知识、信息和能力的过程。大学里的学习环境比较宽松，如果能够掌握学习能力，养成良好的学习习惯，就能为日后走向

社会、融入社会、服务社会打下扎实的基础，使人受益终身。

3. 学习能力是第一竞争资本

谁的学习能力强，谁就能在同等条件下赶在竞争对手前面，成为第一赢家。现代人才的一个重要特征就是具有很强的学习能力，这是人才竞争的主要资本。一个不善于学习的人是缺乏竞争力的人。因为在知识经济时代，人与人之间的差异主要是学习能力的差异，人与人“较量”的关键是学习能力的“较量”，不善于学习的人将会被社会淘汰。

(三)提高大学生学习能力的途径

1. 端正学习态度

一些职场新人对待学习的态度不够端正，思想认识上主要存在三种误区。

一是认为“工作太忙，很难挤出时间学习”。其实，学习和工作不是非此即彼、互不相容的关系。俗话说，磨刀不误砍柴工。通过学习提高思想理论水平和业务知识水平，不仅不会耽误和影响工作，还会提高工作质量和效率。

二是认为“自己有高学历，不用怎样学也能对付过去”。这是一种盲目的优越感。有高学历固然是一种优势，但如果满足于已有的学历，就此止步，那就不可避免地要落伍，甚至被淘汰。因为我们所处的时代是知识经济的时代，新知识和新技术层出不穷，学过的知识如不及时更新，就会很快过时。

三是认为“平时看手机、电视，参加团队学习，就足够了”。这也是一种误区。我们在此强调的学习是通过学理论、学业务、学专业技能来提升自身的内在素质，成为企业生存和发展的不竭源泉。

只有转变了上述错误认识，有了对知识的热爱，才能使学习成为一种自觉的行动。因此，职场新人必须端正学习态度，进一步增强学习的自觉性和主动性。要用不断学习的积极态度来代替常以人才自居的消极心态。

2. 树立新的学习理念

(1)要树立学习者生存发展的理念

当前，现代企业生产、经营、管理理念发生了飞跃性变化，面对新技术信息革命和知识经济时代的到来，企业管理的要求不断提高，业务技术要求也越来越高，无论是生产调度、产品经营，都必须有过硬的业务素质。因此，职场新人要充分地认识到创建学习型企业是强化企业管理、争创一流企业的需要。只有不断加强学习，充实知识，从中汲取营养，提高本领，把全新的生存理念融入各项工作中，才能使企业在激烈的竞争中立于不败之地。

(2)要树立学习则强、学习则胜的理念

学习是思考和创造的过程，选择学习就是选择进步。职场新人必须把学习作为自身进步的阶梯，把知识作为与时俱进的不竭动力，培养强烈的求知欲望和浓厚的学习兴趣，养成良好的学习习惯和能力，孜孜不倦，永不懈怠，做到在实际工作中关注变数、胸中有数、增加胜数，通过学习塑造自我、完善自我、创新自我，努力以学习的进步推动工作的创新。

(3)要树立工作学习化、学习工作化、学习生活化、学习终身化的学习理念

职场新人要学会学以致用，把学习消化在工作中，细化到生活里。如果只埋头工作而忽视学习的转化，即使有敬业精神和干好工作的良好愿望，工作也难有成效。只有不断加强学习，树立终身学习的理念，把学习作为一个永恒的主题，使学习成为一种兴趣、一种习惯、一种需求，才能把学习、工作和生活有机结合起来，达到相互促进、相得益彰的效果。

3. 注重实际效果

职场新人要培养自己的学习能力，必须注重实际效果，在以下几个方面下功夫。

(1)学习方式可以灵活多样

学习往往枯燥无味，是一件苦差事。要使学习有趣、有实效，大学生可以采用灵活多样的学习方式，可以边干边学，可以向老师请教，还可以去参加学习班，向专业的老师学习等。

(2)要把企业文化理念贯穿整个学习过程中

在学习过程中，要克服为了学习而学习的错误做法，不能把简单的看书、读报、听课当成单一的学习途径，而要把企业文化理念贯穿整个学习过程中，把学习融入丰富多彩的企业文化活动之中，寓学于动，寓学于乐，使之产生一种合力，使自己的学习紧紧围绕企业的发展。

(3)要养成勤于思考的习惯

学习和思考是相互关联、密不可分的过程。从认识论的角度看，只学习不思考，认识的过程就没有完成。思考是学习的延续，思考的过程是对照比较、学以致用、融会贯通的过程，也是理论联系实际不可或缺的重要环节。只有认真思考，才能不断修正、调整、丰富和提高自己。因此，职场新人要在勤奋学习的基础上，养成勤于思考的习惯，培养思考的能力。

第四节　职业道德

一、职业道德的概念

《辞海》中关于职业道德的表述是“从职人员在职业活动中应当遵循的道德……是一般社会道德在职业活动中的体现”。

正如《辞海》中所表述的那样，职业道德仍属于道德的范畴。因此，要正确理解职业道德的内涵，就需要先认识什么是道德。在中国古代，“道”与“德”是分开使用的，分别代表不同的含义。“道”最初的含义是道路，后引申为人们应当遵循或遵守的规律和规则。正如朱熹对“道”的界定：“道，则人伦日用之间所当行者是也。”“道”是客观存在的，顺应它去发展，社会才能健康和谐，人才会健康幸福，自然界才会长久存在。“德”字最早在《周易》中被释为其字的右半部分，即“直心”，内含“目正、心正”的意思，且“德”与“得”字相通，故有“德者，得也”(《管子·心术上》)之说。“道”和“德”统一起来就是人们按“道”的规律去做事、处事，就是有“道德”。最早将“道”与“德”两个字连起来作为一个完整概念来使用的是春秋时代的荀子。他在《劝学》中说：“故学至乎礼而止矣。夫是之谓道德之极。”由此，“道德”作为一个词语开始被广泛使用，指人们在一定行为规范要求下行动并达到一定的精神境界。

在对道德概念进行界定的基础上，我们很容易就能给出职业道德的概念：在一定社会经济关系中，从事各种不同职业的人们在其特定的职业活动中按照一定的行为规范行动并在职业活动中所体现出来的一定的精神境界。

二、职业道德的特征

职业道德作为人类意识形态的一种特殊形式，伴随着人类社会文明的不断进步而不断发展，它是人类职业生活中需要遵循的重要的守则、规范。由于职业道德是道德在职业活动中的特殊表现，因此职业道德拥有不同于其他规则的特点。具体地说，职业道德的一般特征表现在以下几个方面。

(一)具有阶级性

在阶级社会中，一切组织以及组织活动都带有阶级属性，道德也被贴上阶级的标签。如何理解道德的阶级属性？道是指事物的客观规律，德是指顺应人类、社会、自然客观规律去做事，从而提升个人的践行能力。职业道德往往指顺应不同职业内部的发展规律去做事，为自己所属的阶级或小团体服务。因此，职业道德不是独立存在的，它是依托阶级道德或社会道德而存在的道德类型。在阶级社会中，职业道德始终代表着为其阶级服务时应遵守的行为准则与道德规范，受阶级道德与社会道德的制约和影响。不同的职业之间、职业与服务者之间、从业者之间都不可避免地存在着各自应该遵守的职业道德规范。尤其在我国，由于各阶级的利益与社会整体利益具有一致性，所以其阶级性主要表现为为人民群众利益服务和为社会服务的奉献精神。

（二）具有强烈的纪律性

道德作为一种特殊的社会意识形态，主要通过社会舆论、传统习惯以及人们的信念来维持。它不同于法律，不具备国家强制性。纪律是一个团体或者一个组织对于内部成员言行的一种规范，其约束力介于法律和道德之间。就企业而言，每个部门都有各自的规章制度，并且要求全体员工按照规章制度规范自己的言行，这需要个体的自觉性，也需要组织团体或企事业单位采取一定的强制手段加以约束。比如，医生必须救死扶伤，不应见死不救；教师必须教书育人，以身作则；工人必须按照操作规范执行且遵守安全规定。每一位从业者都应该遵守本行业的职业道德，不做违法、违纪的事，否则轻则受到警告与处罚，重则由国家法律进行制裁。因此，所有从业人员都应该认识到职业道德的纪律规范性。

（三）内容的特殊性

随着社会经济不断发展，社会分工日趋精细化，职业类型也日益增多，不同的职业性质决定着不同的职业道德内容，因此可以说，职业道德具有特殊性。它表现为在具体的工作实践中，不同的职业义务和责任要求，对应着不同的职业行为的道德标准。职业道德不仅反映着不同职业的道德要求，而且着重反映着本职业特殊的利益和要求，突出表现在道德传统与道德习惯上，这是某一行业在长期职业活动中慢慢形成的一种道德心理与道理品质。这使不同职业在职业道德内容上产生巨大差异。比如，教育工作者应该有强烈的责任感和无私奉献的精神；文艺工作者应该具有强烈的社会使命感，积极宣扬社会主旋律；国家公务人员应该克己奉公、甘当公仆等。虽然说不同职业的道德标准与规范会有差异，但是它们也有着相同的道德准则，如爱岗敬业、诚信友善等，这些都是职业者应当恪守的职业道德。

（四）主体的特定性

职业道德与一般的道德标准相比，有其特定性。一般的道德标准指全体社会成员必须统一遵守的道德准则，而职业道德因职业的性质不同而有所差异。它特指某一行业与领域统一的道德规范，对该行业从业人员具有约束力，对行业外部人员不具有约束力。因此，从事不同职业的人应该学习了解本行业的职业道德要求。

(五)要求具体，形式灵活多样

不同职业对从业人员的道德要求存在差异，在大多数情况下，都是根据本职业的具体活动和工作内容，为本职业活动的顺利开展而制定的。所以，除了一般性原则，还有其他具体要求。其表现方式多种多样，如制度、章程、规范、须知、条例等，让从业人员一目了然。

(六)具有物质关联性

职业道德的践行需要通过制定相应的惩罚措施来保障。比如，将其与从业人员的薪资挂钩，从而对从业人员遵守与执行职业道德起到间接的约束作用。

课堂体验

列举出以下职业应当具备哪些职业道德。

教师：________、________、________、________。

公务员：________、________、________、________。

会计师：________、________、________、________。

记者：________、________、________、________。

医生：________、________、________、________。

(你最关注的职业)：________、________、________、________。

三、职业道德的社会作用

(一)职业道德是实现人的发展的重要保障

人的生活被分为职业生活和个人生活。其中，职业生活占很大一部分。人生包含着职业，职业反过来又塑造人生。现代社会人通常习惯以职业成就衡量人生成败，而想要取得职业成就，必须以职业道德作为基石。职业道德同样具有两面性，有积极的一面，也有消极的一面，只有把职业道德中的积极因素发挥到极致，才能成就我们的事业，以道德为引导发展职业道路对于现代人来说至关重要。

职业生活中难免会出现困惑与迷惘，也就是所谓的职业倦怠期，认为目前从事的工作并不能给自己带来任何改变，或者认为事业的发展影响了个人生活等。这时候职业道德就会对我们的职业行为作出约束与限制，让我们重新燃起工作的热情，全身心地投入工作当中。此外，都说人的欲望是无限的，当职业者在工作中做到一定程度时，就会对事业发展提出更高的要求，或者在物质享受层面没有得到更大的满足时，就会做出一些超出社会接受度的事情，从而给社会和自己带来一定的负面影响。职业道德是从业人员在本行业中形成的工作习惯或者共识，因此它会向从业人员传达一定的理念，即“什么可以做”“什么不可以做”“如果做了不该做的事会有什么后果”，以确保从事本职业的职业者对待工作更具目标性。

对个人而言，在职业生涯中应该重视自己的职业道德建设，它可以帮助你规范自己的职业行为。拥有一定的职业道德信念和准则，也可以得到来自同行的尊敬，对个人的职业生涯发展起到至关重要的作用。

（二）职业道德是企业成长的生命线

兰德公司、麦肯锡公司和国际管理咨询公司的专家对全球500强公司进行调查后，认为这些公司之所以能够长盛不衰，其法宝就是注重职业道德建设，企业员工的职业道德为企业发展注入强大的活力，企业管理层的职业道德使员工的工作动力更强劲，从而增强企业的市场竞争力，使之在变幻莫测的市场环境中屹立不倒。

（三）职业道德是社会和谐的安全阀

随着经济的不断发展，社会形态也随之发生改变，人类进入工业化社会。工业化社会的生产实践是在资本关系条件下的生产实践，从而使生产实践开始以资本为主导，生产者不再将关注点放在产品质量本身上，更多地想通过生产活动使资本增值。于是，人们开始热衷于财富的追求与获取，资本成为生产活动唯一关注的中心问题，资本的无序扩张充分体现了生产者对于财富追求的无限贪婪，这样就会引起生产活动的道德危机。然而，人们日常所需的商品都要通过生产活动获得，一旦某一生产环节出现问题，都会给整个社会带来负面效应。我国每年中央电视台的“3·15”晚会都会曝光部分企业的不良行为。这些企业严重侵害了消费者的合法权益。究其根本，源于职业道德的严重缺失，它给社会和人们的生命安全以及财产安全带来严重影响。因此，职业道德对于建设和谐社会起到了安全阀的作用。无论是企业组织还是员工都必须努力提高自己的职业道德素养，否则会害人害己。

四、当代中国劳动者应具备的职业道德

职业道德经历数千年的发展，当前已在我国形成了一套完整的体系——社会主义职业道德体系。这套体系适用于所有职业的从业人员，其基本内容是服务群众、奉献社会、爱岗敬业、诚实守信、办事公道。

社会主义职业道德继承了传统职业道德的优秀成分，体现了社会主义职业的基本特征，具有崭新的内涵。

（一）服务群众

服务群众要求人们在从事职业活动时以群众利益为出发点，为群众着想，为群众办

事，为群众提供高质量的服务。

在科技发展迅猛的今天，产品质量的好坏已经不是直接决定商品市场份额占比的主要因素。在信息化时代，人们可以通过多种渠道快速获取各类商品信息并进行比较分析，因此已有相当一部分人以提供服务、信息和分析来维持他们的生活。2010 年，×××入职海尔公司从事销售代表的工作，作为新人的他急于求成，整天想着拉客户签订单。后来，随着工作经验的一步步积累，以及“以客户为中心”的企业文化的渗透，他的销售价值观得到提升，从而成为海尔大客户杭州中心的工程总监。目前，海尔集团已经位于世界品牌 500 强前列。事实证明，“服务优先，一切为客户”的文化理念使企业越做越强大。

服务群众要热情周到，想群众之所想，急群众之所急。对待客户要做到热情周到，体贴入微，充分体现出为人民服务的宗旨，将满足人民需要当作服务的根本目标与行为准则。在社会主义和谐社会建设中，我们更要遵守一切为人民服务的宗旨，在服务群众中实现自我价值。

（二）奉献社会

奉献社会要求从业人员在自己的工作岗位上不追求个人名利与得失，以大局为重，发扬甘于奉献的精神。而且，这也是社会主义职业道德的本质特征。

青年马克思在谈到选择职业的理想和价值时写道：“如果我们选择了最能为人类福利而劳动的职业，那么，重担就不能把我们压倒，因为这是为大家而献身；那时我们所感到的就不是可怜的、有限的、自私的乐趣，我们的幸福将属于千百万人，我们的事业将默默地但是永恒发挥作用地存在下去，而面对我们的骨灰，高尚的人们将洒下热泪。”

以上这段话充分体现出马克思对职业价值的理解，他将奉献社会作为职业价值的最高目标。在当今时代，市场经济中任何一个企业或者个体都具有两面性：社会性和经济性。一方面，人们在市场活动中追求利益最大化；另一方面，人们在追求市场价值的同时，要兼顾社会价值，即为社会繁荣与发展贡献自己的力量。

（三）爱岗敬业

爱岗敬业是职业道德的基础和核心。通俗来说，爱岗就是要求从业人员热爱自己从事的工作。“兴趣是最好的老师”，对于自己发自内心喜爱的工作，不需要太多的监督就能将工作做得很出色，因为兴趣是推动事业发展的原动力；当面对自己不擅长或不感兴趣的工作时，我们也要努力工作。要在工作中不断磨炼自己，“梅花香自苦寒来”，当你解决了一个又一个难题后，你会发现自己变得越来越自信，最终一定会取得优异的成绩。

敬业是一个人面对工作时抱有的态度和精神。敬业也是职场上的一种状态和表现，如勤勤恳恳、兢兢业业、忠于职守、尽职尽责。无论你从事何种工作，都要保持一种严肃认真的工作态度，否则很难对工作保持长期的热情。敬业的前提是自我认可。随着社会的发展，分工越来越细，任何人在任何工作岗位上都可以发光发热，不分高低贵贱，只存在工作性质上的差别，其本质都是在为社会发展贡献自己的力量，都是值得尊敬的。

俗话说，干一行爱一行，爱一行专一行。无论从事何种工作，都要力求做到最好，要精益求精、力求完美。只有爱岗敬业，才能做到不怕吃苦，勇于面对挑战、迎接挑战，最终实现自我价值。

生涯故事 小王的服务之道

小王是江西一家企业电脑组的一名营业员，他能够根据顾客的需求，为顾客设计消费，推荐商品，而不是为顾客推销某一商品。他认为服务的初衷是解决顾客的实际问题。他根据不同的顾客，设计不同的服务，服务问题解决了，商品也就自然而然地销售出去了。电脑不是一般的商品，顾客对它的了解程度不一样，对它掌握的熟练程度也不一样，如果前期服务问题没有解决好，可能会由于操作不当带来其他一系列的问题，既加大了服务成本，又给顾客造成许多不便。在工作实践中，他总是为顾客解决现实和潜在的问题，即使是顾客没有提出的问题，他也事先向顾客交代清楚，从而让顾客自主选择商品。他认为，服务就是要对顾客负责。

有一次，一位顾客带着他上小学的儿子来该企业买电脑，这位顾客说："我要买价格最贵、档次最高的电脑。"小王听后主动迎上前去接待他，为他详细介绍国内外最好的电脑品牌，并向他解释说，电脑是高科技产品，更新换代快，没有一次到位之说，主要是看孩子需要什么配置的电脑。从孩子的需要看，既不必买过高配置的，这样多花钱还达不到实际使用和学习的目的；也不要买过低配置的，这样使用起来很不方便。同时，买电脑还要考虑售后服务问题，有了问题能及时得到解决。听了小王的介绍，这位顾客很高兴，满意地买了一台电脑，他说："这台电脑价钱不贵，又是品牌，售后服务好，今后升级也很方便，值得买。"

作为一名电脑营业员，小王热爱自己看似平凡琐碎的工作，通过自己的优质服务为企业赢得信誉，这是爱岗敬业使人产生职业责任感的案例。

（四）诚实守信

"人无信不立"，诚实守信是中华民族的传统美德。诚实守信要求从业者在履行岗位职责的过程中讲求信誉，在交往中为人坦诚，不搞欺诈，言行一致，表里如一，当老实人，说老实话，办老实事。

在对诚实守信的内涵进行理解时，应注意两点：一是“诚”，要诚实、诚恳；二是“信”，要讲信用、信义。“诚信”既是个人与个人、个人与社会之间相互关系的基础性道德规范，也是市场经济领域中基础性的行为规范。如果一个人没有诚信，就会失去他人的信任，失去社会的支持，失去成长和发展的机遇。诚实守信是各行各业的生存之道。

生涯故事　汪某的贪念歧路

22 岁的汪某，毕业后被分配到某市人民医院财务科当出纳员。一次，他在核对账目时发现总是差 8 元钱不能平账，于是他随手拿起一张已经报销过的发票充抵。这样不仅平了账面，还多出了几元零花钱。从此汪某产生了歹念。这钱来得这么容易，何不自筹资金出国？于是他采用将旧发票重复报销、直接开支票提取现金等手段，在短短一年里贪污了 3 万多元。然而好景不长，单位对他经手的账目进行清查，这时汪某才明白自己走的是一条经济犯罪的道路。

诚信是做人的根本，不诚实不仅会失去做人的根本，而且最终还会走向犯罪深渊。

(五)办事公道

办事公道是指从业人员在本职工作中，以国家法律法规、各种纪律和公共道德标准为准绳，秉公办事的职业道德规范。办事公道是中华传统文化中所推崇的为人处世原则和美德，它要求我们办事公平公正，做人清白正直。

培养办事公道精神，首先要坚持真理，明辨是非。在大是大非面前立场坚定，服从大局，服从集体利益，拒绝不正之风。其次，严守职业纪律。自觉接受职业纪律的约束，严格遵守国家法律法规和职业规章、规范行使职业权利，履行职业义务。再次正确看待现实。大学生在就业中难免会遇到一些不公平、不公正的事情，会接触社会上的一些不正之风，我们不能让它成为我们放弃公道、违背良心的理由。我们应懂得社会是发展的，缺陷是客观的。我们也许无法改变大环境中的某些现象，但至少我们可以做到“独善其身”，保持一身正气，而不是消极地对待生活，产生抱怨情绪。最后是公平公正做事，不徇私情。工作中不因个人喜好而片面地看待问题，而应保持标准、尺度的一致，严格按照法律法规和制度办事。

【回顾·练习】

1. 什么是职业素养？职业素养有哪些基本特征？
2. 我国的职业技能鉴定有哪些特征？
3. 培养大学生创新能力的途径有哪些？
4. 简述职业道德的特征及其社会作用。

5. 针对我国当前国情以及就业形势，大学生需具备怎样的具体职业素质才得以胜任工作？

【发现·探索】

(一)了解自己需要考取的职业资格证书

活动目的

引导大学生提早为职业资格考试做准备，为自己将来的职业生涯添砖加瓦。

活动流程

1. 上网查找或询问就业指导老师，与本专业相关的职业资格证书都有哪些。

2. 结合自己所学专业的人才培养目标，确定自己应考取的职业资格证书。

3. 针对所选择的职业资格证书，了解该证书相关考试的报名时间、报名条件、考试要求、考核内容等，做好相应的考试准备。

4. 汇总所收集的信息，以报告的形式提交任课老师。老师对每位学生的报告进行点评和打分。

(二)换一种思维方式

换一种想法，就是在待人处事过程中从多角度去思考问题，全面正确认识自己和他人，正确看待各种事物，让自己保持良好的心态，增强自信和抗挫能力，逐步走向成功。同样一件事情，对不同的人，心理回应程度是不同的。这是因为，不同的人对事件的认知和评价不一样。如何去思考，用怎样的方式去思考？下面就让我们针对以下消极的想法，换个思维方式。

1. 我的口语特别不标准，英语面试时我根本就不会说，也说不好，急死了。

2. 投了这么多份简历都没有一个面试机会，我真的是很差劲。

3. 班里就只有我没有找到工作了，或许这个城市容不下我，要不要回老家找工作呢？

4. 凭什么她成绩没我好，人也比我长得丑，公司却录取她而不是我。她有什么好的。

5. 大家都去外企了，我还在民企苦干什么！外企多高大上啊。

6. 干得好不如嫁得好，做得好不如生得好。我父母养得起我，我才不想这么辛苦工作。

7. 听说小伟的公司每个月都发好多福利，怎么我的公司就没有。真是“人比人气死人”。

8. 只要我一失败，别人一定会对我议论纷纷，嘲笑我，我都不敢出门了。

9. 我博览群书，从小到大都是学生干部，能力强。哪个公司不录取我真是盲了。

10. 我就要在长沙找一份公务员的工作，考 5 年我也愿意，什么外企、私企我都不想去。

序号	换一种想法
1	
2	
3	
4	
5	
6	
7	
8	
9	
10	

第七章 掌握就业政策 拓宽职业路径

学习指南

就业事关人民群众切身利益，事关国家发展大局和社会和谐稳定。近年来，党中央始终把就业工作摆在突出位置，保持了就业稳定和发展大局稳定。大学毕业生的数量日益增长，大学生就业面临的竞争愈发激烈。政府不断扩大社会市场的就业面，为大学毕业生增加了许多就业机会。然而，面对日益增加的就业人群，大学毕业生依然要面对激烈的市场竞争。在这种形势下，大学毕业生应该有积极乐观的心态，要有敢闯敢拼敢干的决心和信心，要深信有党和国家做强大后盾。

学习目标

知识目标

1. 理解就业信息的分类、特征、收集渠道及原则。
2. 掌握就业信息整理的原则与过程，识别常见求职陷阱并掌握防范对策。
3. 熟悉国家及地方大学生就业政策，了解基层就业项目的具体内容。

能力目标

1. 能运用多种渠道高效收集就业信息，并对信息进行鉴别、整理和分析。
2. 能根据就业信息制作有针对性的求职材料，提高应聘成功率。
3. 能结合自身情况合理利用就业政策，规划职业路径。

素质目标

1. 树立正确的就业观和择业观，增强就业竞争力和抗风险意识。

2. 培养信息收集、整理和分析能力，提升职业规划的科学性和主动性。

3. 强化社会责任感，理解基层就业和国家战略需求的结合意义。

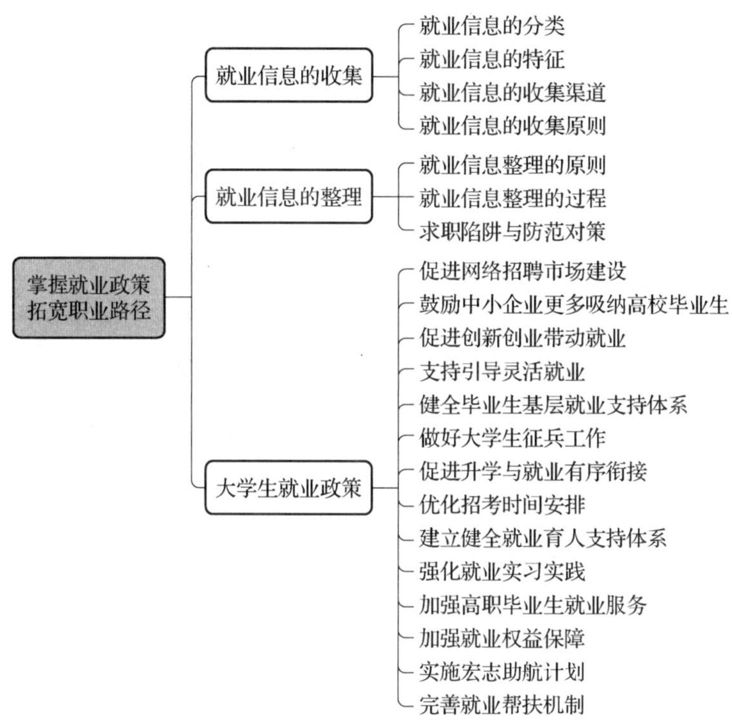

小叶升职记

小叶是某财经学院涉外会计专业的毕业生。在大三实习时，他发现社会上涉外会计专业的毕业生已供过于求，想找一份专业对口的工作不是一件容易的事情。毕业时，小叶通过冷静的分析思考，果断应聘到一家大型超市做收银员。涉外会计专业的毕业生去做收银员，这在旁人看来似乎有些大材小用。但小叶自有他的想法，他认为自己的选择是对的。

事实也确实如此。小叶在这个岗位上兢兢业业。3 个月后，这个超市需要提拔一名管理人员。由于小叶工作认真、适应能力强，再加上有大学文凭，很快就被提拔，现在已升职为经理助理。

大学生可以多参加社会实践，锻炼自己对工作环境的适应能力，提升自身条件与工作岗位的匹配度，为以后作出科学的职业决策打下基础。

第一节 就业信息的收集

一、就业信息的分类

（一）宏观就业信息

宏观信息是指国家的政治经济情况，国家或地区社会经济的方针政策规定等。具体到就业信息是指国家对毕业生的就业政策与劳动人事制度改革信息，社会各部门、企业的职业需求情况及未来产业、职业的发展趋势信息等。简单来说，宏观就业信息包括行业信息、职业信息、企业信息等。掌握这些信息就可较好地把握就业方向。

（二）微观就业信息

微观就业信息是指具体的就业信息。如用人单位的职位空缺情况、岗位职责、职业发展前景、任职条件、福利待遇等。这些信息是在大学生在找工作时必须收集的。

微观就业层面主要可以归纳为六个方面：社会状况、职业行业详情、目标企业情况、招聘信息与应聘知识、工作疑难问题解决方法、教育与培训信息。

二、就业信息的特征

（一）时效性

就业信息具有时效性，过了期限效用就会减少，甚至消失。在竞争激烈的就业市场，信息的有效期限越来越短。如某公司欲招聘一名文秘人员，招聘信息发布后，如果当日就有人去应聘并被录用了，那么，这一招聘信息在次日就失去了有效性。大学生就业市场更是如此。每年有2~3个月是发布就业信息相对集中的时期，在这段时间找工作也最高效。毕业生如果能把握好这段时间，主动出击，就能抓住机遇，顺利地实现就业。如果错过了就业信息发布的高峰期，毕业生要找到理想的工作，难度就会加大。

毕业生在拿到某就业信息后要立即作出反应，抢占先机。这就要求毕业生提前做好职业生涯规划，清楚地知道自己的需求，这样才能对各种职业信息的价值及时作出判断并做好行动准备（如准备有关自荐材料等）。另外，毕业生要密切关注就业信息的发布情况，力争在第一时间获取就业信息。

（二）共享性

就业信息一经公开发布，就成为共享信息。参与信息共享的人越多，反应者越多，竞争就越激烈。随着大学毕业生人数的逐年增加，就业信息的共享者也越来越多。在就业信息总量不变的情况下，信息利用的竞争形势就会越来越严峻。

因此，毕业生在得到就业信息后，首先，应迅速作出决断，立即采取行动、作出反馈。其次，要根据信息内容，在相应的自荐材料中突出自己的特色和优势，争取在众多竞争者中间“脱颖而出”，获得招聘者的青睐。

（三）传递性

就业信息经常处于流动和传递状态中，它通过各种媒介和途径广泛传播，每个接收者收到信息的时间和方式并不相同。随着现代通信技术的飞速发展，信息传递的速度越来越快，信息传播的渠道也越来越多样。因此，毕业生要保持高度的信息敏感度，充分利用各种信息渠道捕捉和获取信息。

（四）两面性

就业信息的两面性是指信息既有真假之别，又有积极与消极之分。在信息爆炸的今天，各种信息真假难辨，其中不乏垃圾信息、欺骗信息等。这些有害信息不仅会浪费毕业生的时间和金钱，还可能影响毕业生的职业生涯和事业发展。假信息自然是消极有害的，但真信息也可能对毕业生造成干扰。面对各种就业信息，毕业生有时会不知取舍。

毕业生总是希望所有的信息都完全呈现在自己面前，再从中找到最理想的工作岗位。而事实上，信息是不可能完全呈现的，而且信息收集得越多，其呈现的两面性也越复杂。因此，毕业生在收集的就业信息时，要及时对信息进行分析、判别和处理，依据自己的就业定位，选择合适的信息，果断地出击，以提高自己求职的效率和准确度。

生涯故事　每一条就业信息都是一次机会

宿舍里，高校毕业生小赵在电脑前不停地查找着各种招聘网站上的信息：智联招聘、前程无忧……他根据自己的专业和兴趣搜索着就业岗位。虽然现在是冬末春初，小赵头上却有大滴大滴的汗珠滚落。而与他同宿舍的小阳手中早就握有几个单位的就业意向书，从国企到民企。小阳虽然还未最终决定，但脸上有种灿烂的神情。

为什么同一个专业、同一个宿舍的他们在就业时却面临完全不同的情况呢？调查发现，原因在于他们对于就业信息的掌握情况不同。小赵只是单一地在传统的招聘网站上搜索，而小阳则有更多的想法。小阳说：“我觉得自己能在就业时能一帆风顺，主要是因为手头有很多就业信息可以选择。从学校就业指导中心提供的就业信息，到自己心仪的企业网站上收集的招聘信息，我在尽可能多地收集和利用就业信息，所以我是赢在起跑线上。”

三、就业信息的收集渠道

在信息时代，毕业生获取就业信息的渠道和途径十分广泛。总的来说，主要有以下渠道。

(一)学校就业指导中心

学校就业指导中心主要服务学生就业，是学生了解就业相关政策、当地和外地的就业动态变化、用人单位情况的重要窗口。从学校就业指导中心获取信息具有针对性强、可信度高、专业对口性强且有较强的时效性和权威性等优点，但是也存在用人单位数量和职位有限等不足。

(二)供需见面会

供需见面会是指在学校举办的就业双选会。学校在毕业季通常会举办多次供需见面会。很多参加供需见面会的单位需求都与学校的专业设置相符，可供毕业生选择的机会也较多。毕业生要好好抓住这些机会。

(三)校园宣讲会

校园宣讲会有别于供需见面会。校园宣讲会一般是用人单位在校园某个教室或会议室单独举行的。用人单位会根据用人需求到学校进行招聘，学校会对用人单位进行核查和筛选。用人单位通常会在校园宣讲会上向同学们介绍该单位的发展历程、单位文化、岗位需求、岗位要求、岗位待遇、职业发展前景等。校园宣讲会是毕业生就业的一个比较好的途径。

(四)人才中介机构

人才中介机构是为用人单位和个人求职做中介服务的组织。该服务具有有偿性。人才中介机构会发布人才供求信息，其行业覆盖范围广，能够根据毕业生的意向提供比较多的、有针对性的岗位。

(五)大众媒介

广播、电视、报纸、杂志等各种媒介会不定时地发布一些人才招聘信息。通过这些信息，毕业生可以了解到人才供求信息、岗位需求信息和一些单位信息等。需要注意的是，对于这些职位信息，毕业生要学会辨别真伪。

(六)互联网

互联网是当下毕业生获取就业信息最便捷的一种途径。常见的求职网站有以下四类。

1. 专业的求职网站

常见的求职网站，如智联招聘、前程无忧、中华英才网、应届生求职网、中国企业人才网等。毕业生可以在这些网站上查询职位的地域、行业、薪资、岗位发布时间等。这类网站还设有一些特殊服务，如职位订阅、职业咨询等。订购相关服务后，网站会把最新的招聘信息发送给求职者。求职者看到合适的工作岗位后，就可以在线填写求职简历，然后投递到相应单位。

2. 用人单位官方网站

很多用人单位都有自己的官方网站，网站上除了介绍单位的历史、文化与产品以外，也会有人才招聘信息。毕业生如果对某个单位有倾向，可以通过该用人单位的官方网站了解相关信息。

3. 门户网站

所谓门户网站，是指通向某类综合性互联网信息资源并提供有关信息服务的应用系统。门户网站的好处是容纳了多家招聘网站的信息。在门户网站中可以获得相关的就业政策、新闻及就业技巧等。

4. 省、市人才市场官方网站

省、市人才市场官方网站会发布一些有关本省或本市的就业信息，如成都人才网、成都高新区人才资源市场网等。这类网站会发布一些当地最新的就业信息，如最新的校园招聘会、人才市场招聘会等。

（七）社会关系网络

社会关系网络也是职业信息的重要来源。尽管每个人的社交面有限，通常不可能通过这一网络得知各行各业的信息，但这一信息来源的可靠性是最高的，提供的信息也更具体。这是因为通常信息的来源就是目标单位的工作人员，所以信息的可靠性较高。

（八）社会实践

社会实践能让毕业生了解各单位的真实情况和人才需求情况，还能让毕业生有的放矢地进行自我推荐。

（九）毕业实习

通过毕业实习，毕业生可提前了解实习单位和岗位的基本情况。大学生若在实习时能好好地表现，赢得实习单位的好感和信任，那么就有可能通过实习获得就业岗位。这也是一个非常好的就业渠道。

（十）直接与用人单位联系

大学生还可以通过登门拜访、电子邮件、电话咨询等方式，直接与用人单位联系，获取所需要的就业信息。

课堂体验

1. 请写出你常用的就业信息收集渠道。

____

____

2. 登录不同的招聘网站，收集符合自己意向的岗位信息。如果 1 分代表完全无准备，10 分代表准备充分，按照 1~10 分的标准，请你根据自己的准备情况给你的意向岗位打分。

(1) 你的意向岗位①______________________________

岗位①的准备程度(分)：　1　2　3　4　5　6　7　8　9　10

(2) 你的意向岗位②______________________________

岗位②的准备程度(分)：　1　2　3　4　5　6　7　8　9　10

(3) 你的意向岗位③______________________________

岗位③的准备程度(分)：　1　2　3　4　5　6　7　8　9　10

3. 我的意向岗位

意向岗位	意向岗位①	意向岗位②	意向岗位③
信息来源			
发布时间			
所处行业			
单位名称			
单位性质			
工作地点			
工作环境			
企业文化			
工作职责			
专业要求			
学历要求			
计算机水平			
外语水平			
通用能力要求			
专业能力要求			
薪酬待遇			
应聘信息			
备注信息			

四、就业信息的收集原则

毕业生在收集就业信息时，既要做到高质高效、准确无误，又要结合自身的实际情况，明确择业方向，做到有的放矢；否则就会适得其反，事倍功半。

（一）真实性、准确性原则

只有真实准确的信息才是有效信息。近年来，随着网上求职的流行，部分以盈利为目的的中介机构，利用网络发布一些虚假或过时的用人信息来吸引、欺骗毕业生，导致毕业生既浪费金钱，又耗费时间，同时也给学校的毕业生就业工作造成很大的冲击。对此，学校和毕业生都应提高警惕。

（二）针对性、适用性原则

首先要明确收集信息的目的，有了明确的目的，信息收集才有方向，才有针对性。其次，毕业生要准确认识自己的专业、特长、能力、性格、气质等，明确自己所需的就业信息，做到有的放矢。

（三）系统性、连续性原则

把各种相关的、零碎的信息收集起来，经过加工、整理，形成一个能客观、系统地反映当前就业市场、就业政策、就业动向的就业信息链，为自己的择业提供更可靠的依据。同时，保持信息的连续性。当一些用人单位因搬迁等而导致毕业生所掌握的原有信息失真时，如果毕业生建立了连续的电子就业信息库，就可以根据原有的信息做信息更新，这样毕业生就可以在任何时候使用就业信息。

（四）计划性、条理性原则

计划性和条理性原则是指根据事先拟订的计划，收集不同类型的企业、事业单位或公司的就业信息，并根据自己的就业意向有重点地收集信息，避免大海捞针。对收集来的就业信息还要进行归类，或以时间先后，或以地区不同，或以工资待遇的差异等进行分类，使就业信息具有条理性，方便以后的使用。

阅读专栏　招聘渠道发展新趋势

互联网、新媒体早已融入我们的生活，现在已经逐步进入人工智能时代。在这样的形势下，招聘渠道也发生了新的变化，利用微信、朋友圈、各种招聘应用软件发布招聘信息的企业也越来越多。

招聘渠道发展的新趋势主要有以下方向。

一、领域细化、专人专用

现在各个行业和领域的分工越来越细化，用专业的人做专业的事才能更好地提高工作效率。招聘渠道如今也更加精细化。微信公众号和小程序的出现，为求职者和招聘方提供了更为便捷的平台。求职者可以通过关注特定行业的公众号来获取最新的招聘信息，而招聘方则可以通过创建小程序来发布职位空缺，实现精准匹配。

企业最常用的招聘方式之一就是利用公众号、小程序和朋友圈定向发布招聘信息，这些都是有效的招聘渠道。

二、社交渠道招聘

有很多企业在招聘高层管理人员时，需要快速招到和岗位相匹配的人员，这时候如果采取社交渠道招聘，效果可能会比等待求职者主动上门好得多，而且还可以随时和候选人保持联系。因此，使用社交渠道、朋友圈来招聘也是一种趋势。

三、主流和传统的兼容

在数字化浪潮席卷招聘行业的当下，以社交媒体招聘、在线招聘平台、大数据驱动的智能招聘为主流的新兴招聘渠道，凭借高效、精准、覆盖面广的优势，迅速成为企业招揽人才的重要工具。与此同时，传统招聘渠道如校园招聘、现场招聘会、员工推荐等，凭借其独特的信任背书与人文温度，依然在招聘市场中占据一席之地。主流与传统招聘渠道的兼容并非简单的并行存在，而是在相互融合中共同构建了多元立体的招聘生态。

四、招聘渠道的工具化

很多招聘人员只采用专门的招聘软件来做招聘，但也有人通过抖音、微信等非招聘工具来做招聘，即人们用来娱乐和社交的软件，到了招聘人员那里也变成了用来招聘的工具。

五、招聘渠道的未来

招聘的未来就是进入大数据时代。信息互联之后，招聘人员可以通过电脑进行大数据匹配推荐合适的候选人。

第二节 就业信息的整理

一、就业信息整理的原则

毕业生在收集和整理就业信息时，应注意遵守以下原则。

(1)发挥优势和学以致用的原则。在整理就业信息时，要尽量做到发挥所长、学以致用，重点关注自己擅长的、有优势的职位信息，这样可以发挥自己的优势，提升竞争力。

(2)面对现实、理论联系实际的原则。在使用就业信息时，要先对自己有一个全面的认识和正确的自我评价。无论个人的愿望如何美好，在实际操作时都要面对现实。不能图虚荣、爱面子、好高骛远，要量力而行、量“能”择业、量“才”定位。要对照求职信息衡量一下，选择适合自己的性格、气质，有利于发挥特长的单位和岗位。

(3)在政策范围内择业的原则。使用就业信息时，要把个人意愿和国家需要结合起来，根据社会需要和自己的能力、意愿作出职业选择。

(4)辩证分析原则。要用辩证的眼光分析职位信息，用历史的、发展的、变化的眼光研究和利用信息的实际价值。

(5)综合比较原则。要把所有的信息放在一起，从多个方面比较各自的优劣，寻找符合自己条件的企业。

(6)善于开拓原则。对于那些有潜在价值的信息，要深入思考，加以引证，充分利用。正如人们常说的那样，信息的价值会用则有，不会用则无。

(7)早作抉择原则。就业信息有很强的时效性，及时用才是财富，过期不用等于无。因为好的职位总会吸引很多的求职者，而录用指标是有限的。如果不及时反馈，往往会痛失良机。

二、就业信息整理的过程

求职信息的筛选过程实际上是一个求职决策的过程，这是择业的关键所在。求职者在广泛收集求职信息的基础上，要结合自己的实际情况，依据国家和地区的政策、法规，对获取的原始信息进行有针对性的归纳、整理、分析和选择。

(一)鉴别获取的信息

信息中既蕴藏着机会，也可能含有陷阱。鉴别信息是信息整理的第一步，也是非常重要的一步。对获取的信息进行严格的鉴别和判断，剔除无用信息和有害信息，使之更好地为自己的求职服务。鉴别信息时，首先，要确定信息的可靠程度，对于不可靠的和不确定的信息要通过各种渠道去打听。其次，要鉴别信息的内容是否齐全，特别是发现自己想知道的细节没有或者不清楚时，要抓紧时间进行一番实际考察，或通过其他渠道了解，还可以在应聘时向主聘人提出。总之，要等信息基本准确之后再做决定。这一步工作做好了，才能保证随后的工作按照正确的方向进行下去；否则，则可能让毕业生的求职过程一开始就处于被动，甚至造成负面影响。

(二)将信息排序，重点把握

在处理信息之前，先给自己拟一个职业选择提纲，确定择业标准；再按照标准对就业信息进行初选，即去粗取精，去伪存真，然后结合自身情况对剩下的信息做再一次的分析和整理。因为，不是每条信息都符合毕业生自己的实际情况，毕业生要对掌握的信息进行比较和选择，看看自己的性格、兴趣、特长与哪个单位或职业更匹配，哪个单位或职业更符合自己的职业生涯规划。对重点单位的信息要进行深入细致的分析，分析它对人选的要求、对人才的培养方向，以及该单位未来发展的前景等。在把握这些情况以后，毕业生再根据自己的实际情况和用人单位的要求，有针对性地设计自己的应聘材料，从而提高应聘的成功率。

(三)挖掘并选取适合自己的信息

有时重要信息并不直接地展现在职位信息中，如一些国家就业优惠政策和某些单位的岗位发展前景等，或者有的单位可能目前规模有限，但能够给人才以较大的发展空间等。这些都要求毕业生要具备发展的眼光和分析能力，从大局的方向选择职业和单位，要注意挖掘信息的潜在价值。

(四)及时反馈信息

就业信息由于其传播速度快，共享程度高，毕业生得到的信息仅仅代表着一个可能的机会，而且这个机会充满着竞争，稍纵即逝。因此，毕业生在获取信息后，一定要尽快地分析处理，并向信息发布者反馈信息。早反馈不一定能得到这个岗位，但反应太慢就很可能失去这个岗位。

课堂体验

根据本专业的就业情况，收集并整理五条以上就业信息并制作课件，在班级中进行宣讲分享。重点关注以下方面的内容。

1. 本专业领域有哪些领军企业?
2. 本专业可以应聘哪些就业岗位?
3. 企业招聘时对专业的基本要求有哪些?
4. 本专业的就业领域主要有哪些?

三、求职陷阱与防范对策

一些毕业生在整理就业信息时，易陷入求职陷阱。毕业生在获取信息后要按照一定的步骤对信息进行整理，去伪存真，高效地利用，同时解决那些不利于自己就业的问题。

(一)求职陷阱

常见的求职陷阱有以下几类。

1. 以高薪为诱饵，骗人先掏钱

每一位求职者都希望能找到一份高薪的工作。因此，一些用人单位就利用求职者的这种心理，以夸张、离谱的高薪为诱饵，使求职者上钩。等到求职者办理“入职手续”时，对方就会以“建档费”“服装费”“风险押金”等名义骗应聘者交钱。

2. 串通不法体检机构，专坑求职者体检费

求职时要注意会有黑中介利用求职者急于找工作又不清楚体检程序等情况，假装按照正常的招聘程序，依次进行面试、笔试等项目，然后通知求职者到其指定的体检机构体检，向求职者收取体检费。几天以后，当求职者拿结果时，会被黑中介以“不合格”等理由堂而皇之地拒绝，或者增加一些条件让求职者自己知难而退，而体检费则被黑中介和体检机构瓜分，求职者有苦难言。就算求职者“幸运”地通过了体检，黑中介也会尽量拖延，根本不会给应聘者工作的机会。

3. 黑中介冒充招聘单位

有的黑中介会冒充招聘单位，他们开出诱人的条件并尽量隐瞒自己中介的性质，要求求职者交纳建档费、报名费等各种费用。当求职者发现上当要求退还费用时，他们却以中介收费为借口不予退还。按规定，中介机构向求职者收取费用时不得隐瞒自己的身份，不得欺骗求职者。求职者即使要交纳费用，也一定要保留好相应票据，以便保护自身权益。

4. 赚廉价劳动力

有的用人单位利用求职者特别是毕业生就业心切的心理，以试用期为名压榨廉价劳动力。据一些学生反映，有的用人单位会在试用期结束后以各种理由辞退毕业生，因为试用期的工资低。这实际上是用人单位在压榨廉价劳动力。在求职时遇到诸如“本广告长期有效，长年招聘，且报名不受限制”的招聘广告，求职者一定要小心。

5. 剽窃求职者作品

求职者还可能遇到智力陷阱。智力陷阱是指以考试为名无偿占有程序设计、广告设计、策划方案、文章翻译等劳动成果。求职者在招聘过程中被骗取智力成果的现象时有发生。这种堂而皇之地占有他人的劳动成果的行为性质非常恶劣。广大求职者要多加小心。

6. 扣留证件要求求职者做不正当商业行为

求职者初次求职时通常缺乏经验，加之防备松懈，因此，市场上存在设陷阱诱骗无经验的求职者（尤其是学生）从事不正当商业行为的情况，或用不当手法扣留求职者保证金、证件等，大学生在求职时也要注意防备。

7. 薪酬陷阱

有的招聘人员会在求职者询问时给出一个含糊的月薪数字，然而在月底兑付时却找各种理由，如没完成工作量或工作失误，以此来扣除求职者的部分薪酬。

8. 违规收取培训费

有的用人单位打着招聘的幌子实为收取培训费。这些用人单位通常招聘数量较大，招完后对求职者说上岗前要培训，然后把求职者全部送去培训。实际上，用人单位和培训机构早已私下签订协议，培训结束后只招几个人。面对质疑，这些单位可以解释说，获得的证书是行业内通用的，使求职者有苦说不出。另外，还有单位收取内部员工培训的培训费，而按规定，单位内部组织的培训不得向员工收取费用。

9. 暗收违约金

有的用人单位在签完协议后，会采取各种手段逼迫毕业生主动违约，然后向毕业生收取违约金。

阅读专栏 识别虚假招聘信息

1. 将岗位头衔“美容”的招聘

卖保险的喊成“财务规划师”或“理财顾问”，销售英语软件的美其名曰“语言教育顾问”，最有杀伤力的也是最隐蔽欺骗的是“储备干部”头衔，吸引了无数应届大学生竞相折腰。这些公司之所以这样做，主要是因为岗位工作内容或岗位薪酬缺乏吸引力，用“美名”可以诱骗到一些单纯的廉价劳动力。

2. 除了“董事长”和“总经理”，一个公司内的其他岗位都“奉献”出来的招聘。这种招聘其实是为了壮大声势，本来只有几个岗位空缺，但为了显示自己“财大气粗”就把所能想到的岗位都给添了上去。

3. 岗位薪酬不说月薪说年薪

岗位薪酬不说月薪谈年薪，或者将月薪模糊地定为一个大范围。“月/年薪”前边还加有“×××者”定语的招聘，“优秀者”和“努力者”是常用的前缀定语。岗位多数是销售岗位，如证券公司或黄页公司采用电话营销的销售岗位，这种工作在应聘前自己要掂量好，这可是一个大浪淘沙的岗位。据了解，迫于找不到工作而选择这种工作的人，99%会在3个月内因为业绩不好拿不到糊口钱而自动离职。

（二）防范对策

毕业生在了解就业信息的整理原则和整理过程后，还应掌握一些防范对策，以便从纷繁复杂的信息中找到适合自己的有效信息。这样可以少走一些弯路，为顺利就业打下良好的基础。

毕业生的求职过程实际上是一个不断地分析和整理信息的过程。信息经过不断的整理，由多变少，最后剩下的往往只有一个。选择的同时也意味着放弃。如何在考虑现实和

坚持自己之间做取舍，对许多毕业生来说，这是一个艰难的过程。这里介绍一个信息整理的简单模式，或许可以帮助毕业生做选择。

以对某个就业岗位的满意程度为纵坐标，越往上代表满意度越高；以某项就业岗位获得的难易程度为横坐标，越往右代表越不容易获得就业岗位，如图 7-1 所示。

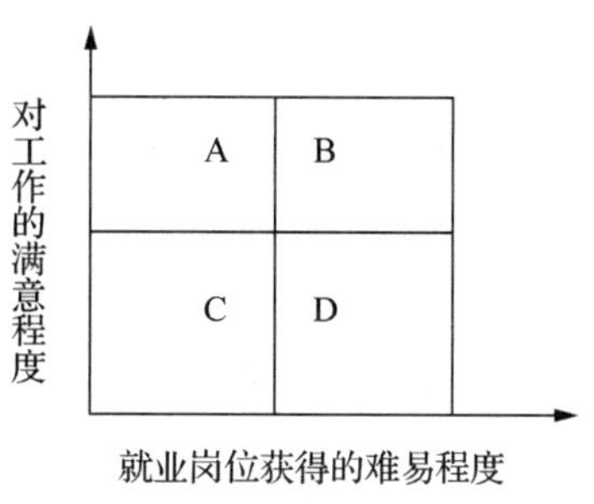

图 7-1　信息整理的坐标图

在四个区间中：A 区，既理想又容易得到的工作；B 区，工作不错，但竞争者众多，或要求很高，本人需要付出极大的努力，或者说得到这个工作的可能性很小；C 区，工作不太理想，但比较容易得到；D 区，不是自己理想中的工作，且不容易得到。一般来说，在毕业生收集的信息中，落在 A 区间的机会极少，大部分机会都位于 C 区，多数人最后的就业也是落在 C 区。但在求职初期，毕业生往往不会考虑这一区间的就业机会，总期盼着有更好的机会出现，因而犹豫、观望。那么，一开始我们不妨全力去争取处于 B 区的工作。B 区的工作岗位既符合自己的理想，又充满挑战性，正符合当代大学生敢于竞争、敢于冒险的个性。因此，毕业生对待 B 区机会时；一是要倾注时间和精力，认真分析研究，并精心准备；二是要充满自信，充分展现自己的能力，努力争取成功。不过，B 区的机会毕竟有限，因此，毕业生对 C 区的机会也不能漠然视之，而应将之视为备选方案。对待 A 区的信息，毕业生要持审慎的态度，既不能放过捡漏的机会，也要防止这类信息中诱人的陷阱。D 区的信息对毕业生的价值不大，可以将其排除在外。

根据这一方法，毕业生在得到就业信息时，先要分析、归类，按其在 A、B、C、D 四个区间中的具体位置分别整理，以保证充分、高效地利用好收集的信息。

除了对就业信息进行分析归类，还有以下两种重要的就业信息整理方法。

1. 建立个人就业信息管理库

就业信息时有更新，信息的内容也是五花八门，毕业生如不进行有效的信息管理，就无法在第一时间筛选出真正有用的信息，反而容易顾此失彼，错过许多机会。

其实，建立一个简单的个人就业信息管理库非常必要，也很容易。先按照前面介绍的坐标图将就业信息分为 A、B、C、D 四类，然后在每一类设置一些相关栏目，输入用人单位的基本信息即可。利用 Word 或其他办公软件就可以完成这项工作。表 7-1 为一个简单的样表，供毕业生参考。毕业生也可以根据自己的情况对表格加以修改和完善。

表 7-1 个人就业信息管理库（B 类信息）

收集时间	单位名称	单位性质	招聘专业	招聘人数	所在地或网址	联系部门和联系人	联系电话	电子邮箱	备注

另外，毕业生还可以建立其他专门的信息库。比如，供需见面会信息管理库、用人单位基本情况数据库等，这两类信息库样表分别如表 7-2 和表 7-3 所示。

表 7-2 供需见面会信息管理库

举办时间	见面会名称	主办单位	举办地点	联系人	联系电话	备注

表 7-3 用人单位基本情况数据库

单位名称：　　　　所有制性质：　　　　所在地：

总体概况	经营范围	经济状况	福利待遇	发展前景
（隶属关系、历史沿革、规模等）				

数理统计分析能力比较强的毕业生可以对具体的指标设立权重系数。比如，分别对单位的地理位置、经济状况、福利待遇、单位发展前景等设置权重，再利用数理统计公式得出一个用人单位的综合评价。这样就能较客观地对一个信息进行量化整理，从而避免在比较条件相似的就业机会时出现左右摇摆、拿不定主意的情况。

2. 寻求个人就业信息咨询智囊团

毕业生一直处在学校环境中，缺乏社会经验，在对就业信息进行分析和整理时难免考虑不够全面。因此，毕业生在整理就业信息时最好是有一个自己的就业信息咨询智囊团。当然，这并不是要求毕业生煞有介事地去请一些人来担任自己的就业参谋，而是要求毕业生在整理就业信息时，特别是对一些自己没有把握、不能做判断的信息进行选择时，要有意识地主动去请教一些能提供帮助的人。比如学校的就业指导老师、辅导员，已参加工作的学长或家中长辈、熟悉的老乡等。“兼听则明，偏信则暗。”涉世未深的大学生在就业时应多方听取有工作经验的过来人的意见，特别是在辨别信息的真假、鉴别单位的优劣、选择发展方向等问题上，他们可以提供非常有益的指导。

第三节　大学生就业政策

2021年，教育部《关于做好2022届全国普通高校毕业生就业创业工作的通知》要求，要健全就业创业促进机制，推动就业创业工作提质增效，促进高校毕业生更加充分更高质量就业，并提出了一系列措施，比如以下方面。

一、促进网络招聘市场建设

教育部升级打造“24365校园网络招聘服务”平台，引入优质人力资源服务机构、行业协会等，深入实施“岗位精选计划”，推进就业信息联通共享。各地各高校要组织就业工作人员、毕业班辅导员和求职毕业生注册使用“24365智慧就业平台”，加强线上服务联动。

大力推进校园网络招聘市场建设，建设维护好本地本校用人单位需求库、毕业生求职意向库等，及时发布专业设置和生源信息。积极开展网络招聘服务，鼓励用人单位通过线上宣讲、远程面试、网上签约等方式开展校园招聘，促进线上线下招聘相结合，提高招聘成功率。

二、鼓励中小企业更多吸纳高校毕业生

各高校要为中小企业进校招聘提供便利，不得设置限制条件。教育部会同相关部门、大型平台企业，举办“全国中小企业人才供需对接大会”“全国中小企业网上百日招聘高校毕业生”“全国民营企业招聘月”等活动。各地要积极配合本地相关部门，加大对中小企业支持力度，推动企业和高校毕业生用足用好税费减免、创业担保贷款等支持政策，创造更多适合高校毕业生的就业岗位，对符合条件的高校毕业生按规定给予社会保险补贴和职业培训补贴。

三、促进创新创业带动就业

各地各高校要加大国家创新创业政策落实力度，加强创新创业服务平台建设，大学科技园、创业园、创客空间等要向高校毕业生提供场地优惠和专业化孵化服务，指导创业团队争取各类创业优惠政策，促进创新创业项目落地发展。办好中国国际“互联网+”大学生创新创业大赛，切实发挥大学生创新创业带动就业作用。建立完善大学生创新创业信息服务平台，提供创新创业相关政策发布、解读、项目对接等服务。组织双创导师深入校园进行政策解读、经验分享和实践指导，支持大学生返乡创业、到城乡基层创业就业。

四、支持引导灵活就业

各地各高校要积极挖掘新产业新业态新模式中的就业机会，引导毕业生在数字经济、平台经济等多个领域灵活就业。配合有关部门完善灵活就业社会保障政策，切实维护高校毕业生劳动保障权益。组织开发一些面向市场的培训项目，开展新兴产业、先进制造业、现代服务业等领域新职业技能培训，增强毕业生就业能力和竞争力。

五、健全毕业生基层就业支持体系

进一步完善并落实毕业生到基层就业学费补偿贷款代偿、考研加分等优惠政策，有效引导更多毕业生到中西部地区、东北地区、艰苦边远地区和基层、乡村振兴一线就业创业。组织实施“特岗计划”“三支一扶”“西部计划”等中央基层就业项目。配合有关部门设立“城乡社区专项计划”“村医专项计划”等相关项目，鼓励各地结合实际扩大实施地方基层就业项目。持续开发科研助理岗位，增强科研助理岗位吸引力。

六、做好大学生征兵工作

各地各高校要落实“两征两退”改革要求，配合兵役机关制订本地本校征兵工作方案，做好大学生特别是毕业生参军入伍工作。按照有关政策规定，落实退役普通高职(专科)退役士兵免试参加普通专升本招生、退役大学生士兵专项硕士研究生招生计划等优惠政策，研究制订细化方案和实施办法。密切军地协同，加强征兵工作站建设，办好征兵宣传教育进校园等活动，畅通入伍绿色通道，进一步推进以高校毕业生为重点的精准征集，提高毕业生入伍数量。

七、促进升学与就业有序衔接

各地各高校要统筹安排好各类升学考试招生工作时间，硕士研究生招录工作在每年5月底前完成，普通专升本和第二学士学位招录工作在每年6月底前完成。坚持复合型人才培养定位，加强第二学士学位招生工作，高校教务、招生等部门要加强工作协同，扎实开展招生宣传、考试录取等工作，并纳入高校整体工作进行统筹部署。

八、优化招考时间安排

各地教育部门要与相关部门加强协调配合，统筹推动各地尽早安排机关、事业单位招聘考试工作和各类职业资格考试时间，给高校毕业生离校前留出充足的求职时间。办好“国聘行动”第三季，发挥国有企业稳就业示范作用，并配合国有企业尽早完成招录工作。

九、建立健全就业育人支持体系

各地各高校要把就业教育、就业引导全面纳入大学生思想政治教育体系，开展多种形式就业育人主题教育，打造一批大学生就业创业教育基地，引导毕业生树立正确的职业观、就业观和择业观。要加强重点领域就业引导，鼓励毕业生积极投身重点地区、重大工程、重大项目、国际组织等领域就业创业。组织开展大学生就业实践调查活动，持续打造“互联网+就业指导”公益直播课，建立就业创业指导优质师资库，打造一批就业指导“名师金课”。加强职业生涯教育和就业创业指导，组织举办大学生职业生涯规划比赛活动。

十、强化就业实习实践

各地各高校要将实习实践作为促进就业的重要举措，纳入人才培养方案，深化校企校地合作，开发更多实习实践岗位，推动更多毕业生通过实习实践实现就业。鼓励地方政府、高校和用人单位共同打造一批大学生就业实习实践基地。配合落实好将职业技能提升行动专项资金补贴性培训对象扩大至普通本科高校、中高职院校的政策，积极组织毕业年度毕业生参加职业技能培训。

十一、加强高职毕业生就业服务

各地各高校要针对高职百万扩招毕业生群体，制订专门就业工作方案，结合扩招毕业生生源类型特点，有针对性地分类开展就业指导服务，引导他们合理调整就业期望、找准职业定位，积极主动就业。支持高职院校紧密结合市场需求，按规定开展相关职业技能培训、项目制培训等多种形式的就业创业培训，并做好职业培训补贴政策的衔接工作。

十二、加强就业权益保障

各地各高校要配合有关部门积极营造平等就业环境，努力消除就业歧视。在各类校园招聘活动中，不得设置违反国家规定的有关歧视性条款，不得将毕业院校、学习方式(全日制和非全日制)等作为限制性条件。加强诚信和安全教育，引导毕业生诚信求职，树立遵纪守法意识，防范招聘欺诈、“培训贷”陷阱等。积极配合有关部门推进毕业生就业体检结果互认。

十三、实施宏志助航计划

教育部组织实施“中央专项彩票公益金宏志助航计划——全国高校毕业生就业能力培训项目”，设立“全国高校毕业生就业能力培训基地”，面向有就业意愿的毕业生群体开展线上线下就业能力培训，帮助他们提高综合素质和就业能力。各地各高校和各培训基地要精心组织实施，加强政策宣传，增强项目培训效果，努力帮助参加培训的毕业生实现就业。鼓励各地创造条件，推动“宏志助航计划”覆盖更多毕业生。

十四、完善就业帮扶机制

教育部组织开展直属高校与地方高校、东部高校与西部高校就业对口帮扶，推动区域间、校际就业渠道互补、就业资源共享。各地各高校要进一步完善就业帮扶机制，建立就业困难毕业生群体帮扶工作台账，对低收入家庭、身体残疾等毕业生重点群体，按照“一人一档”“一人一策”开展重点帮扶。

阅读专栏　教育部部署开展2024年高校毕业生就业创业“政策宣传月”活动

为深入贯彻落实党中央、国务院关于高校毕业生就业创业工作决策部署，进一步加大就业创业政策宣传力度，帮助更多毕业生和用人单位充分知晓并用足用好各项促就业政策，推动各项政策加快落地显效，教育部近日印发通知，部署6月在全国范围内集中开展2024年高校毕业生就业创业“政策宣传月”活动。

活动期间，教育部将在部官网和国家大学生就业服务平台发布《高校毕业生等青年就业创业政策汇编》、高校毕业生就业“政策公告”，组织编绘省、市两级促就业“政策地图”，重点宣传党中央、国务院关于高校毕业生就业创业部署要求，宣传中央有关部门和各地方在促进高校毕业生基层就业、自主创业、参军入伍、权益保障等方面的政策举措。同时，通过国家大学生就业服务平台推出“互联网+就业指导”公益直播课，组织全国高校毕业生就业创业指导委员会19个分行业就指委委员进园区、进企业、进高校、进社区宣讲，在校园举办政策宣讲会、设立政策咨询点、发放宣传材料等多种方式，大力宣传国家和地方出台的一次性扩岗补助、社保补贴、见习补贴、创业担保贷款和国有企业增人增资等助企稳岗扩就业政策，帮助用人单位和毕业生充分了解各项促就业优惠政策，及早享受政策红利。

当前距毕业生离校不足一个月时间，教育部将指导各地各高校抢抓离校前促就业关键期，充分发挥主流媒体、新媒体作用，形成多媒体宣传矩阵，进一步加大正面宣传力度，积极营造全社会共同支持高校毕业生就业的良好氛围，全力促进高校毕业生高质量充分就业。

（来源：教育部官网）

【回顾·练习】

1. 就业信息的收集渠道有哪些?

2. 简述就业信息整理的过程。

3. 了解你所在的地区有哪些就业政策。

【发现·探索】

(一)分析招聘广告

北京某科技公司招聘算法工程师，信息如下。

岗位职责:

1. 负责遥感影像深度学习智能解译(包括分类、变化检测、地物提取三大应用)前沿算法的研究和应用。

2. 基于项目和产品需求，负责算法选型、框架搭建、调优等，解决具体应用问题。

3. 负责深度学习算法的产品化工作。

任职要求:

1. 遥感与地理信息系统、计算机、图像处理与模式识别、人工智能等相关专业背景，有深度学习研发经验。

2. 熟练掌握 Python、熟悉 C/C++语言，有丰富的图像处理经验。

3. 熟悉常见的机器学习、模式识别、计算机视觉算法等。

4. 熟悉常用的深度学习工具(如 PyTorch、TensorFlow、Keras 等)，有模型训练和调参经验。

5. 精通基于深度学习网络的 GPU 并行计算，有平台搭建经验者优先。

6. 从事过遥感领域项目或者有遥感、GIS 学术背景者优先。

7. 在相关领域的知名国际会议上发表过论文者优先，有实际大型项目的开发经验者优先。

公司信息:

公司名称:北京某科技股份有限公司

公司性质:国有企业

所属行业:计算机软件

涉及领域:计算机软件

公司规模:10~ 499 人

所在地址:北京市丰台区南四环西路××号××区××号楼

(1)分析上述招聘广告，你认为还应对招聘单位做哪些了解？

______

(2)对照岗位职责和任职要求，你认为自己能否胜任？

______

(3)如果应聘该岗位，你觉得还需要了解哪些信息？

______

(4)结合招聘广告，综合分析，确定自己的竞争优势。

______

(二)撰写就业形势分析报告

依据现阶段的就业状况，针对本地区的就业情况，写一份就业形势分析报告。内容提示如下。

20××年大学生就业情况(签约、薪酬、方式、问题)

签约：______

薪酬：______

方式：______

问题：______

专业分析：就业率及前景

毕业生就业率：______

就业前景：______

就业分布最多五省市：______

毕业生就业分布统计：______

就业行业或部门(百分率)：______

国有企业：______

民营及私营企业：______

“三资”企业：______

科研设计单位：______

其他事业单位：______

专升本：______

本年度就业形势及政策分析：______

______

______

第八章　聚焦求职准备　赋能职场启程

学习指南

互联网对人们的影响是深刻而全面的，对于大学生的求职影响同样如此。这是线上求职同步的时代，大学生的书面求职材料往往是早于求职者本人出现在 HR 面前，它是地地道道的一个“敲门砖”，是企业 HR 决定是否为求职者拨通面试电话的关键。在每年的大学生招聘高峰期，每天都会有几十份、上百份的求职材料传递到一位普通企业 HR 的面前。哪些求职材料能够在第一时间吸引 HR 的眼球，这对大学生而言是一个不小的挑战。求职准备是从校园迈向职场的关键桥梁，精心筹备方能顺利开启职业发展新篇章。

学习目标

知识目标

1. 掌握大学生自我心理调适的途径与方法。
2. 了解求职材料的撰写要求与格式。
3. 熟悉常规招聘流程，了解复杂招聘流程。
4. 了解笔试的种类，掌握笔试技巧。
5. 掌握面试流程及常问问题类型。
6. 掌握求职礼仪的规范。

能力目标

1. 能制作个性化求职简历，突出核心竞争力。

2. 能应对笔试与面试。

3. 能运用求职礼仪提升面试表现。

素质目标

1. 培养自信、严谨的求职态度，增强临场应变能力。

2. 树立职业化形象，提升求职过程中的自我展示能力。

思维导图

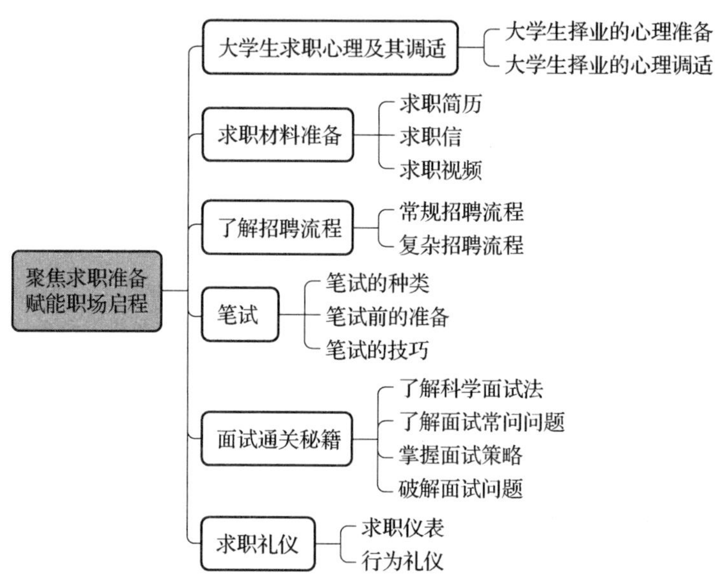

小云的求职准备

正在为目标岗位准备求职材料的市场营销专业毕业生小云已经制作好自己的个人简历，在制作简历的过程中，获奖荣誉和技能证书板块都填写了自己在大学阶段获得的奖项与证书。某天她如愿以偿收到了心仪公司的 HR 打来的电话，HR 和小云预约了面试时间，同时要求小云在前来面试时也将简历中提到的获奖证书的复印件带上。因为这是一份新媒体运营的实习工作，HR 也想在面试过程中看到小云过往相关经历的文案、新媒体成果作品。对此小云突然发现自己的求职材料准备之路还远未结束，她还有很多准备工作需要做……

求职准备不能止步于简历完成，需紧扣目标岗位需求，提前梳理并整理过往项目成果、作品案例等能直观展现专业能力的材料，以动态、全面的准备策略应对职场竞争，避免因材料疏漏错失机会。

第一节　大学生求职心理及其调适

求职择业是大学生人生中的一次重要选择。对于即将毕业的大学生来说，面对人才市场的激烈竞争，在择业过程中，不可避免地会遇到困难、挫折和冲突，导致心理失衡，引发各种心理问题，不但影响毕业生择业，而且影响毕业生的心理健康。帮助大学生了解择业心理的特点和择业心理障碍的具体表现及调适方法，根本目的就在于帮助大学生学会客观地分析自我与现实，有效地排除心理困扰，控制和调节自己的情绪，保持良好的心情，维护自己的身心健康，从而顺利择业。

一、大学生择业的心理准备

选择职业是大学生即将结束学业，步入社会的前奏，也是大学生施展才华，叩开职业大门的过程。对于初次择业的大学生来说，要想择业成功，就必须了解自己的心理素质状况，即自己兴趣、性格、能力等个性心理特征，对自己有一个正确的评价，并根据择业的需要，积极调整自己的心态，做好择业的准备。

(一)正视社会现实

择业时，大学生的首要任务是对我国的就业机制进行理性的认识，客观地分析当前的就业形势。目前，全国毕业生人数每年都在增长，就业压力不断增大。与此同时，产业结构发生了根本的变化，双向选择已被广大劳动者和用人单位认同，大学生择业不再以个人的意志为转移，越来越多的毕业生产生了前所未有的紧迫感和危机感。毕业生已不再是“皇帝的女儿不愁嫁”了。因此，面临毕业，大学生要做到以下三点：一是要了解国家有关就业政策和就业形势，这是大学生择业的关键一步；二是要了解用人单位对毕业生的基本要求；三是要了解毕业生就业市场的特点与发展动态。只有这样，大学生在择业的过程中才能有的放矢，减少盲目性。

(二)做好心理准备

有人说：“以积极的态度去面对，你就可以达到原本以为无法企及的目标，冲破原本以为难以跨越的樊篱。”因此，大学生要正确认识社会，了解就业形势，排除各种干扰，从实际出发，在择业前做好必要的心理准备。

1. 要适时调整职业意向

十几年寒窗苦读，每个毕业生的心中都有一份美好的职业理想，都希望学有所成，报效祖国，成就事业。而在择业过程中，大学生往往发现理想与现实是有差距的。对此，大学生要有充分的心理准备，不断调整自己的职业意向和就业期望值。

2. 要培养主动求职的心理

主动与被动虽然只有一字之差，但正所谓“差之毫厘，失之千里”。大学生在择业的过程中要积极主动，要充满激情和锐气，要准确了解所学专业的培养方向和适应范围，要广泛收集各方面的用人信息，要根据职业需求不断调整自己的知识结构，以增加就业的成功率。

3. 要培养敢于竞争的心理

竞争是市场经济的法则。面对日益完善的竞争机制，大学生要做好敢于竞争的思想准备。竞争上岗就意味着谁有能力，谁就能在市场竞争中站稳脚跟，取得主动。择业是一个选择与被选择的过程，大学生随时都有可能被应聘单位拒绝，但社会为毕业生提供的职业是很多的，每一个毕业生只要不断提高自身的能力，勇于竞争，善于竞争，掌握竞争的方法和策略，善于推销自己，就一定会找到一份适合自己的职业。

4. 要培养终生择业的心理

择业是自己掌握自己命运的开始。因此，从长远发展的角度讲，毕业生不必急于在短时间内找一个“铁饭碗”，要学会在流动中求生存求发展。同时，要充分相信自身的能力，在择业时要勇于打破陈规陋习，要有独树一帜的胆略和敢为天下先的精神，要摒弃“一次就业定终生”的传统观念，要学会在职业流动中发现机会、把握机会。

课堂体验 我的求职心态

活动内容：

(1)我现在的求职就业心态是________，因为________。

例：

心态1：同是一名大学生，我不能找比同班同学薪水低的职业。因为我的成绩不比同学差。

心态2：刚开始只要有工作就行，积累经验以后再跳槽，因为现在大家都是“先就业，后择业”。

(2)请同学、老师评议，说说这种求职心态有什么不妥之处，请记下来并努力加以改进。

二、大学生择业的心理调适

大学生择业不仅受到家庭、社会等诸多因素的影响，还受到自身心理因素的制约。近年来，随着社会的不断发展和大学生就业制度改革的不断深入，就业矛盾日益突出，社会竞争日益加剧。在择业过程中，大学生常常会出现各种矛盾心理，这些心理困扰如果不能得到及时疏导，则可能发展成为影响学生择业的心理障碍。这种不良的心理障碍一旦形成，就会严重影响大学生的日常学习、生活乃至择业。

(一)自我心理调适的途径

大学生要学会调节自己的心态，使自己能从容、冷静地面对就业这一人生的重大课题，并作出正确、理智的选择。

大学生自我心理调适的途径有以下几种。

1. 正确认识自我，树立自信心

正确评价自我，合理定位对大学生就业有着重要意义。心理学研究表明，个人的自我评价越接近实际，产生的心理障碍就越少，适应社会的能力就越强。反之，过分地高估或低估自我，就会在实践中出现焦虑、紧张不安以及狂妄自大等不良心理状态。因此，要想引导大学生进行择业心理调适，就必须帮助大学生学会合理地评价自我、认识自我。

面对择业，大学生除了要客观地分析就业环境，更重要的是认清自己具备哪些能力和素质，明确自己未来的发展方向，同时认真分析自己的优势与劣势，了解自己的性格和特点，选择最适合自己的职业岗位，这样才可以保证在择业过程中赢得主动。大学生要充分认识到，求职的过程是一个双向选择的过程，不能认为自己处于弱势地位。在择业的过程中，当遇到挫折时，要相信自己的能力，不被暂时的困难吓倒，要相信未来是美好的，前途是光明的，对自己抱有合理而坚定的信心，相信自己定能到达理想的彼岸，找到自己满意的工作。同时，要适时调节自己的不良心理，对求职的期望不要太高，做到实事求是、知足常乐。另外，应该准确定位，调整心态，面对现实，以便顺利择业。

2. 合理制订规划，培养独立性

合理制订职业生涯规划是大学生通向成功的第一步。它可以使大学生充分地认识自己，客观分析环境，正确选择职业，采取有效的办法克服职业生涯发展中的各种困扰，从而实现自己的理想。因此，大学生要认真分析自己的性格特点，结合自己的专业特长、知识结构、兴趣爱好，对将来要从事的工作作出合理规划。大一，了解自我和职业倾向，提高沟通能力；大二，明确职业目标，努力提高综合素质；大三，提高求职技能，收集公司信息；大四，积极申请工作，成功就业。

在实施职业生涯规划的过程中，大学生要努力培养自己独立生活的能力。要从纷繁复

杂的日常小事着手，培养独立处理问题的能力，掌握各种基本生活技能，摆脱对家人的依赖，学会自立；要在思想上和心理上走向独立，思想上要有自己独立的见解，心理上要有自信心，始终保持一种积极、乐观、向上的健康心态。

3. 适当调整期望值，不怕受挫折

就业市场化不仅给大学生带来了机遇，还带来了挑战。部分大学生对就业市场残酷的一面认识不足，对就业市场的客观实际了解不够。经过对就业市场、就业形势的客观了解与深刻体验后，大学生必须面对现实、接受现实，不能怨天尤人。当择业遇到挫折时，大学生要敢于向挫折挑战，知难而进，百折不挠，因为通向成功的道路不会是平坦的，只有坚强不屈、顽强拼搏，才能达到光辉的顶点。而那些一遇到挫折就打退堂鼓的人只能半途而废，永远不可能成功。对待挫折不能被动适应和一直忍耐，而是要藐视困难，增强信心，调整目标，客观分析，积极进取，创造新生活。同时，大学生要适当调整自己的就业期望值，要树立长远的职业发展观念，改变过去那种择业就是“一步到位”的观念。比如，大学生可采取“先就业，后择业，再创业”的办法，先选择一个职业，在工作中不断提高自己的社会生存能力，增加实际经验，然后凭借自己的努力，通过正当的职业流动来逐步实现自我价值。

(二)自我心理调适的方法

大学生自我心理调适的方法有以下几种。

1. 自我激励法

自我激励法主要指用人生的哲理、榜样的事迹或积极的思维观念来激励自己，同各种不良情绪作斗争。同时，要坚信我们的未来是美好的，因为失败、挫折已成过去。如果在择业的过程中遇到了挫折，可以告诉自己不要惊慌失措，不要冲动和急躁，而要冷静思考，寻找对策；要直面困难，立足现在；要树立远景目标，离开舒适区；要充分利用对现时的认知力，不要让自己沉浸在过去，也不要耽溺于未来；要通过自我激励，增强自信心，消除自卑感，始终保持一种良好的情绪和状态。

2. 注意转移法

注意转移法是一种心理学上的调节方法，是指把注意力从产生消极否定情绪的活动或事物上转移到能产生积极肯定情绪的活动或事物上来。其生理机制是大脑皮层优势兴奋中心的转移。在遇到逆境时，如果人一味地陷入否定情绪中，就会使身心受到伤害，所以必须把受挫后的否定情绪集中注意力转移到愉快的、有意义的活动上来。注意转移法主要有两种。一是音乐陶冶转移法，是指让具有否定情绪的受挫者欣赏优美的音乐，使其情绪得到转移的方法。比如，让逆境后产生愤怒、焦虑、惊恐情绪的人欣赏节奏稍慢、柔和、优雅的音乐，使他们激动、烦躁的情绪安静下来；让逆境后产生抑郁、悲伤、痛苦、绝望情

绪的人欣赏节奏感强、明快、富有激情的音乐，使其精神振奋，增强自信心，重新获得希望。二是发挥优势转移法。大学生择业受挫后重新进行选择也是一种注意力转移的方法。这时最关键的就是充满自信心，发挥自己的优势或特长，重新寻找理想的岗位。

3. 自我安慰法

自我安慰法又称自我慰藉法。大学生在择业中通过自己的主观努力仍无法达到目标时，可适当地进行自我安慰，以缓解焦虑、抑郁、烦躁和失望情绪，这样有助于保持心理稳定。过去的已经一去不复返了，再怎么悔恨也是无济于事的，何必为过去悔恨而失去现在的好心情。虽然偶尔抱怨发泄一下是必要的，但是无休止的抱怨只会增添烦恼，向别人显示自己的无能。因此，当受到挫折而产生情绪困扰时，可用“亡羊补牢，未为晚也”“塞翁失马，焉知非福”等话语进行自我安慰。

4. 适度宣泄法

大学生在择业过程中遇到矛盾冲突，引起不良情绪反应时，该怎么办呢？如果把不良情绪憋在心里，压抑和克制感情，往往会影响身心健康。相反，如果采取另外一种排解不良情绪的方法，如向你的挚友、师长倾诉你的忧愁、苦闷，把“气”放出来，则有利于心态调整，有利于身心健康。当然，自我宣泄的方法是多种多样的：放声大哭，在无人的旷野大声吼叫、引吭高歌，通过自言自语把不痛快的事说出来，写日记等都是不错的选择。

5. 合理情绪疗法

合理情绪疗法是美国著名心理学家埃利斯于 20 世纪 50 年代首创的一种心理治疗理论和方法。该理论认为，使人们难过和痛苦的不是事件本身，而是对事件的不正确解释和评价。因此，通过对认知进行纠正，以合理的思维方式代替不合理的思维方式，就可以最大限度地减少不合理的信念给人们的情绪带来的不良影响。例如，有的大学生择业不顺利就怨天尤人，认为“就业岗位太少”“用人单位要求太高”等，因为他只从客观上找原因。正是由于这些不正确的认知理念造成了他的不良情绪，而这种不良情绪恰恰来自自己。如果能改变这些不合理的观念，调整认知结构，不良情绪就能得到克制。

6. 开展求职心理专项训练

（1）提升表达能力

积极利用日常人际交往、课堂回答问题以及参加文体竞赛活动的机会克服心理障碍，锻炼在陌生人面前或当众发言的能力。

（2）参加模拟面试训练

模拟面试就是根据毕业生就业供需见面会的形式，组织学生进行模拟求职的一种实践活动。具体方法是组织学生按照求职的程序填写好求职表，由教师在现场模拟招聘工作，并在招聘工作结束后公布被“录取”的学生名单。一般经过模拟面试的毕业生在真正求职时能表现出较为稳定的心理素质，通常不容易发生怯场和临场发挥不好的现象。

(3)进行“角色扮演”训练

学生可以一对一相互扮演求职者和招聘者，也可以由多人同时组成求职团队或招聘团队，然后根据假定的情节进行训练。这种方法可以解决求职者容易出现的自卑、胆怯、焦虑、紧张等心理问题，纠正求职者在求职过程中容易出现的仪表、礼节、姿势等方面的问题。

大学生自我心理调适的方法还有很多，如自我静思法、放松治疗法、环境调节法、适量运动法等。除了这些应变的方法，更重要的是毕业生要树立正确的择业观，要充满信心，要磨炼意志，要培养乐观豁达的态度，要不惧怕困难和挫折，始终保持一种积极向上的精神状态和健康的心理。

第二节 求职材料准备

一、求职简历

求职简历也称求职履历表，是求职者自己学习、工作、生活经历、技能、成就、经验、教育程度、求职意向的简要概括和总结。求职简历的目的在于引起用人单位的注意以赢得面试的机会，进而充分展示个人能力和才华，达到被用人单位录用的目的。

(一)求职简历的类型

常见求职简历类型包括纸质简历、在线简历、新媒体简历等。不同类型的简历，其内容大致上一致，但也存在一些差异。

1. 纸质简历

纸质简历是求职者为了让用人单位了解自身情况，用文字将个人基本信息等求职内容展示在纸上，是求职者向用人单位证明自己能够胜任所申请岗位的依据。简言之，纸质简历是写着“自认为必要且必须告知他人的求职应聘信息”的材料。纸质简历的内容结构、风格设计及封面制作等多种多样，学生求职者可进行个性化的设计与制作。

2. 在线简历

在线简历是指求职者在应聘时通过网申系统填写提交的电子简历，即学生求职者直接在用人单位招聘主页或第三方专业招聘网站的申请投递页面，按照所提供的固定格式来填写的求职简历，也有部分用人单位要求填写其设计好的信息表格后再上传电子版(一般为 Word 文档)个人简历。

3. 新媒体简历

随着互联网的发展，用人单位为节约招聘成本，招聘方式也在发生变化。随着微博、微信等即时通信工具的普及，不少用人单位已采取“微博招聘”“微信招聘”等招聘方式。新媒体简历主要包括“微博简历”和“微信简历”两种形式。“微博简历”主要是指求职者通过微博平台向用人单位投递的简历；“微信简历”主要是指通过微信平台向用人单位投递的简历。

(二)求职简历的格式

1. 表格式简历和文本式简历

简历格式一般有表格式(见表 8-1)和文本式(见表 8-2)两种。到底采用何种形式，需根据求职者本人的实际情况来决定。

(1)表格式简历通过表格的形式展示求职者的基本情况，简明清晰，易于阅读，比较适合应届毕业生。

(2)文本式简历不受表格限制，容量较大，可以根据实际情况展示求职者的资料，比较适合有一定工作经历的求职者，也适合需要展示较多资料的应届毕业生。

对应届毕业生来说简历的篇幅最好控制在一页纸以内。

表 8-1 表格式简历

姓 名		性 别		照片
民 族		出生年月		
政治面貌		籍 贯		
毕业院校		专 业		
居住地址		联系电话		
求职意向				
教育背景				
社会实践经历				
获奖情况				
职业技能				
自我评价				

表 8-2　文本式简历

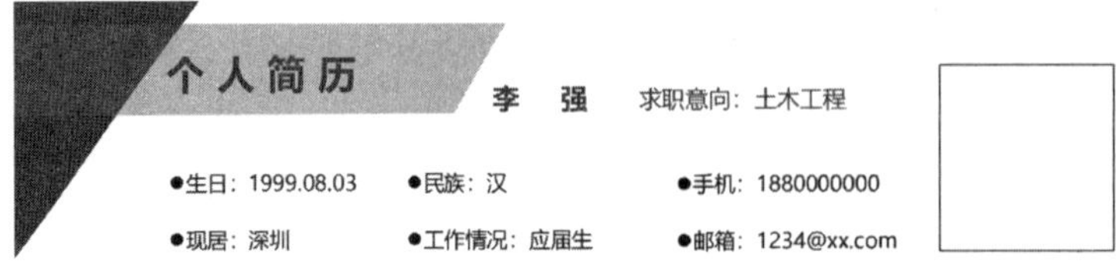
个人简历

李　强　求职意向：土木工程

●生日：1999.08.03　●民族：汉　●手机：1880000000

●现居：深圳　●工作情况：应届生　●邮箱：1234@xx.com

教育背景

20xx.06-20xx.09　xxx 大学　土木工程（本科）

主修课程：高层建筑设计、建筑结构抗震设计、房屋建筑学、建筑制图、结构力学、混凝土结构设计、钢结构设计、建筑工程 CAD、材料力学、施工组织与管理、工程项目管理、土力学与地基基础等。

实习经历

20xx.xx-20xx.xx　xx 建筑公司　土建（实习生）

1.在工程师指导下，严格按照施工组织设计和施工进度进行施工；
2.监控施工过程，发现图纸、施工中出现的问题，并及时现场解决，或提交有关专业人员解决；
3.在工程实施过程中，及时进行文件的收集，整理、备案和归档；
4.参与施工现场配合、学习和记录等。

在校经历

20xx.xx-20xx.xx　校学生会宣传部　部长

1.负责校学生会相关活动的宣传工作，带领部门成员制作宣传海报，传单，横幅等宣传材料；
2.多次举办学校社区的‘社区文化节’，‘消防知识竞答赛’和‘预防安全隐患征文大赛’等大型活动，及时完成学生会其他工作，工作得到学校老师认可。

个人技能

专业技能：施工员证书，安全员证书，大学英语四，六级，普通话二甲等证书，
软件技能：精通 CAD 制图，通晓工程制图和识图专业知识，熟练 WPS 办公软件

自我评价

1.专业知识扎实。对土木专业知识了解深入，专业课分数平均 90+；
2.有良好的学习归纳总结能力、沟通能力、逻辑思维能力；
3.处事细心谨慎，能够灵活处理工作中的突发事件，富有责任心和团队协作精神。

2. 字体和字号

在简历中，小标题可以用黑体，字号为四号，而正文部分一般采用微软雅黑或宋体，小四号，部分重点内容可以适当用粗体来进行突出强调，应尽量避免过多使用不同字体。

3. 排版

求职简历以一页为宜，且不宜将内容安排得太满，让简历看上去密密麻麻。可以用统一的项目符号使每个标题或内容对齐，这样能让招聘者在审阅简历时眼睛舒服一些，不至于太吃力，版面颜色不宜过于丰富，力求简约大方。

4. 用纸和打印

如果需要提供纸质简历，建议使用 80 克以上的 A4 纸张打印简历。尽量不用复印的简历，以免影响效果。

（三）简历的内容

简历的正文一般由 7 个部分组成，即基本信息、求职意向、教育背景、实践经历、获奖情况、职业技能和自我评价。求职者可结合自己的背景和特点，对各部分内容及排列顺序进行调整。不是所有项目都必须涉及。

1. 基本信息

基本信息一般包含姓名、性别、出生年月、政治面貌、家庭住址、联系电话、电子邮箱和照片等内容。婚姻状况、家庭地址、身高和体重等较为隐私的信息，可根据用人单位的招聘要求有选择地填写。

2. 求职意向

求职意向也叫求职目标，它是求职简历的灵魂。针对不同的求职目标，简历中的内容应有所不同，特别是简历中对自己的能力、经历等的介绍都是针对特定的求职目标而设计制作的。因此，面对不同的求职目标，最好分别撰写不同的简历。求职意向越具体、针对性越强，获得面试机会的概率越大。最好的写法就是直接写出精准的职位名称。

3. 教育背景

正规的学校教育、自我提升和学习经历、参加专业机构的培训等内容都可以在教育背景中说明，内容最好与所应聘的工作职位相关。

4. 实践经历

这部分是简历的重点。可分为校内实践和校外实践两个部分来写。校内实践部分，可列出担任学生干部、参加社团活动、“三下乡”志愿者等经历；校外实践部分，重点列出与求职目标相关的校外兼职、企业实习等经历。

在描述实践经历时，切忌含混不清，一定要将自己的具体工作内容和取得了什么样的效果和成绩描述出来，以及简要概括自己的最大收获。

5. 获奖情况

这部分包括学生时代获得的所有荣誉及各类证书，如三好学生、优秀学生干部、奖学金，以及技能竞赛所获奖项等，可以凸显证书的含金量。可根据获奖时间顺序进行排列，也可按照奖项的级别从高到低列出。

无任何工作经验的应届毕业生应着重列出此项，这有可能成为简历的亮点。

一定要注意“相关性”原则，突出对未来工作最有用和与之最直接相关的获奖情况，从格式版面上做到清晰有序、层次分明。

6. 职业技能

应该让招聘者从简历中了解自己所具有的各种能力。技能描述一般分为三个方面：英语、计算机及专业技能，如有相关证书，可直接列出相关证书。

7. 自我评价

求职者在写自我评价时，字数不宜过多，重点在于突出个人优势和与应聘岗位相匹配的特质。可以先回顾一下自己的工作经历，思考自己在以前的工作中所积累的工作经验，然后再挑选出与所投递岗位的要求比较吻合的性格特征、职业素质及工作能力等，进行总结凝练。

（四）简历的制作步骤

根据简历的组成要素，按以下步骤就可以制作一份较为规范的简历。

1. 明确求职目标

求职前应明确自己的职业定位及求职目标。

2. 强调自身核心竞争力

通常求职者应将最具竞争力的内容放在简历中的明显位置，即求职目标之后。

3. 陈述工作经历

工作经历一般放在教育背景前，但应届毕业生应将其放在教育背景之后。陈述时一般采用倒序写法，将工作单位、部门、职务一一表明，并描述工作职责和业绩成果。

4. 阐明教育背景

说明毕业院校、专业、学位和主要成绩等，详细程度视求职者的核心竞争力而定。对于没有工作经验或跨专业的求职者来说，为了尽量丰富教育背景，还可将与应聘职位相关的课程列出来，使求职简历更加充实。

5. 发掘成功潜质

当求职者既无丰富的工作经验，又无良好的教育背景时，则可考虑从个人生活经历中提炼应聘职位所需要的素质，并凸显在简历中，以证明自己能够胜任。

6. 检查与评估

从应聘企业、岗位要求、个人发展三个角度评估制作完成的简历，并从头至尾仔细检查，确保简历内容完整、逻辑清晰、拼写无误。

阅读专栏　AI 简历制作

在 AI 软件输入所学专业，即可生成简历模板。简历生成后可根据自己的实际情况进行编辑和完善。以大学英语专业为例，用豆包生成简历模板如下。

个人简历

基本信息

姓名：

联系方式：

邮箱：

求职意向：英语教师/翻译/外贸专员/外企行政等与英语相关岗位

地址：

毕业院校：

专业：英语

毕业时间：

教育背景

______-______ | ________________ | 英语专业 | 本科

主修课程：高级英语、英语写作、英汉互译、英美文学、语言学导论、英语口译、英语国家概况、跨文化交际等，平均绩点____/4.0，专业排名前____%

辅修课程：国际贸易实务、商务英语函电、市场营销学（若有相关辅修可填写）

专业技能

语言能力：英语专业八级（TEM-8），雅思____分，具备出色的英语听、说、读、写、译能力；通过大学英语六级（CET-6），成绩____分；可熟练使用英语进行日常交流及商务谈判；掌握基础的[其他外语名称]，能进行简单对话与阅读

证书：英语专业八级证书、英语专业四级证书、普通话二甲证书、教师资格证（高级中学英语）、CATTI 三级笔译证书、BEC 商务英语高级证书（根据实际情况罗列）

办公技能：熟练使用 MicrosoftOffice 办公软件（Word、Excel、PowerPoint），擅长制作英文文档、数据处理及英文演示文稿；熟悉翻译软件（如 Trados、MemoQ）、CATTI 考试模拟系统等工具

实习经历

1. ______ - ______ ________________ 英语翻译实习生

负责公司日常商务文件、合同、产品说明书等资料的英汉互译工作，累计翻译字数达[×]万字，确保译文准确、专业，符合行业术语规范

协助外贸团队与海外客户进行邮件沟通及会议口译，准确传达双方需求，促成多笔订单签约，订单总金额超____万元

参与公司国际展会筹备工作，担任现场翻译，为国内外客户提供产品介绍及商务洽谈翻译服务，提升客户满意度与公司品牌形象

2. ________ – ________ ______________________ 英语实习教师

独立完成初中英语课程的教学设计、教案撰写及课堂教学，涵盖词汇、语法、阅读、写作等教学模块，所带班级英语平均成绩提升____分

组织英语角、英语演讲比赛等课外活动，激发学生学习兴趣，培养学生英语综合运用能力，批改作业、进行课后辅导及学生学习情况分析，与家长定期沟通反馈，建立良好家校合作关系

项目经历

1. ________ – ________ | 校级“一带一路”文化传播翻译项目 | 项目负责人

带领5人团队完成“一带一路”共建国家文化宣传资料的翻译及校对工作，涉及历史、文化、旅游等多个领域，翻译成果在学校官网及社交媒体平台发布，阅读量超____次

制订项目计划与分工，定期组织团队会议，协调解决翻译过程中遇到的专业术语、文化差异等问题，确保项目按时高质量完成

2. ________ – ________ | 英文戏剧社《哈姆雷特》演出项目 | 演员兼台词指导

参与英文戏剧《哈姆雷特》的排练与演出，饰演核心角色，通过深入研究角色性格与台词，生动展现人物形象，演出获得师生一致好评

协助其他演员进行台词纠正与发音指导，提高团队整体表演水平，促进成员英语听说能力提升

获奖经历

____年____月____日：获国家奖学金

____年____月____日：获全国大学生英语竞赛（C类）一等奖

____年____月____日：获校级“优秀毕业生”称号

____年____月____日：获校英语演讲比赛冠军

____年____月____日：获校“三好学生”称号（根据实际情况罗列）

社会实践

____年____月____日：参与国际文化交流志愿者活动，接待来访国际友人，为其提供翻译及文化交流服务，促进中外文化交流与理解

____年____月____日：担任社区英语公益课堂教师，为社区居民提供基础英语教学，提升居民英语学习兴趣与能力

______年____月____日：参与校园英语文化节活动策划与组织，负责活动宣传文案撰写、嘉宾邀请及现场主持工作，活动吸引超[x]名师生参与

自我评价

本人热爱英语专业，具备扎实的英语语言基础与出色的语言运用能力，对翻译、教学、外贸等领域充满热情。拥有丰富的实习与项目经历，具备良好的团队协作能力、沟通能力与问题解决能力。责任心强，学习能力突出，能快速适应新环境与新任务。致力于在英语相关领域发挥专业优势，实现个人价值与职业发展。

二、求职信

求职信和个人简历一样，是求职者求职时不可缺少的应用文书，是进入面试的有效通行证。一般来说，求职信更针对应聘单位指定的个人，如公司或企事业单位的负责人等。求职信常以突出的个人特征与求职意向打动招聘者。

（一）求职信的作用

1. 表现自我，求得录用

表现自我，求得录用，是求职信的基本功能。要实现求职目的，就必须扬长避短，突出优势，在众多的求职者中崭露头角，以自己的某些特长、优势、技能等吸引用人单位。

在向知名企业，特别是外企或500强企业求职的过程当中，一封出色的求职信是必不可少的。一封体现个人才智的求职信，能帮助你顺利得到面试机会，谋求一份理想的工作。求职者需要仔细考虑自己写求职信的目的及其可能产生的影响。

2. 沟通交往，意在公关

求职信是求职者和用人单位之间的沟通桥梁。通过沟通，在相互认识、交流的基础上，实现相互交往，是求职信的基本功能。通过相互交往，求职者才可能展示才干、能力、资格，突出其业绩、专长、技能等优势，从而得以录用。因此，求职信的表现力非常强，对给用人单位留下良好印象有重要作用。

（二）求职信的格式

求职信是一份正式的公文，有固定的格式和习惯用语。一般来说，一份完整的中文求职信分为标题、称谓、正文、结尾、署名和日期、附件六个部分。

1. 标题

求职信的标题通常只有文种名称，即在第一行中间写上“求职信”三个字。

2. 称谓

称谓是对收信人的称呼，写在第一行，要顶格写收信者单位名称或个人姓名。单位名称后可加“尊敬的××部门负责同志”，个人姓名后可加“先生”“女士”“同志”等。在称谓后写冒号。

求职信不同于一般私人书信，收信人未曾见过面，所以称谓要恰当、庄重。

3. 正文

正文要另起一行，空两格开始写求职信的内容。正文内容较多，要分段写。通常，求职信的正文要包含以下三个方面的内容。

(1)写求职信的原因

首先简要介绍求职者的个人信息，如姓名、年龄、性别等。接着要直截了当地说明从何渠道得到招聘信息以及写此信的目的，比如：

“我叫李民，男，现年22岁，是一名财会专业的大学本科毕业生。我从报纸上看到贵公司招聘一名专职会计人员的消息，不胜喜悦。以本人的水平和能力，我冒昧地毛遂自荐。相信贵公司定会慧眼识人。希望能有机会成为贵公司的一名会计人员。”

这段是正文的开端，也是求职的开始。介绍有关情况要简明扼要，对所求的职位，态度要明朗。而且要使收信者有兴趣将你的信读下去，因此开头要有吸引力。

(2)写对所谋求的职位的看法及对自我能力的评价

对所谋求职位进行评价，并对自己的能力作出客观公允的评价，这是求职的关键。要着重介绍自己的有利条件，特别要突出自己的优势和“闪光点”，以使对方信服，从而获得参加面试的机会，为求职成功奠定良好的基础。例如：

“我2024年7月毕业于××学院财会专业，成绩优秀，在省级会计大奖赛中，获得‘能手’嘉奖(见附件)，在××杂志上发表过多篇学术论文(见附件)。我在有关材料上看到过关于贵公司的情况介绍，我喜欢贵公司的工作环境，钦佩贵公司的敬业精神，又很赞赏贵公司在经营、管理上的一整套切实可行的规章制度。这些均体现了贵公司在当前改革开放经济大潮中的超前意识。我十分愿意到这样的环境中去艰苦拼搏，更愿为贵公司贡献我的学识和力量。我相信，经过努力，我会做好我的工作的。”

写上述内容时，语言要中肯，恰到好处；态度要谦虚诚恳，不卑不亢。最好能达到见字如见其人的效果，给收信者留下深刻印象，进而相信求职者有能力胜任此项工作。

(3)提出希望和要求

提出希望和要求要适度、得体，态度要谦逊、诚恳。大学生求职者可以在这一部分表达自己对获得面试机会的渴望。例如，“希望您能为我安排一个与您见面的机会”，或“盼望您的答复”，或“敬候佳音”等。这段属于正文内容的收尾阶段，要适可而止，不要啰唆，不要苛求对方。

4. 结尾

另起一行，空两格，写表示敬祝的话，如“此致”等，然后换行顶格写“敬礼”，或“工

作顺利”“事业发达”等。这两行均不加标点符号。不必过多寒暄，以免画蛇添足。

5. 署名和日期

写信人的姓名和成文日期写在信的右下方。先写姓名，成文日期写在姓名下面。姓名前面不必加任何谦称的限定语，以免有阿谀之感，或让对方看轻你。成文日期要年月日俱全。

6. 附件

有说服力的附件是对求职者的鉴定凭证，所以附件是求职信不可忽视的组成部分。附件可在信的结尾处注明，然后将附件的复印件单独订在一起随信寄出。附件不需太多，但必须有重点，有分量，足以突出和证明你的才华和能力。

（三）求职信的写作技巧

1. 求职信不能长，但是要有特色。在求职信中要重点突出你的背景材料中与未来雇主最有关系的内容。

2. 言简意赅，文章要有条理。

3. 字迹工整，文字通顺，不能有任何错误。

4. 确定求职目标，实事求是，切忌过分吹嘘。

5. 突出重点，有特色、有个性，不落俗套，同时让人读来觉得亲切、自然、实实在在。

6. 在求职信正式发送之前，让身边的人帮助修改。

7. 要谦虚，同时也要有自信，表明乐于合作与奉献。

8. 以情动人，以诚感人，建立联系，争取面试机会，不提待遇。

范例（一）

尊敬的先生/小姐：您好！

请恕打扰。我是一名刚刚从×××大学××专业毕业的大学生。我很荣幸有机会向您呈上我的个人资料。在投身社会之际，为了找到符合自己专业和兴趣的工作，更好地发挥自己的才能，实现自己的人生价值，谨向各位领导作一下自我推荐。

现将自己的情况简要介绍如下。

作为一名会计学专业的大学生，我热爱我的专业，并为其投入了巨大的热情和精力。在四年的学习生活中，我所学习的内容包括了会计学的基础知识及应用等许多方面。通过对这些知识的学习，我对这一领域的相关知识有了一定程度的理解和掌握。此专业是一种工具，而利用此工具的能力是最重要的。在与课程同步进行的各种相关实践和实习中，我具有了一定的实际操作能力和技术。在学校工作中，我加强锻炼处世能力，学习管理知识，吸收管理经验。

我知道计算机和网络是将来的必备工具。在学好本专业知识的前提下，我对计算机产生了浓厚的兴趣，并阅读了大量有关书籍，学习了 Windows、金蝶财务、用友财务等系统、应用软件和C、Java等程序语言。

我正处于人生中精力充沛的时期，渴望在更广阔的天地里展露自己的才能。我不满足于现有的知识水平，期望在实践中得到锻炼和提高。因此我希望能够加入贵单位。我会踏踏实实地做好属于自己的一份工作，竭尽全力地在工作中取得好的成绩。我相信经过自己的勤奋和努力，一定会作出应有的贡献。

感谢您在百忙之中所给予我的关注。愿贵单位在事业上蒸蒸日上，屡创佳绩！祝您的事业百尺竿头，更进一步！

希望各位领导能够对我予以考虑。我热切期盼你们的回音。谢谢！

此致

敬礼！

×××

2025年6月1日

范例(二)

尊敬的先生/小姐：您好！

本人欲申请贵公司网站上招聘的网络维护工程师职位。我自信符合贵公司的要求。

今年7月，我将从清华大学毕业。我的硕士研究生专业是计算机开发及应用，论文内容是研究Linux系统在网络服务器上的应用。这不仅使我系统地掌握了网络设计及维护方面的技术，而且使我对当今网络的发展有了深刻的认识。

在大学期间，我多次获得各项奖学金，而且发表过多篇论文。我还担任过班长、团支书，具有很强的组织和协调能力。强烈的事业心和责任感使我能够面对任何困难和挑战。

互联网促进了整个世界的发展，我愿为中国互联网和贵公司的发展作出自己的贡献。

随信附有我的简历。如有机会与您面谈，我将十分感谢！

此致

敬礼！

×××

2025年6月1日

生涯故事 一封求职信带来的意外惊喜

又到了每年应届毕业生求职期、郑州市某高校大三学生小张想尽办法从各个渠道获取就业信息。他在一次浏览早报的过程中，无意间发现一家大型外企正在招聘翻译。但是，

现在的就业市场竞争非常激烈，像自己一样符合条件的毕业生比比皆是，甚至还包括海归、硕博士。想到这里，小张便从刚才的惊喜中清醒过来，他决定要沉着应战。回到宿舍，他想起了就业指导课程中老师讲过的求职信的写法，于是便找出书本的范例，仔细而又认真地给那家外企写英文求职信，最后还附上了自己的英文简历，并表达了自己对这一职位的渴望。

小张抱着试试看的态度把信件寄出去了。就在他都快要忘掉这件事情的时候，突然接到了那家大型外企的面试通知。对方告诉他，因为他的求职信文笔流畅，简洁明了，格式及称谓得体，显示出了很深的文字写作功底，而且还附有个人职业生涯规划，所以在众多求职者中独树一帜。最后，他获得了面试的机会。经过层层筛选，成为该企业满意的唯一人选。谈及自己的求职经历，小张总结说："是求职信给我带了意外的惊喜。"

求职信是求职者与用人单位沟通的"桥梁"和"纽带"，是用人单位了解应聘者的第一张"名片"。小张的成功在于他抓住了求职信的写作技巧，充分发挥了求职信在求职中的作用。因此，一份好的求职信是求职者成功应聘的"敲门砖"。

三、求职视频

（一）求职视频的类型与用途

1. 自我介绍视频

这是最常见的求职视频类型，类似于面试时的开场自我介绍，但以视频形式录制下来。求职者在视频中清晰阐述自己的姓名、学历背景、专业技能、过往工作经验(或实习经历)以及为何对目标岗位感兴趣等关键信息。例如，一位应届毕业生在自我介绍视频里，不仅展示了自己在大学期间参与的专业项目成果，还分享了因一次实习经历而对目标岗位产生浓厚兴趣的心路历程，使招聘者能快速了解其求职动机与基本能力。

2. 技能展示视频

适用于对专业技能要求较高的岗位，如程序员、设计师、摄影师等。程序员可通过视频展示自己独立完成的代码项目，从需求分析、代码编写到最终调试运行的全过程；设计师则能将自己的设计作品以动态演示的方式呈现，包括设计思路、草图绘制到最终成品展示，让招聘者直观看到其专业技能水平与创意能力。

3. 情景模拟视频

针对一些注重实际问题解决能力和应变能力的岗位，如销售、客服等。求职者可以模拟工作场景，如模拟与客户沟通、处理客户投诉等情景，展示自己在实际工作中的沟通技巧、问题解决能力以及应变思维。比如，一名销售岗位求职者模拟了一场与潜在客户初次接触的场景，从开场白、产品介绍到处理客户异议，完整展现了自己的销售流程与应对策略。

(二)制作求职视频的关键要点

1. 明确核心亮点

深入研究目标岗位的要求，结合自身经历与能力，找出能让自己脱颖而出的核心亮点。若目标岗位强调团队协作能力，求职者可在视频中详细讲述自己在过往团队项目中担任的关键角色、如何协调团队成员解决冲突以及最终达成的项目成果。

2. 保持简洁明了

视频时长不宜过长，一般控制在 3~5 分钟。确保内容紧凑，重点突出，避免冗长拖沓的表述。例如，在介绍工作经验时，不要罗列所有工作细节，而是挑选最能体现与目标岗位相关能力的关键事件进行阐述。

3. 拍摄与制作

选择合适的拍摄环境。环境要安静、整洁，光线充足且柔和，避免强光直射摄像头产生反光。背景可选择简洁的纯色墙面或书架等，营造专业、舒适的视觉效果。比如，一位求职者选择在学校图书馆的角落进行拍摄，柔和的自然光透过窗户洒在身上，背后整齐的书架作为背景，给人一种充满学识、认真严谨的印象。

保证画面与声音质量。使用高清摄像头和音质良好的麦克风，若使用手机拍摄，确保手机稳定，可借助三脚架等辅助设备。提前测试拍摄设备，避免在拍摄过程中出现画面模糊、声音嘈杂或中断等问题。

4. 视频剪辑与后期制作

如果对视频剪辑不熟悉，可选择一些简单易用的剪辑软件，如剪映。在剪辑时，合理添加字幕，突出关键信息，如个人姓名、重要经历节点等；适当调整视频节奏，避免画面切换过于生硬。若有需要，还可添加一些与求职岗位相关的背景音乐或音效，增强视频的吸引力，但注意不要让音乐或音效过于喧宾夺主。

(三)求职视频的注意事项

1. 着装与形象

虽然是视频形式，但着装仍需得体、正式，符合目标岗位的行业风格。比如，应聘金融行业岗位，可穿着正装；若应聘创意设计类岗位，着装在保持整洁的基础上可适当展现个人风格与创意。同时，注意面部表情自然、眼神自信，展现出积极向上的精神风貌。

2. 语言表达

说话语速适中，清晰流畅，避免口头禅和重复表述。在表达观点时，逻辑清晰，有条理地阐述自己的想法。遇到卡顿或口误时，不要过于紧张，可稍作停顿后继续，保持视频整体的连贯性。例如，在回答“你最大的优点是什么”这一常见问题时，可采用“总—分”

结构，先总体概括自己的优点，如“我认为我的最大优点是具备较强的学习能力和适应能力”，然后分别举例说明在过往经历中如何体现这两个优点。

3. 尊重招聘要求

仔细阅读招聘信息，若企业明确表示不接受视频简历或对求职材料有特定要求，应严格按照企业要求准备，不要盲目投递求职视频，以免引起招聘者反感。

第三节　了解招聘流程

本节重点帮助大学生熟悉企业招聘流程，帮助大学生从招聘人员的视角去思考问题和做好面试前的准备工作。

生涯故事　小李的转行面试

小李毕业后，在地产行业工作了一年半，现在想转行到互联网行业。他对自己的职业兴趣和对未来从业方向进行梳理后，就去某一线互联网公司的广告部应聘社群运营职位。小李在面试环节不到20分钟时就被告知面试结束。

小李认真分析过自己的能力，觉得自身可以匹配这个职位，总结面试失败的原因时发现是自己的面试准备工作不足导致面试现场表现紧张，回答得不理想。小李在自我介绍环节过多描述简历中已有内容，对地产行业的介绍过于冗长，却没提到对互联网行业的认识以及与职位相关的经验和知识，而且自我介绍时间超过了面试官给予的时间。

此外，小李在简历中将自己的工作职责范围写得过于宽泛，让面试官抓不住重点，而阐述时并没有留时间介绍自己参与项目的细节，从而导致面试提前结束。

一、常规招聘流程

根据招聘人数和岗位的不同，招聘流程设计的复杂程度会有区别。常规招聘流程设计如图8-1所示：第一步通过网上申请收集简历，负责简历筛选的招聘人员会根据简历内容与岗位描述的匹配度判断人岗的基本适配度；第二步通过笔试测评进行人才第二次筛选，线上测试的设计题目一般会包括不同类型的心理测评和能力测评，以判断求职者的性格、兴趣与能力是否能达到企业的职位需求，有一些企业会选择将这一测试安排在面试结束后进行；第三步是对应招聘职位业务线的招聘人员通过初试判断求职者的工作能力、工作意愿以及目前求职的状态，核实个人背景、入职时间等信息；第四步人力资源部或业务线的领导作为主面试官进行复试，判断求职者的综合素质的适配度；第五步是谈 Offer，由负责人力资源管理的面试官主谈薪酬和入职前需要核实清楚的各种细节。

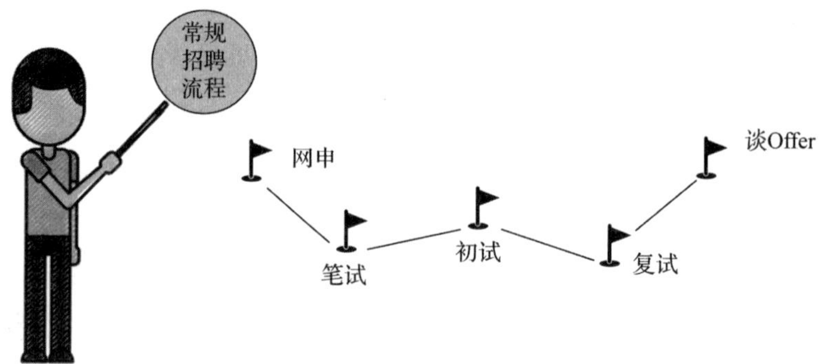

图 8-1　常规版面试流程

二、复杂招聘流程

因企业对人才评价的流程设计不同，一些企业也会针对重要职位设计出比较复杂的招聘流程(见图 8-2)，复杂版招聘流程与常规版招聘流程的区别主要是在笔试测试的多样性，以及集体面试的考察环节增加了很多不同类型的测试人才综合能力的考察方式，同时在每一轮面试中，参与面试决策的面试官会更多。之所以设计得如此复杂，是因为考虑到有些岗位对人才招聘要求高。例如，科研岗位、管理培训生、企业高级管理者以及涉及商业机密的岗位，这类职位的人才培养成本高，一旦招错人才，岗位离职风险大，因此需要更加专业和严谨的面试流程，降低招聘决策风险。

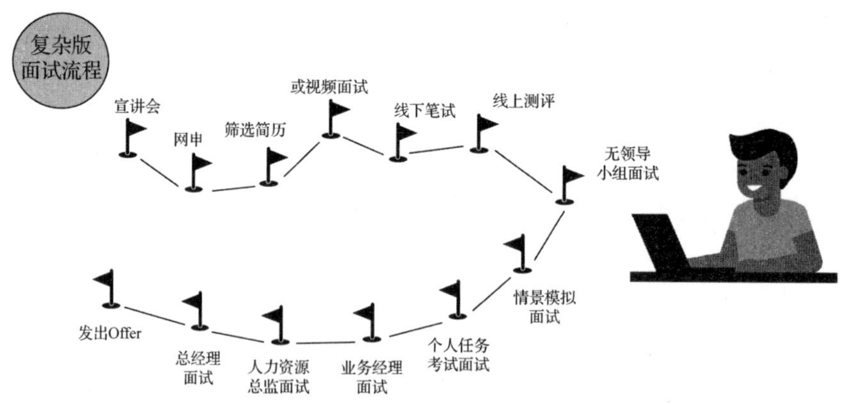

图 8-2　复杂版面试流程

笔试环节，面试官会通过笔试题目考查求职者的能力、职业兴趣、价值观、专业水平等。由于要在校招季大批量简历中快速过滤掉不合格的简历，所以企业一般不会把笔试题

目设置得太难。

面试环节，面试官会综合考察求职者全方位的水平，通过不同的面试方法多角度地识别匹配度，帮助企业选出适合的人才。

第四节　笔　试

笔试是指用人单位为考查应聘者是否具备招聘岗位所需的知识和技能而以书面形式进行的一种测试。笔试是招聘过程中常用的一种考核方法，主要适用于应聘人数较多、需要考核的知识面较广或需要重点考核文字能力的情况。大学生对笔试并不陌生，但应注意求职过程中的笔试与学校课程考试之间的不同之处，做好笔试的准备工作，掌握笔试的技巧。

一、笔试的种类

(一)专业能力考试

专业能力考试主要用于考查应聘者的专业知识水平和相关的专业技能。一般情况下，用人单位在接收大学生时主要通过其学校提供的推荐表、成绩单，以及大学生的自荐材料来了解大学生的基本情况。与此同时，一些用人单位还会采用笔试的方式对求职的大学生进行专业知识考核。例如，外资企业招聘职员时会考查外语，金融单位招聘职员时会考查金融专业知识，公检法机关录用工作人员时会考查法律知识等。

(二)智商测试

智商测试主要用于考查应聘者的观察能力、综合分析能力、思维反应能力等。智商测试主要有以下两种类型：一类是图形识别。例如，提供四种图形，让应聘者指出其相似点和不同点。另一类是算术题，主要测试应聘者对数字的敏感程度及基本的计算能力。例如，提供一组数据，让应聘者根据不同的要求算出平均值。这类测试在会计师、审计师等职业招聘中比较常见。一些跨国公司常采用智商测试来考查应聘者的综合素质，他们往往认为，大学生有没有专业背景无关紧要，因为专业能力可以通过公司的培训获得，而大学生是否具有快速接受新知识的能力则是至关重要的。

(三)心理测试

心理测试是指用人单位要求应聘者填写事先编制好的标准化量表或问卷，然后根据应聘者的填写情况来判定其职业心理水平或个性差异的方法。一些用人单位常常采用这种方法来测试应聘者的态度、兴趣、动机、个性等心理素质，然后根据任职要求决定是否录用应聘者。职业心理测试之所以得到广泛运用，是因为个体的心理素质与职业之间有着密切的关系。很多人会因为个人的心理素质与职业不够匹配而在工作中频繁失误，进而产生焦虑、失望等不良情绪，最终致使职业发展受到影响。

（四）综合能力测试

综合能力测试兼有智商测试的功能，但其测试要求更高，主要用于考查应聘者的文字表达能力、逻辑思维能力、分析和解决问题的能力等。例如，IT、通信、机械重工等行业的企业在招聘技术人员时，会着重考查应聘者的逻辑推理能力、数字计算能力及行业相关的综合知识，如要求应聘者在规定的时间内对一组数据或资料进行分析，找出其合理之处和存在的问题，并设计出解决问题的方案。

二、笔试前的准备

在参加笔试之前，大学生应当有针对性地做一些准备，以便充分发挥自己的水平，取得好成绩。

（一）了解笔试内容，做到心中有数

通常情况下，笔试考核的主要内容是基础知识和专业知识，其次是与用人单位有关的某些知识。不同类型的笔试，其考核内容也会有所不同，大学生应在考前进行详细的了解，并针对不同的情况做好相应的准备。一般情况下，大学生可以通过多种渠道和方式了解招聘企业历年笔试试题的内容与题型，并做一些模拟题，看看自己能否在指定时间内做完所有题目，以及正确率是多少，然后分析错误原因，总结笔试经验，并针对自己的弱项进行突击练习。如果大学生实在找不到招聘企业往年的笔试资料，则可以通过研究招聘职位对相关知识与技能的要求来预测笔试的题型和考核内容。

（二）熟悉笔试题型，认真进行复习

用人单位比较重视应聘者对所学知识的应用能力。大学生在熟悉笔试题型之后，应根据知识考查范围进行适当的延伸复习。在复习的过程中，大学生要理论联系实际，学以致用，并对与招聘职位相关的知识进行认真梳理；要广泛阅读相关资料，扩充知识面，以便在笔试时能够应对自如。另外，为了适应笔试的题量，大学生还应训练自己快速阅读、快速思考和快速答题的能力。

实际上，在校园招聘中，企业招聘笔试试题涉及的一些基础知识及专业知识可能是大学生在课堂上学习过的。所以，大学生在参加笔试前对相关知识点进行认真复习，将有助于从容应对笔试。

（三）明确笔试要求，准备考试用具

用人单位在对应聘者进行笔试测试时，不仅会考查应聘者对基础知识和专业知识的掌握程度，还会考查其心理素质、办事效率、工作态度、修养水平和思维方式等。因此，大学生在参加笔试前要明确笔试的具体要求，领会笔试的考查目的，然后将自己的认知水平、知识水平和能力水平通过笔试较好地展示出来。

大学生在接到笔试通知之后，应根据笔试通知的要求，准备好相关的考试用具（如 2B 铅笔、橡皮、签字笔、计算器等）和个人证件（如身份证、学生证等）。

（四）熟悉考试环境，做到有备无患

熟悉考试环境主要是指大学生要提前了解考场的设置情况，如考场的地理位置、去考场的路线、自己座位号的具体位置等。同时，大学生还应熟悉存包处及卫生间等的具体位置，并熟记考场规则，将每场考试的起止时间、作答要求等重要事项牢记于心。

（五）确保睡眠充足，保持良好状态

参加笔试前，大学生应保持良好的生理和心理状态。大学生可以适当地参加一些文体活动，使高度紧张的大脑得到放松；要调整好心理状态，以一种乐观、健康的心态面对考试；要确保充足的睡眠，避免考试时精神不振。

三、笔试的技巧

（一）增强自信

笔试怯场大多是缺乏自信所致。大学生应对自己进行正确评价，克服自卑心理，增强自信心。大学生在笔试的过程中，不要受到同考场内其他人的影响（如有人提前交卷等），而要注意调节好自己的心理状态，不要紧张、慌张，而要相信自己一定能够答好试题。

（二）科学答卷

1. 浏览全卷

大学生在拿到笔试试卷后，首先要将试卷浏览一遍，大致了解试题的题量和难易程度，以便掌握答题的速度。

2. 先易后难

大学生应按照先易后难的顺序进行答题，即先解答相对简单的试题，后解答难题。这样可以有效避免因攻克难题而浪费太多时间，从而失去解答简单题的机会。

3. 精心审题

大学生在答题时应逐字逐句地审题，弄清题目要求，然后按要求答题。对于论述题或作文题，落笔更要慎重，切不可下笔千言、离题万里。

4. 把握主次

大学生在答题时一定要分清主次，将主要精力和时间放在重点题目和重点内容上，不要反其道而行之，否则笔试成绩必然会受到影响。

5. 融会贯通

笔试试卷中的论述题和应用题主要用于考查应聘者运用所学知识分析和解决问题的能力，所以大学生在答题时要积极思考，广泛联想，将自己学过的知识与题目信息联系起来，灵活答题。

6. 字迹工整

大学生在答题时必须确保字迹清晰、卷面整洁。因为用人单位往往会通过卷面联想应聘者的思想、品质、作风等。字迹潦草、卷面不整的人通常会被认为对考试不重视或态度不够端正；而那些字迹工整、答题一丝不苟的人通常会被认为态度认真、做事细致，进而被用人单位青睐。

（三）注重细节

大学生在笔试的过程中应注重细节，以端正的态度、沉稳的举止，给用人单位留下良好的印象。一般来说，大学生在笔试时应特别注重以下细节。

1. 遵守考试时间

大学生应提前到达考场，准时入场。

2. 遵守考试规则

大学生在考试过程中应遵守考试规则、服从安排，听清监考人员的说明，不做与规则和纪律相悖之事。

3. 保持安静

大学生在笔试时应避免出现诸如念念有词、把试卷弄得哗哗作响、经常移动身体或椅子、唉声叹气等行为。这些行为会使监考人员认为大学生缺乏基本的心理素质和修养，他们可能会对此进行记录并将其提供给阅卷官或面试官，从而影响大学生的考试成绩。

4. 杜绝作弊等不良现象

大学生在笔试的过程中绝对不能有作弊等不良行为，如抄袭、夹带或与旁人商量等。这些行为会让监考人员认为大学生是不诚信的人，从而将其排除在选择之外，甚至永不录用。

5. 礼貌待人

大学生入场、交卷、退场都要有礼貌，应主动向监考人员点头问好。

课堂体验

说说你有哪些笔试技巧，与大家分享一下。

第五节　面试通关秘籍

老子说过：“天下大事，必作于细。”大学生如果希望在面试中脱颖而出，让面试官优先选择自己，同时争取到更合理的薪酬福利，就要认真学习本节内容。

生涯故事

小郑毕业于上海某传媒大学，学校不算知名大学，但是她形象气质好，学习努力，在大学期间争取到了在上海某电视台做实习生的机会，毕业后希望多接触新行业，所以没有选择留在电视台做编导，而选择进入电竞领域做导演。但是工作一年多，所在企业受经济环境影响被收购，职业发展遇到瓶颈，小郑不得不重新面对就业问题。小郑内心对行业发展和职业发展的不确定，让她不敢轻易选择工作，于是，小郑通过求助专业的老师为自己梳理职业定位和进行面试辅导。

老师帮助小郑梳理现状及现有行业的发展空间，小郑感觉电竞领域并不是自己想长期发展的领域，随后重新梳理了个人期待和能力，很快明确了就业方向。小郑的具体梳理思路如下。

目前现状

行业：电竞/游戏/互联网

平台：电竞头部企业

岗位：导演

核心优势：国际赛事经验、科班出身、有传统广电实习经历、策划能力强、文案写作能力强、年轻、好学、气质佳、思维敏捷、思维开放……

待改善方面：缺少管理经验、对自己定位过高、从业时间短

职业规划

重新定位行业：新媒体

重新定位职业：市场部

目标岗位：30 岁市场部经理，35 岁市场部总监

目标企业：哔哩哔哩、网易、快手、阅文

面试准备

1. 调研行业发展趋势
2. 收集目标企业的目标岗位以及岗位说明书，分析自身与岗位的匹配度
3. 通过职业访谈调研目标企业的工作内容、企业文化、绩效考核要点
4. 针对不同职位的关键能力要求，根据自己的经验和优势制作不同版本的简历
5. 投递简历
6. 准备面试
7. 获得 3 家企业面试邀请，每次面试前做模拟面试，面试后做面试复盘

通过以上准备，小郑获得两家心仪企业的面试机会，并进入 Offer 谈判环节，最后成功加入自己的意向企业，目前已经顺利转正。

已经离开校园的大学生如果工作 2 年内出现换工作的想法，不要盲目选择行业，翻开本书，重温职业规划的思路以及面试经验，结合自己的优势进行目标梳理后再行动，可以让自己更加顺利地获得心仪 Offer。

一、了解科学面试法

大学生如果想了解面试官的心理和人才识别方法，就要了解不同面试方法背后的逻辑。大学生了解不同的面试方法后可以用大学时间有针对性地完善自我，以及在面试时适应面试官的提问方式，有的放矢地回答问题。如果面试中遇到不太专业的面试官，大学生还可以利用所学知识引导面试话题，梳理出自己与岗位匹配的核心竞争力，让面试官优先考虑自己。

面试方法和流程都有可以参考的标准，面试方法也非常多样化。用于人才选拔的面试方法根据面试的结构化程度可以分为结构化面试法、非结构化面试法和半结构化面试法；根据面试的技术可以分为行为面试法、压力面试法和情景面试法。还有一种名为评价中心面试法的面试法，包括无领导小组讨论、案例面试、公文筐测验、管理游戏等。

（一）结构化面试法

结构化面试法是指经过统一培训的面试官通过统一的面试流程和面试题目，按顺序向求职者提问，再按照标准答案和对应级别给求职者打分的面试方法。因此，结构化面试法也称为固定模式型面试法。

1. 结构化面试法的特点

结构化面试法有 3 个特点：面试程序结构化、面试题目结构化和面试得分结构化。这种面试法的优势是降低了非结构化面试法的主观性，从而提高了面试的可靠性和准确性。面试官经过培训，对求职者的评价更加客观、公正。

2. 结构化面试法的题目类型

结构化面试法通常有 4 种题目类型。

(1)情景类问题，是对工作场景提出假设，让求职者回答的问题。

(2)工作知识类问题，涉及工作中会用到的综合能力，一般是专业领域的题目或管理和人际类题目。

(3)工作样本模拟问题，是对工作中会出现的关键工作的实际场景进行实操性考核，如人力资源培训岗会要求求职者直接给出培训流程的方案。

(4)工作要求问题，旨在考察求职者的工作适应性，经常涉及的问题是“你是否愿意接受出差、加班、工作应酬或者常驻某一地区”等。

(二)非结构化面试法

非结构化面试法没有固定的流程和提问内容，面试官可以向求职者灵活提出与工作相关的问题，求职者的回答也很灵活。例如，面试官可以提问：“你的成长经历中有什么事情让你印象深刻吗？为什么？”求职者的回答范围不设限，可以是工作、生活和学习中的任何一件事，只要说明为什么印象深刻就可以。

有些面试官比较喜欢问开放性问题，如“你的朋友评价你是一个什么样的人”(开放式)；同时会尽量避免引导式提问，如“当你觉得自己做错事的时候，你会主动和领导沟通，还是选择当领导问起时你才说”，明显具有引导倾向的问题属于无效问题。

(三)半结构化面试法

半结构化面试法是由结构化面试法和非结构化面试法融合的方法，是一种灵活性更强的面试方法，既有标准问题，也有开放性问题，提问顺序不固定。由于半结构化面试法，既可以用标准化问题过滤出人才，又可以采用非标准化问题深度互动，从而多角度考察求职者的综合素质、动机、价值观和个人期待，所以大多数企业会比较愿意采用这种面试方法。

(四)行为面试法

行为面试法是根据个人行为表现的连贯性原理发展起来的，要求求职者描述过往的工作案例或者生活经历来展示个人素质和优势的方法。行为面试法的假设前提是，一个人过去的行为能预示他未来的行为。例如，一个过去喜欢创造新事物的人，他的创新意识较强。行为面试法在前三种面试方法中都可以灵活应用。

行为面试法属于结构化的面试方法，因此也被称为结构化行为面试法。STAR 原则是在行为面试法中最实用的面试原则，S 是 Situation（背景）、T 是 Task（任务）、A 是 Action（行动）、R 是 Result（结果），这个原则也是面试官在考察求职者能力时喜欢用的评估原则。

（五）压力面试法

压力面试法是招聘中经常出现的面试形式，主要检测的是求职者在压力下处理人和事的能力。例如：工作中处理复杂人际关系和冲突时的情商和情绪稳定性；组织安排高强度任务时，面对压力是否有责任心和坚韧的精神把任务完成。这一环节是很多大学生求职中容易出现问题的环节。

（六）情景面试法

情景面试法也是招聘中普遍应用的一种结构化面试方法，这个面试方法是面试官根据实际工作中可能出现的情况进行相关联问题模拟的面试方法。一个人未来的工作表现会受到他分析问题能力和解决问题能力的影响，因此情景面试有针对性、真实性、可信性、直接性和预测性的特点。例如，在工作中如果你和同事共同负责一个项目，但是你们对于项目的处理意见不合，你会如何处理这件事？举一个过去在你学习或者工作中真实发生的、你调动大家和你共同处理一件事的例子，中间遇到了哪些困难，你又是如何解决的？

（七）评价中心面试法

评价中心面试法是一种从多角度对个体进行标准化测试的方法，融合多种面试形式，曾用于军事，现在用于企业人才选拔。公文筐测试、管理游戏和角色扮演常用于中高端人才的选拔，校园招聘的面试中常用的是无领导小组讨论。

无领导小组讨论是评价中心面试法中使用最多的测评技术，多用于小组面试，由随机选择的求职者组成一个 6~9 人的临时小组，让他们讨论指定题目、共同商议、轮流发言，并得出共同的结论。题目设有情景，求职者自发选择自己所扮演的角色，一般有几种角色：组织者、时间官、记录者、汇报者、参与者。通常是 1 个面试官观察 2 个求职者，总讨论时长是 1 小时左右，所有环节面试官均不参与讨论，包括分座位等。面试官主要考察求职者的综合素质，如沟通表达、解决问题、组织协调、说服他人、辩论演讲、人际关系处理等方面的能力，还有求职者的个性特质，如成就动机、价值观、自信心、责任心、创造力、内向、外向和情绪稳定性等。无领导小组讨论的评价结果是多位测试者在同一标准和流程下观察汇总得出的，具备客观性。无领导小组讨论在校园招聘中使用非常多，在专业面试官的观察下测试的信度、效度高，面试效率更高。无领导小组讨论也是公务员选拔、企业批量招聘和高管内部竞聘选拔的面试方式之一。

无领导小组讨论中的面试官的评价标准常有以下几个。

1. 有效发言次数。

2. 组织讨论和引导他人积极参与的能力。

3. 是否有独立思考并提出有效建议的能力，是否敢于发表不同意见。

4. 倾听能力，尊重他人的能力，即在别人发言时不随意打断他人，但是反应快，能够抓住适合表达的机会表达自己的不同观点。

5. 时间把控能力。

6. 观点总结能力。

7. 演讲呈现能力。

8. 发现团队人才和授权管理的能力。

不论哪一种面试法，都是企业为了选出岗位需要的人才而采用的，所以大学生需要训练的是解题思路，有针对性地将题目要考察的能力和性格特质全方位展示出来。大学生在校期间多参加一些学校和人才交流中心组织的模拟面试大赛，有助于提升临场发挥能力。

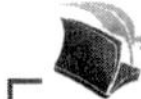

课堂体验

（一）某银行无领导小组讨论的问题

假设你是某面包公司的业务员，现在公司派你去偏远地区销毁一卡车的过期面包（可以食用，无损身体健康）。在执行任务的途中，你被一群饥饿的难民堵住了去路，因为他们坚信你所坐的卡车里有能吃的东西。这时报道难民动向的记者也刚好赶来。对于难民来说，他们要解决饥饿问题；对于记者来说，他要报道事实；对于你来说，你作为业务员是要销毁面包的。

现在要求你既要解决难民的饥饿问题，也不让他们吃这些过期的面包，又不让记者报道过期面包的事实。

请问你将如何处理？

说明：①面包不会致命；②不能贿赂记者；③不能损害公司形象。

任务要求：

各自读题 5 分钟，每人阐释各自观点时间 2 分钟；

请就对方提出的方案阐述自己的意见；

通过小组讨论，在 15 分钟内决定方案，派出代表做陈述。

无领导小组讨论解题思路如下。

1. 分配角色。

2. 分析利益冲突。

3. 找到双方需求。

4. 提炼价值观和工作职责。

5. 梳理答题逻辑框架。

（二）应聘市场策划职位

某科技公司新上市一款手机，要策划品牌发布活动，希望针对“00后”用户进行推广。公司希望市场活动策划人员设计三个不同的宣传推广方案，做前、中、后期的活动策划，每场活动推广预算在1000万元以内。

解题思路如下。

1. 分析受众群体的需求。

2. 介绍同品类针对20~30岁群体常用的市场推广策略。

3. 策划方案的思路和活动执行的流程。

4. 把控预算。

5. 评估活动传播效果。

（三）视频市场调研

视频媒体时代，你认为市场上的视频社交平台各自有哪些优点和缺点。如果以视频社交为出发点，让你设计一款未来更有商业价值的新产品，你的思路是什么？

解题思路如下。

1. 对相关同类互联网产品进行调研和了解。

2. 从用户视角分析需求和产品设计的亮点。

3. 把新产品该有的功能模块和作用描述清楚。

4. 阐述对商业化的理解和新产品设计的想法。

5. 找到种子用户的画像和其在互联网平台的聚集地，思考裂变引流的模式。

二、了解面试常问问题

大学生面试前的准备工作之一是熟悉面试官的常问问题，针对岗位梳理思路，并进行面试模拟。

大学生在面试前进行专业的职业规划学习，在老师的辅导下梳理自己的成长轨迹和对职业规划的想法，回答问题时会更加精准。

目前的高校就业处非常重视大学生就业能力和职业素养的提升，会带领大学生参与就业面试大赛，并且开设专业的职业规划和面试辅导课程，对参赛学生进行一对一指导。

(一)面试问题分类举例

面试官会围绕简历进行提问，全方位地了解大学生的综合素质。面试官常问问题示例如表 8-3 所示。

面试官重点关注 4 类经历：学生干部、科研项目、社会实践和学习过程。面试官不仅要考察大学生当前的工作能力，还要考查个人发展潜力、性格与企业岗位的匹配度。关于发展潜力，企业最看重大学生六大核心素养：适应力、文化贡献力、团队合作力、领导力、责任感和目标感。

表 8-3 面试官常问问题示例

简历模块	典型问题
个人信息	1. 请做简单的自我介绍
求职意向	1. 为什么选择我们企业
	2. 你有哪些能力可以胜任这个岗位
	3. 关于应聘这个岗位，你做过哪些准备
教育背景	1. 为什么选择这个学校和这个专业
	2. 在专业课中你最喜欢哪一科？为什么喜欢
	3. 读书期间让你最引以为豪的一件事是什么
	4. 你对自己选择的专业满意吗
	5. 你喜欢什么专业？为什么喜欢这个专业
	6. 你对于学习深造有什么计划
实习经历	1. 你在实习期间有哪些收获
	2. 实习中对你来说最有挑战的任务是什么？你是如何解决的
	3. 你在你的领导身上学会了什么
	4. 你认为实习期间的哪些表现是能让你领导满意的？哪些表现是让他不够满意的
	5. 你为什么不选择留在实习企业
	6. 你理想的工作是什么样的
项目经历	1. 请介绍一下你参与的这个项目
	2. 项目中你主要负责哪些工作
	3. 项目中让你印象深刻的事情是什么？为什么
	4. 你觉得项目有哪些遗憾？如果重新做一次，你会如何安排
	5. 做这个项目，你最大的收获是什么
社会实践	1. 你为什么参加这个活动
	2. 参加活动后，你的哪些能力提升了
	3. 你在活动中的职责是什么
	4. 在这个活动中，你最有成就感的事情是什么

续表

奖励荣誉	1. 你是如何获得这些荣誉的
	2. 和同样争取这个奖项的同学相比，你在哪些方面更有优势
	3. 你为什么要争取这些荣誉
	4. 这些荣誉中哪个对你最有意义？为什么
职业资格证书	1. 你考这些证书的目的是什么
	2. 你认为自己有哪些专业和技能优势？请举例说明
个人生活经历	1. 你父母的职业是什么
	2. 他们对你的工作选择有哪些建议
	3. 成长中，对你影响最大的人是谁
	4. 身边的人都是如何评价你的
	5. 你从小到大做过最让自己自豪的事情是什么
个人职业规划、个性品质、沟通能力	1. 你的梦想是什么
	2. 你最欣赏哪三个人？欣赏他们的哪些方面
	3. 你希望自己成为一个什么样的人
	4. 描述一下你理想状态下的职业规划
	5. 如果你不适合我们这个职位，你还会考虑哪个职位
	6. 你认为什么风格的领导是你愿意追随的
	7. 工作中如果你和领导的观点不一致，而且你坚信你的观点是对的，你会怎么做
	8. 同事之间争取项目，你没有争取到，而且你认为能力不如你的人被选为负责人，你会怎么做
	9. 你的领导在组会上为你的工作失误批评了你，但是失误实际是同事造成的，你会如何处理

针对表 8-3 列出的问题进行练习，大学生可以进一步了解面试官的提问思路。大学生越早了解这些问题，对学业规划和职业规划越有帮助，可以提升学习动力和进行职业规划的积极性。

(二)面试问题回答指南

大学生意识到每一个面试问题背后必有考查点时，就会认真思考如何回答问题。有面试经验的大学生，回答问题的思路更清晰，能抓住问题的要点。面试官在整个招聘过程中始终关注以下三个问题。

- 你是我要找的人才吗？
- 如果你顺利入职，可以稳定地工作吗？
- 你能很好地融入团队吗？

下面的问题回答指南会帮助大学生针对自身能力水平、职业发展、个人特质等多个维度阐述回答逻辑。当然，这些内容是为了让大学生在进入职场前可以有意识、有准备地规划学习、规划实习，让自己面试时有内容可以陈述，并且知道如何陈述会让面试官印象深

刻。这些表达逻辑也适用于职场内部竞聘和商务合作洽谈等场合。

1. 自我介绍阶段

面试开始后，面试官通常会通过 1~3 分钟的自我介绍快速识别大学生的自我总结能力、沟通表达的逻辑和水平。

(1)大学生在自我介绍阶段常出现的问题

①重复简历已有内容；

②漫无目的地长篇大论，内容没有重点；

③夸大其词地认可自己，让面试官感觉不真实；

④过度谦虚，妄自菲薄，让面试官感觉不自信；

⑤过度紧张，表达磕磕巴巴，展示出心理素质差。

(2)自我介绍的注意事项

①内容管理——自我介绍的呈现逻辑可以用 MTV 原则来梳理。

- M(Me)指我是谁；
- T(Task)指我在过去的任务中取得了哪些成就；
- V(Value)指我能带来的价值是什么。

②表情管理——面带微笑，语言简练，自信；与面试官有眼神交流，自然地注视面试官的鼻梁处；介绍时嘴角自然上扬。

③声音管理——面试时容易紧张，导致声音发抖、发颤，这会影响面试官的印象分。在家对着镜子不断练习自我介绍，到面试现场就会比较放松。

练习呼吸，将空气吸入腹腔，再慢慢呼出，说话时尽量控制语速，不要出现气短的感觉。如果普通话不标准可以说慢一点，让自己吐字清晰。打开口腔可以让发音更响亮、清晰。

④时间管理——面试官一般会提出自我介绍的时间要求，如果面试官没有提出，大学生可以把自我介绍的时间控制在 1~3 分钟。时间太短，显得准备不足；时间太长，会让面试官失去耐心。把握 MTV(Me，Task，Value)呈现逻辑，介绍时根据岗位要求把自己的优势介绍清楚，关注面试官的反应。如果对方听得津津有味，身体前倾、频频点头或者眼神表达出想再多听一些的意思，大学生可以酌情补充细节。

举例

面试官您好，我是张××，今年毕业于双一流大学××大学，所学专业是市场营销，意向职位是与我专业相关的××职位(Me)。我的两段实习经历均与意向职位有相关性，一段是在同行业的乙方××公关公司担任实习生，主要负责客户调研工作，另一段是在制造业的甲方企业市场部实习，主要负责品牌活动执行。我在两段实习期间均获得优秀实习生称号，并得到部门领导的好评。我在我的老师和同学眼里是一个爱专业、爱运动、爱交友的热心人，我的专业课成绩在班级排名第一。我在大学期间担任学生会主席，带领学生会成员一起策划了校级联欢晚会和大学生校园运动会，获得校领导的好评(Task)。对于意向职位，我认为自身具有三点优势：擅长人际沟通、专业对口、有一定的市场活动策划经验。我具有相应的实习经历，能够很好地将市场营销理论和实践相结合。我真诚希望在本次面试中可以获得您的认可，有机会加入贵企业，贡献价值(Value)。

2. 考查能力阶段

针对面试官提出的与能力相关的问题，大学生应围绕专业、实习经历或者工作经历、在校经历来回答。但是，有些大学生在面试时，答非所问，或者回答内容冗长，重点不突出。

(1)在考查能力阶段常出现的问题

①回答问题既不客观也不具体，更多地停留在自我欣赏上。例如，面试官问："你为什么认为你有能力做好这份工作?"回答："大家认为我做事非常认真，我相信我可以做好这份工作。"

举例

职位：销售

问题：你为什么认为你有优势做好这份工作?

有效回答：我学的是畜牧专业，但是我并不喜欢。为了顺利转型，在不影响学业的前提下，我做了三份与销售相关的工作，锻炼了我三个方面的能力。①不怕开拓陌生客户。我的第一份工作是培训招生，招到了100位学生，在暑期实习生里业绩排名第一。②擅长维护客户关系。我在驾校销售岗位期间，遇到很多要退费的客户，但在我的维护下，没有一人退费，因为我亲自为这些报名的客户安排课程时间并一对一打电话安抚情绪。③学习能力强。我是行业新人，但是我喜欢看与工作相关的图书并学习相关课程，学习提升销售能力和顾问式营销思路，经常在团队内部分享销售经验。

②表达的优势与职位要求的能力无关。例如，面试官认为某职位需要的是团队配合和强执行力，而大学生表达的自身优势是有个性化的创意，这就是不直接与职位相关的优势。

举例

职位：项目执行助理

问题：你认为做好这个工作的必备素养是什么?

有效回答：我认为有三个核心素养。第一，执行力。项目要落地，就要确保执行到位。我参与过校庆和社团活动的组织策划，将项目执行到位就成功了一半。第二，变通能力。发生突发事件要第一时间报告上级，并想到解决方案。第三，沟通能力。工作要协调各方需求，要理解各方想法并且有效传递解决方案。

③回答绩效时不量化。很多没有经验的大学生喜欢用形容词描述优势，而不是用可量化的绩效来展示优势。例如，面试官问："你认为在上一份实习工作中你的表现有哪些亮点？"大学生回答："领导认为我的文案写作能力特别强。"

举例

职位：内容运营助理

问题：你认为上一份实习工作中你的表现有哪些亮点？

有效回答：我的文案写作能力得到领导认同，写过的文章有三篇在自媒体平台的阅读量破十万人次，每一篇的转发量都破万人次、评论量上千条。

(2)如何有效地回答

针对考查能力的问题如何回答更加有效，下面为大家总结了一些回答思路。

①介绍时要按照STAR原则介绍自己的能力和优势。STAR原则是很多知名企业的面试官常用的考查能力的原则。

- S(Situation)：事情发生的情景是什么。
- T(Task)：你的目标任务有哪些。
- A(Action)：针对这样的情景，你采用了什么行动方式。
- R(Result)：结果如何，你有哪些收获，提升了什么能力。

简言之，大学生可以利用STAR原则在面试中有逻辑地介绍自己。

举例

职位：销售

问题：回忆遇到过的让你印象深刻的困难，你是如何面对的？

有效回答：大学期间，我做过一年驾校的销售人员，其间我一直是销售冠军。有段时间，很多学员要求退款，面对学员利益和驾校利益，我选择的方案是积极帮助学员转卡和将他们的学习时间延期，实现零退款。同时我还帮助驾校策划了新的推广方案进行线上引流，为此驾校领导专门为我录制了实习期间工作表现的鼓励视频。

②重点介绍与岗位素质相关的成就事件和能力。这个环节需要重点解读职位描述。对于工作要求的能力，大学生一定要结合岗位所需专业水平和个人的案例和成绩做重点介绍。

前面提到的动宾结构的表述方式，同样适用于面试，并且大学生的回答一定要可量化或可验证，而不是形容词的堆砌。

举例

如果应聘岗位要求沟通能力强，大学生可以这样介绍："我自身的优势之一是沟通能力良好。我在大学期间负责组织班级活动。由于学校要求在一周之内出二个节目，我们班上有45个人，所以我找到了20位有才艺的同学，邀请他们参与活动策划，结合每个人的优势做了分工，这样不仅使节目有了着落，也使整体活动策划和流程安排非常顺利，达到了班级活动人人参与的效果。”

③案例必须真实，经得起追问和核实。即使实习经历少、可总结的案例有限，大学生也不要在面试时虚构经历，因为面试官可能阅人无数。如果在面试中被识破说谎，大学生就不可能有入职的机会了。

举例

如果被问到相关经验而自己确实没有可讲的经验时，大学生可以和面试官这样说：“谢谢您问我这个专业问题，我确实没有接触过这方面的事务。根据您刚才问的问题，我可以现场按照自己的理解回答一下，如果方向不对请您指正，我愿意面试结束后尽快总结这类问题的解决思路，并以邮件的形式反馈给您。您看可以吗？”

④态度必须真诚和认真。态度真诚和认真是与面试官建立信任的必要条件，大学生提前针对岗位做模拟面试练习、准备好自我呈现的内容和意外问题的应对方法很重要。同时，面试官如果因为你的诚恳给了你后期反馈个人问题的机会，大学生一定要在面试结束后真诚地向面试官表达感谢。

举例

大学生可以这样说：“非常感谢您提供面试机会，我会认真再梳理一下您问的问题。虽然不知道今天的面试结果如何，但是我觉得今天的面试非常有价值。您以专业视角帮助我提升了对自己的认知。我会尽快向您反馈。可以给我一下您的邮箱吗？”

3. 考查稳定性阶段

面试官除了看重大学生的能力，还看重大学生的稳定性。稳定不仅是个人需求，还是企业需求。企业培养职场新人上岗从而产生绩效的成本很高，所以企业也希望招到合适的稳定的员工。

（1）面试官考查稳定性的问题

面试官考察稳定性的问题很多，一般包括以下几类。

①你为什么想选择我们企业的这一职位？（动机）

②你理想的职业规划是什么？（职业规划）

③你认为收入、发展、人际关系、工作和生活平衡、健康这五个因素的重要性排序是怎样的？为什么这样排？（职业价值观）

④到目前为止，你对我们企业的整体感受是怎样的？我们企业最吸引你的是什么？（个人印象）

(2)大学生在考察稳定性阶段常出现的问题

①职业规划过于宏大，但是能力一般，让面试官感觉心浮气躁。例如：“我的目标是三年升到总监、五年升到总裁，然后自己创业，挑战自我。”

②过于在乎收入。例如：“收入是对能力的证明。如果不能给予我更好的待遇，就说明企业不重视我。”

③对企业文化不够理解、认可度低，让面试官觉得适应性差。例如：“我理想的工作状态是自由支配工作时间，不接受加班、出差。”

(3)大学生回答面试官考查稳定性问题的思路如下

①动机问题。大学生要围绕自身的专业、兴趣、实习经历或者未来行业预期等展开说明，要提前调研职位要求和行业发展的情况，不要讲假大空的话。

②职业规划问题。大学生要根据自己3~5年的近期规划、5~10年的中期规划和10年以上的远期规划表述自己的想法。

- 近期规划，是指大学生要想明白是沿着专家线发展，还是沿着管理线发展，因为两条发展线需要积累的核心竞争力是不同的。大学生可以借机询问面试官企业对于新员工的培养计划。

- 中期规划，是指大学生要结合自己理想职业生涯的发展目标，以及自己为实现目标积累的资源和培养的能力展开描述。

- 远期规划，是指大学生要结合理想的事业状态和生活状态，以及自己的梦想和情怀展开描述。

③职业价值观问题。职业价值观排序要匹配自己的职业目标，不要自相矛盾。如果你的职业目标是成为部门骨干，五年内获得独自带项目的能力和机会，但是职业价值观排序是工作生活要平衡、希望有自由支配的生活时间、身体健康、不能加班，这看起来就是冲突的。此时，可以换一种说法表述职业价值观，例如：“我希望获得更多的成长空间，愿意为提升能力暂时放弃休息时间，让自己多充电、多学习，同时，我希望把每年可以支配的假期分配给自己的家人和业余爱好，让自己工作时全力以赴，休息时尽情放松。”

④个人印象问题。大学生在面试时可以多分享自己了解的企业文化、面试官给自己的感觉、工作内容等方面的信息，让面试官感受到这是在认真观察和深思熟虑后作出的回答。

4. 考察个性特质阶段

面试官对大学生个性特质的考察贯穿面试所有环节。大学生的个性特质反映了其入职后能否可以快速适应岗位、融入团队。

(1)面试官考察大学生个性特质的问题

面试官考察大学生个性特质的问题很多，一般包括以下几类。

①你眼中的自己是什么样的？你身边的人（老师、同学、朋友、父母）对你的评价是什么样的？你认同吗？（自评和他评）

②你觉得自己的哪些个性对你与人相处有优势？哪些是存在问题的？（人际关系）

③如果在工作中和同事因为讨论工作而产生冲突，你会如何解决？（冲突管理）

④你从小到大对什么方面的事比较感兴趣？（兴趣）

⑤如果你的上级要求你做的事违反企业制度，你怎么办？（价值观）

（2）考察个性特质阶段大学生常出现的问题

①只讲优点不讲缺点，容易让面试官感觉自评过高。

②处理人际冲突时情商过低，总是讲自己的优点、别人的问题。

③性格过于呆板，让面试官感觉很无趣。

（3）大学生回答面试官考察个性特质问题的思路

①自评和他评问题。从实际出发。进行自我评价时一定要想好对应的例子，说明为什么要这样评价自己。例如，大家一致认为你做事太“较真”，你举出平时和大家一起做事时过于认真的例子，这样会加分，而不要举出那些过于斤斤计较的例子。

②人际关系问题。根据自己的个性特点在与人相处时发挥的作用来回答。如果自认为是开朗、积极主动的人，大学生就可以举一些因为开朗、积极主动而赢得良好关系的例子。如果自认为内向、不爱与人交流，大学生就可以举出一些自己可能会觉得不够舒适的情况，但不要举出因为自己个性让对方很不愉快的例子。总之，面试时不能说谎，也不要将自己的问题放大化。

③冲突管理问题。冲突管理问题考察的是大学生的情商和解决工作冲突的能力。大学生回答问题时应把握以下三个原则。第一，以解决问题为出发点。第二，做好表情和情绪管理。如果沟通方式让面试官产生了情绪，要为自己的沟通方式道歉，但是要让面试官理解自己的初心是希望更好地解决问题。第三，要展现出自己的魄力。要敢于和对方探讨问题，针对发现的问题，要勇于表达，并给出解决方法，同时保持谦虚的态度。对于思考不足之处可以请对方指出来，一起探讨。

④兴趣问题。兴趣影响大学生将来投入工作的热情。兴趣可以与工作无关，也可以与工作有关，但是应是长期坚持并且热爱的，而不是一时兴起的事。

⑤价值观问题。这类问题既考察大学生的人品，也考察大学生的智商和情商。价值观是做事的原则和底线，所以大学生要先明确地表达自己的观点和态度，再说明原因和处理方法。君子有所为，有所不为。违反企业利益和法律的事不能做，违反职业道德的事不能做。

5. 考察面试态度阶段

在面试结束前，面试官会提出一个问题：“你有问题要问吗？”在真实的面试中，很多

大学生没有利用好这个问问题的机会。

(1)大学生不会问问题的原因

大学生不会问问题的原因主要有以下三种。

①没准备，一紧张就不会问，索性随便选择一个问题。

②对职位不感兴趣，所以也不想浪费时间交流，直接放弃问问题的机会。

③只想聊关于薪酬福利的事，询问有没有五险一金和补助等，而忽略了与个人发展有关的问题。

(2)大学生在面试中问问题阶段需关注的问题

大学生在面试中必须关注以下问题，从而有效提问。

①掌握自己入职后所在部门的业务属于企业的新业务还是老业务，是核心业务还是周边业务，判断部门未来的发展空间。

②了解自己入职后所在团队各级领导的经历和背景。

③了解自己加入企业后有哪些可以提升个人能力的机会。

④了解在同一岗位上，目前在企业晋升速度比较快的员工所做的努力。

⑤了解对于自己的面试表现，面试官有哪些反馈和建议。

⑥请面试官分享这家企业吸引他加入的亮点，他认为自己有哪些方面与企业的职位相匹配。

(三)面试谈薪的方法

面试必定涉及薪酬谈判环节。大学生经常在初面中，会被问及薪酬期待，或者自己主动向面试官询问有关薪酬的问题。求职者和面试官在试探双方的需求。面试官想了解求职者的下限，求职者想了解面试官的上限。有的职场人因为不会和面试官谈薪酬，让自己要么白白丢掉好机会，要么因为薪酬没谈妥，只能委屈加入新岗位。到谈薪这个关键环节，有三个重要的注意事项，分别是谈薪时机、谈薪对象和谈薪方式。

1. 谈薪时机

谈薪的时机不应该是初次面试结束前由自己主动提出，而应该在对方对你表示欣赏，并且询问你对于薪酬的期待，以及确认可以入职的时间时商讨。

校园招聘企业会有统一的校招薪酬标准，但是按照经验，根据毕业学校和面试表现，薪酬还有可以谈判的空间，尤其是当你已经拿到同行业头部公司的 Offer 后，这个时机最有谈判的空间。

2. 谈薪对象

一般情况下，求职者是与 HR 谈薪，除非自始至终都是业务部门负责人面试。与 HR 谈薪，是比较合适的，他会根据你的综合能力和公司的薪酬标准识别可以为你争取的福利，而且如果你的薪酬期待不合理，他也会表明原因。HR 比较理性，不会计较你因为薪酬谈不好而产生的情绪，这样可以有效避免你与业务部门负责人谈薪时可能产生的不愉快。

3. 谈薪方式

大学生应请面试官先介绍一下这个岗位的薪酬福利，对其开出的条件做到心中有数后再谈。如果面试官想知道大学生的期望薪资，大学生有两种回答方式：一种是参考网站上同类岗位的薪酬水平，报出自己的期望值；另一种是根据已经获得的同类岗位的 Offer，表达希望不低于某一个薪酬数值，同时表示尊重企业的薪酬体系。

当面试官表示企业能给的薪酬与大学生的预期不匹配时，大学生不要急于表达不满的情绪，更不要表示希望加薪的理由是生活开支高。

大学生从以下角度谈薪是比较合适的。

(1) 询问这个职位的晋升体系和对应的薪酬水平。

(2) 调研同类职位在其他企业的薪酬水平。如果底薪和绩效悬殊，可以请面试官介绍一下福利构成及绩效考核条件。

(3) 了解同一岗位绩效最好的员工和绩效一般的员工的薪酬差别，了解自己入职后的薪酬提升空间。

(4) 多分享自己对企业的价值，展示自己的能力。

面试前，大学生对本节分享的常见问题进行总结和练习，可以有效提升面试的成功率。这部分内容也能帮助大学生在求职中学会自信表达、有效沟通。

三、掌握面试策略

面试形式分为视频面试、语音面试、现场面试。视频面试和语音面试统称为线上面试，现场面试即线下面试。线上面试是目前校园招聘中比较常用的第一轮面试形式，一般采用视频面试的形式。对于大学生来说，在线上面试前需要提前关注很多细节才能保证面试流程的顺畅。大学生结合真实面试中常出现的问题和面试流程，总结应对思路，掌握以下应对策略，就能够在线上面试中发挥正常水平。

(一) 线上面试“避坑”指南

视频面试和语音面试都属于线上面试，两者共同之处比较多，大学生用准备视频面试的标准准备语音面试一般不会出问题。不要因为是语音面试就准备得比较随意。声音可以反映出一个人的面试状态和对面试的准备程度、重视程度。了解以下常见的五个问题，有助于大学生顺利通过线上面试。

问题 1：没有提前测试线上面试工具，网络卡顿、声音小。

应对策略：提前下载好相关软件，并熟悉不同按钮，找到话筒静音、视频开关，并测试音量和网络环境；面试前提前 20 分钟进入线上会议室，设置成静音和视频关闭状态安静等待面试官。

问题 2：视频中画面背景比较乱、声音嘈杂，影响面试印象和沟通效果。应对策略：提前准备好耳机，选择无噪声的面试环境；背景可以是一面白墙或者书架，也可以设置虚拟背景。

问题 3：不适应视频沟通，眼睛不看镜头，导致无法和面试官有很好的眼神交流。应对策略：提前练习自我介绍，保持自信与微笑，声音要适度放大，必要时配一个话筒。让自己熟悉视频面试中的互动形式。

问题 4：坐姿和着装不得体，过于随意。应对策略：正襟危坐，后背挺直，表情自然；建议男大学生穿深色西服和浅色衬衫，女大学生穿职业套装，不要穿褶皱过多的衣服。

问题 5：小组视频会议面试，声音嘈杂，出现抢话、叠音的情况。应对策略：自己不说话时要将话筒调为静音；如果想抢答，举手示意或用软件功能举手后再打开话筒回答问题。

（二）面试流程指南

根据面试人数的不同，面试时长有所差异。单独面试和集体面试的考察形式不同。一个标准化的一对一面试时长在 20～40 分钟，集体面试或者高级岗位面试的时间会更长一些。大学生面试前应预留出足够的时间。如果面试时间有冲突，要协调好每场面试之间的时间。

面试的基本流程如图 8-3 所示。线上面试和线下面试的基本流程有相似之处。

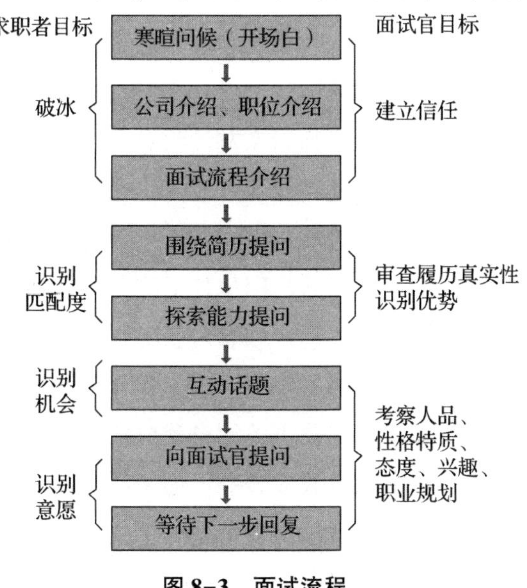

图 8-3 面试流程

1. 寒暄问候，双方自我介绍

面试官一般会先亮明身份，主动介绍自己的姓名和所属部门，告知大学生如何称呼自己，并在面试中提示大学生：所有的面试问题都要保证如实作答，如果不方便回答可以拒绝回答。

面试官会请大学生做1~3分钟的自我介绍。大学生针对简历和综合情况介绍自己的经历和求职意向即可。

2. 面试官进行企业介绍、职位介绍和面试流程介绍

这一部分的内容不是所有企业的面试官都会介绍的，因此大学生要提前做好这部分的功课。有些面试官会反问大学生对企业业务和对这个职位的认识，以及询问大学生选择这个职位的原因。

受过规范培训的面试官会在面试开始或结束时说明本岗位共有几轮面试、由哪个部门的人员负责后面的面试。如果面试官没有告知，大学生要在面试结束后主动询问，确认后续的面试流程，了解参与面试的企业人员的职务背景，方便准备之后的面试。

之所以强调这一点是因为大多数面试失败的大学生会忽略第二步的细节，让自己一直处于被动状态。

3. 面试官围绕简历和能力提问，识别履历的真实性和职位与能力的匹配度

在这一环节面试官会结合对岗位的面试考察方式，采用不同的面试方法。

面试官会根据面试人数融合多种面试方法，多角度识别人才。大学生不需要掌握所有面试方法，但是要对这些面试形式有所认识，以免在真实的面试场景中因为过于紧张而发挥失常。

4. 了解大学生的工作动机、价值观、性格、人品、态度和职业发展规划等

这个环节主要考察的是大学生的工作动机、价值观、性格、人品、态度和职业发展规划等。例如：关于工作动机的问题，自己认为做什么事都能投入更多的精力，不去计较得失；关于性格的问题，生活中父母、老师、亲友认为自己是一个什么样的人；关于职业发展规划的问题，3~5年内自己的生活达到什么状态是自己比较满意的。

面试官提出生活化的问题既可以缓解氛围，还可以了解大学生的内心想法。面试官的目的是明确大学生的动机、价值观和特质与职位的适配性。例如：一个从小喜欢自己做决策的人，面对学业和工作更容易自我驱动，朝着自己的目标努力；反之，一个多数时候是家人帮助做决策的人容易受他人观点的影响，对于工作和职业规划往往处于被动状态；家境比较好的大学生往往不是很在乎收入，更关注自我成长、人际交往以及健康安全等；急需用钱的大学生，往往更在乎收入、自我成长等。面试官通过了解大学生的成长经历，可以更好地判断工作内容和部门文化是否满足大学生的个人诉求，以此分析大学生的稳定性和工作动力来源。

5. 面试官询问求职者是否有要问的问题

这是识别双方意愿和态度的最后环节。很多准备不足的大学生会回答“我没有问题”，认真准备的大学生会结合自己的需求提出一些与工作相关的问题。

课堂体验

假设你正在应聘一个职位。按职位要求准备着装，对着镜子，做一个三分钟的自我介绍，中英文各演练一遍，有条件的可以录音录像。看录像，观察自己的表情、眼神、站姿、坐姿、手势语等细节，是否自然大方。听录音，注意语速、语调、用词和时间控制等细节，是否流利完整。通过这种练习，寻找面试的感觉。

(1)应聘职位：________________

(2)着装情况：________________

(3)自我介绍的内容：________________

____

____

____

____

____

____

____

(4)表情修正：________________

(5)站姿修正：________________

(6)坐姿修正：________________

(7)微笑修正：________________

(8)手势修正：________________

(9)语调修正：________________

(10)语速修正：________________

(11)时间控制：________________

四、破解面试问题

一份好简历可以帮助面试官了解求职者的个人素质、过往经历，有哪些经验是可以运用到未来工作场景中的。面试环节是面试官识别求职者关键能力、验证其能做什么的关键环节。一个优秀的求职者不仅要有丰富的学习和工作经验，还要在面试前做好准备，让自己在面试中展示出自己的水平。

优秀的职场人士既会做事又会表达。可是很多大学生缺少面试经验，不熟悉面试环节和考察方式，不能有针对性地总结优势，导致自己过度紧张，答非所问，让自己与好机会失之交臂。自身能力不够需要专业积累，无法临阵磨枪，但是应聘态度和心理素质可以通过快速训练得到改善。

(一)面试印象差的原因

在面试现场，求职者给面试官留下的印象差的原因如下。

1. 精神紧张，在面试现场答非所问，声音软绵绵，因准备不足导致被问得面红耳赤。
2. 难以沟通，让面试官失去耐心。
3. 夸大其词，让面试官觉得不够诚信。
4. 情绪失常，在被否定时，会情绪激动或者用语言攻击面试官。
5. 态度不端，对求职职位和企业业务完全不了解，现场表现过于随意。
6. 造型不合适，忽略对外在形象的管理。

(二)赢得面试好印象攻略

在面试中表现力强的求职者并非具有天生的优势，而是非常善于提前学习、总结规律，注重面试前、面试中、面试后的准备工作，让自己的综合实力完美呈现。

1. 面试前

大学生在面试前要做好以下准备工作。

(1)与邀请面试的工作人员电话确认面试流程。

(2)提前对面试官可能会询问的问题做好回答的思路梳理。

(3)上网查询企业介绍、业务发展范围和行业排名，应聘岗位的职责要求，他人的面试经验。如果可以通过职业访谈等形式提前了解企业的文化、制度、专业、经验要求、发展空间等信息，更有助于大学生提前评估自己与企业的匹配度。

(4)若面试要求使用外语作答，则需要提前准备相应的外文简历和外语回答。

(5)提前练习自我介绍，不断优化和精简语言。

2. 面试中

初次见面要给面试官留下良好的第一印象。进门的那一刻就是面试的开始。注意仪表得体、表情自信、语言简练有逻辑，礼貌回答问题，让面试官感受到真诚。主动与第一次见面的面试官保持友好互动，因为其既会向你反馈面试结果，也有可能是你未来的同事。面试结束离开之前要留下其联系方式以便跟进面试结果。

3. 面试后

面试后求职者要重点做好以下三件事：一是用微信或者邮件感谢面试官邀请面试；二是总结面试官的提问和自己的答题思路，做好面试总结记录，从自我介绍、专业展示、沟通表达、情绪状态等方面对自己在本次面试中的表现进行评分；三是对职位进行综合分析，进一步判断其是否为最佳职位。如果是，重点跟进面试结果，并集中精力准备下一轮面试；如果不是，可以开始寻求更心仪的职位。

不需要在每一次面试中都获得完美的结果，但既然选择去面试，就应该珍惜自己投入的时间，认真面对。

（三）面试关键考察点

面试流程不论是简单还是复杂，都万变不离其宗。大学生在求职前要掌握面试官在不同面试环节的考察重点。常规面试经过三个关键环节后，面试官就可以确定是否录用。

心理学的冰山模型（见图 8-4）很好地诠释了面试官选择人才的甄别方向。第一轮面试主要识别冰山上的人才质量，它决定了人才的工作能力匹配度，以及冰山下的个性特质。这决定了求职者性格与岗位和团队文化的匹配度。第二轮面试重点考查冰山下的动机。动机决定了自驱力和工作态度。第三轮面试重点考查期望值。期望值决定了企业是否录用求职者以及未来与求职者长期的合作与发展。

图 8-4　冰山模型

阅读专栏 容易导致面试失败的4个核心问题

(一)形象问题

仪表：发型、妆容、精神面貌、表情管理。

体形体态：身材、站姿、坐姿、走姿。

身体气味：口气、体味。

面试着装：衣服、包、鞋、腰带、手表。

面试礼仪：礼貌用语、情绪管理。

(二)心理素质和准备工作的问题

不熟悉面试流程和面试方法，导致面试时频频出错。

准备工作不足，无法有效回答面试官提出的关于企业和职业的问题。

被面试官否定和质疑时，不能控制情绪。

(三)资料真实问题

学历不真实。

工作履历不准确：就职企业、就职时间、就职职位、就职待遇等不准确。

工作能力不真实：绩效数据、项目案例造假。

人品不过关：取决于过往合作的老师、同学、领导和同事对于人品的评价。

(四)职业规划问题

求职过于理想化，想做的事没能力做，能做的事不愿意做。

求职过于盲目化，没有工作动力、目标，行动力差。

求职过于消极化，否定自己，对就业环境感到恐惧，不敢面对拒绝。

求职过于高估化，高估自己的能力和应得薪酬，以致迟迟找不到满意的工作。

第六节 求职礼仪

随着社会的发展，形象的包装已不再是明星的专利，普通职业人对自己的形象也越来越重视，因为好的形象可以增强一个人的自信心，对个人的求职、工作、晋升和社交都起着至关重要的作用。你的形象就是你自己的未来。在当今竞争激烈的社会中，一个人的形象远比人们想象的更重要。要塑造一个好形象，不仅是把自己打扮得美丽、英俊，更重要的是让自身的发型、服饰、气质、言谈举止与职业、场合、地位以及性格相吻合。

一、求职仪表

一个人的装束反映着一个人的审美观，也反映着一个人的职业态度。当然，并不是说你穿着得体、打扮合适就一定能够在求职时无往不利。但有一点是肯定的，如果你的穿着打扮很不合适，就一定没有进一步参与面试的机会。那么，什么才算得上合适的仪容穿着呢？这一般要和你所应聘的公司相契合。比如，应聘咨询公司和投行的市场与销售职位，需要穿正装，以体现职业性；应聘 IT 技术类公司的技术研发职位，着装可以略微随意些。

总体来说，从着装上讲，穿着要得体，颜色一般应选黑色、灰色和深蓝色，因为这些颜色给人以朴实、真诚、容易接近的感觉；面试时尽量不选红色、黄色，因为这些颜色太鲜艳，容易给人轻浮的感觉。从气质表现来看，一个落落大方、稳重而谦虚的人会令人产生好感。

(一)男士着装的注意事项

1. 西装

男士应该选择剪裁良好、款式经典的西服套装，切忌前卫的设计。颜色以黑色、灰色、深蓝为宜，并且最好是纯色的。不要有大格子、大条纹之类的图案，这些款式可能在宴会上比较出彩，但不适用于面试。

2. 衬衫

要选用面料挺括、质量好一点的衬衫，白色的长袖衬衫是上选。别的颜色的衬衫当然也可以，但是不如白色正式，并且选择颜色时要注意和西装的颜色搭配是否合适。蓝色衬衫是 IT 行业男士的普遍选择，能体现出其沉稳的气质。

3. 领带

男生参加面试时一定要在衬衣外打领带，这样会增加风采。领带以真丝质地为好，必须干净、平整、挺括，上面不能有污渍。领带图案宜选用保守一些的，传统的条纹、几何图案和螺旋花纹都很不错，还要注意和西装、衬衫颜色的协调性。平时应准备好与西服颜色相衬的领带，在配色方面应以和谐为美，不要追求标新立异，以免弄巧成拙。领结要打得紧实、端正，不要松松散散的，领带上应尽量别上相称的领带夹。

4. 鞋袜

在面试前把鞋子擦干净，并确认鞋子是完好的。光亮的鞋子能够表现出你专业的做事风格和良好的职业素养。皮鞋以黑色为宜，因为黑色鞋子好配服装。不要盲目选购价格很贵的鞋子，而要以舒适大方为选购准则。同时，尽量不要选给人攻击性感觉的尖头款式，在面试时，方头系带的皮鞋是最佳选择。皮带和皮鞋应是同一质地的，如果不是，就要在颜色上尽量统一。

5. 仪容整洁

在面试时，保持仪容整洁。男性可以用一些清洁类的化妆品，给人干净、阳光的感觉即可。如果使用香水，一定要格外谨慎，避免使用味道浓烈或者怪异的香水，淡淡的清香容易让别人产生愉快的感觉。

注意头发修整，不要蓬松散乱。如果稍显过长，应修剪一下。尽量避免在面试前一天理发，以免看上去不够自然。发型不仅要与脸形配合，还要与年龄、体形、个性、衣着、职业要求相配合，这样才能体现出整体美感。注意仔细地打理发型，并且不要忘记刮胡子，保持面容整洁。

6. 其他物品

男生最好少戴饰品，越简单越好。不要佩戴项链、手链、耳环、鼻环、手镯等，手表可以佩戴，但要佩戴成人款式。文件包是兼具实用性和装饰性的物品，在面试时不要拿太旧、太破或有油垢的文件包，新旧程度最好等于或新于西装，而且装的东西不要太多，不要给人鼓鼓囊囊的感觉。对于那种夹在腋下的男士手包，在面试时不要使用，因为它看起来更适合私企老板，而不是普通职员。

（二）女士着装的注意事项

1. 职业套装

对于女士来说，不一定要像男士那样必须西装革履，可以适当随意一些。但对于某些岗位，选择一套修身的职业套装才是上选。选择套装的时候也要注意颜色，黑色、深蓝、灰色等稳重的颜色是比较理想的选择。款式不要太过新颖，宜保守传统。如果买的是西装式套裙，一定要注意裙子的长度不要在膝盖以上。裙子太短是不专业的表现，会使面试官对你的印象大打折扣。但年轻女性也不宜选择过长的裙子，以到膝盖为宜，避免显得老气横秋。如果上衣是 V 领的，要注意开口不能太低。如果开口很低，可以搭配丝巾或者内衬上衣。

2. 衬衣

在挑选衬衣的时候，无论颜色还是款式，都以保守为宜。不要挑选那些透明材质的上衣，也不要选雪纺薄纱材质的，或有蕾丝花边、荷叶边、丝带装饰的上衣，这些都会使你的着装看起来过于随意。总体上要保持简洁。在衬衣里面可以再穿一件小背心，以防走光。

3. 鞋子和丝袜

确保鞋子的款式不花哨，相对保守，颜色与套装相配。虽然露趾鞋目前很流行，很多人认为其已可登大雅之堂，国外女星甚至还可穿去赴宴，但在此还是建议避免选购这种款式的鞋子去参加面试，因为你不知在面试时会不会遇到思想传统的面试官。一双职业中跟鞋或高跟鞋是最佳选择。丝袜的颜色最好是传统常见的，如肉色、深灰色等，而且要保证套装和鞋子、丝袜搭配和谐。

4. 包

选用的包应该是和整个穿着相配的，不要太大，中等或小型尺寸即可，而且最好是皮质的。虽然我们不建议学生一身名牌，但是拿一个比较上档次的提包还是允许的。但切记品牌的 logo 不要太显眼，并且整体设计不要太前卫。

5. 发型

发型在整个仪容中是十分重要的组成部分。保证头发干净整洁，并且要仔细梳理。如果是长发，就把它盘起来，或者做成其他看起来专业舒服的发型。虽然垂散下来可以显得清纯美丽，但不要让自己看起来好像刚刚起床或者刚从派对上回来，要注意塑造职业形象。

6. 妆容

女生去面试前应该稍稍化一下妆，这既是对面试官的尊重，又会使自己看起来很精神。平时不化妆的学生要尽早学习。面试时不宜化浓妆，稍作修饰即可，可选择自然清新的妆容，同时注意不要掉妆。

7. 配饰

可以选择简单的饰品。面试属于正式场合，不应戴手链；一只手只能戴一个戒指，且不要戴形状奇特的戒指，不然不方便握手，也不易给面试官留下好的印象；不要戴很大很长的耳环，或戴太多的耳环，简洁的耳钉就可以带来不凡的效果；手腕上可以佩戴一只手表，但要避免卡通款或时尚款，选择成熟稳重的成人款式即可。

课堂体验　**我的职业形象设计**

根据你的初步想法，描绘你的职业形象，装备你的面试衣柜(见表 8-4)。

表 8-4　我的职业形象自画像

我的衣橱清单				我的职业形象自画像
项目	已有的	需要的	估计价格	
套装				
衬衫				
长裤				
短衬衫				
套裙				
厚外套				
鞋				
手提袋				
腰带				
围巾				
领带				
饰品				
其他				

二、行为礼仪

（一）求职表情和姿态礼仪

无论静态还是动态，优雅、适度的肢体语言都能使人赏心悦目，使人际关系和谐，使自己成为一个有魅力的人。在社交场合，应用特定的站姿、坐姿、行姿，使自己显得从容、大方、优雅、谦逊、可亲，让自己在肢体动作的帮助下，与周围人进行良好的沟通，也让自己的涵养、才智借助肢体动作无声地展示出来。

1. 保持微笑

人与人相识，第一印象往往是在几秒内形成的。而要改变它，需要付出很长时间的努力。良好的第一印象源于人的仪表谈吐，更取决于人的表情。微笑是表情中最能让人产生好感、让人愉悦、增加自己亲和力的方式，也是人与人之间最好的一种沟通方式。

2. 站姿

正确的站姿是抬头，目视前方，挺胸立腰，肩平，双臂自然下垂，收腹，双腿并拢直立，脚尖分成“V”字形，身体重心放到两脚中间，也可两脚分开，比肩略窄，双手交叉放在体前或体后。站立开会时，男员工应两脚分开，比肩略窄，双手放在背后，右手握左手腕部；女员工应双脚并拢，脚尖分成“V”字形，右手握左手放于腹前。

3. 坐姿

男士：入座时要轻，至少要坐满椅子的2/3，后背轻靠椅背，双膝可略分开，身体可稍向前倾，表示尊重和谦虚。女士：入座前应用双手捋平裙后摆，坐下后将裙角收拢，两腿并拢，双脚同时向左或向右放，两手叠放于腿上，如长时间端坐可将两腿交叉叠放，但要注意上面的腿向回收，脚尖向下。

4. 蹲姿

上身挺直，略低头，左脚在前，右脚在左脚后一脚远的距离，前脚全脚着地，小腿基本垂直于地面，后脚前掌着地，脚后跟提起。女士蹲姿要右膝紧贴左小腿内侧，男士蹲时两膝自然分开。

（二）握手礼仪

握手是现代社交场合不可缺少的礼节。通过握手可以与对方发生心灵、情感上的碰撞，用这短暂的时间去吸引、观察对方，给对方留下良好的印象。

1. 伸手顺序

伸手顺序要遵循“尊者决定原则”，即性别差异，女性先伸手；年龄差异，长者先伸手；职务差异，职务高者先伸手。与以上三种情况产生冲突时，遵循“职务>性别>年龄”的原则。

2. 握手姿势

上身向前略倾150°，头微低，面带微笑，眼睛注视对方。

3. 握手力度

握手力度要轻重合适，不宜太重，也不宜太轻。

4. 握手时间

握手时间以几秒或十几秒为宜。

5. 握手时的禁忌

忌用左手与他人相握；与多人握手时忌交叉；忌戴手套、墨镜与他人握手；与他人握手时忌另一只手插在口袋里；忌用不洁的手与他人相握；与他人握手后忌用手帕擦拭手掌；不要在与人握手时东张西望；忌握张三呼李四；忌长时间握住不放；忌用力过大或只碰手不握手；不要拒绝与他人握手。

（三）交谈礼仪

交谈和所有的艺术一样，需要在实践中学习，在实践中总结、提高。美国哈佛大学前任校长伊立特曾经说过："在造就一个有修养的人的教育中，有一种训练必不可少，那就是优美、高雅的谈吐。"

1. 营造良好的交谈氛围

第一，积极创造谈话的环境，营造谈话的氛围，平等互敬；第二，态度要诚恳，言为心声，热情大方，文明文雅，实事求是；第三，内容适合双方，避免以自我为话题中心或沉默寡言以及谈论对方不感兴趣的内容；第四，距离应适中，态势得体；第五，聆听时要认真耐心、专注有礼、呼应、理解。

2. 交谈时的注意事项

主人或宾客在发言时请立即安静下来，以示尊重，待他们发言完毕后再继续未谈论完的话题。有不同国家人士在场时应尽量使用英语，因为在场所有人都有听与说的权利，不可将之排除在外。避谈政治、宗教等敏感话题，避谈生病、死亡、离异等不愉快的事情，谈话内容一般以天气、各地的风俗习惯、体育运动以及有趣的事情为佳。注意不要以"我"为中心，尽量少用"我"字，让其他人也有发言与参与的机会；风趣幽默的谈吐一向为众人所欢迎。

避免询问他人穿着、饰物等的价格。可以对他人的打扮加以赞美，但应适可而止，不可太夸张。不可询问他人尤其是女士之年龄、婚否，即使是女士之间也不宜问年龄。与女士谈话不说"胖或瘦""保养得好"等语。不可窃窃私语，此种行为是一种不礼貌的行为。若有私事要交谈，可以找一个人较少之处私下交谈。切勿形成小圈圈。社交的目的就是让大家彼此认识、彼此熟悉。千万别做"消息灵通人士"，如传小道消息、揭人短、谈人隐私、背后议论别人，这些看似不起眼的小事反映了一个人的道德品质。

交谈时的禁忌：轻易表态；随意打断；手舞足蹈；滔滔不绝；唾沫飞溅；漫不经心（不停地看表、不耐烦、伸懒腰）；旁若无人；心不在焉；左顾右盼；沉默不语；装腔作势。

（四）倾听礼仪

学会倾听。在交谈中，不仅要善于表达自己的意思，还应善于聆听对方的话，这样才能使双方进行有效的交流。在倾听的过程中了解、理解对方，在倾听的过程中去争取对方的信任。

倾听时要注意以下事项。

1. 积极努力去听，去关怀、了解和接受对方。
2. 要让对方把话说完，不要随意打断对方。
3. 要体察对方的感觉，要注意反馈、应答，反应要冷静。
4. 要全神贯注地聆听，不要做无关的动作，不要总想占主导地位。
5. 不必介意对方谈话时的语言和动作特点，要注意语言以外的表达手段。
6. 要抓住主要意思，不被个别枝节所吸引。
7. 要使思考的速度与谈话相适应。

【回顾·练习】

1. 大学生在求职过程中，自我心理调适的方法有哪些？
2. 简历的正文一般由哪些内容组成？
3. 笔试前需要做哪些准备？
4. 简述面试的基本流程。
5. 请根据自己的学习和工作经历制作一份符合意向职位要求的简历。
6. 请通过网络求职进行一次真实的实习职位面试。

【发现·探索】

模拟面试

活动目的

通过模拟面试训练使学生掌握面试技巧，克服真实面试过程中出现的紧张情绪，并有针对性地解决学生在面试准备、面试过程中暴露的问题，提高真实面试的成功率。

活动形式

班级内活动或校企合作模式。

活动说明

全员模拟训练：需要让全班学生都参与全程，通过观察其他学生的面试情况，来发现自身所存在的一定问题，课后可以及时改正。

单独模拟训练：作为推荐学生的最终依据。采用的招聘信息必须是确实与我们有合作的企业信息。在模拟面试之后可以安排学生前往企业进行面试。

第一次模拟面试推荐为全员模拟训练；第二次模拟面试推荐为单独模拟训练。

开展模拟

1. 考察学生的面试礼仪

让面试学生作1分钟的自我介绍(可据此考察学员的表达能力、沟通能力、逻辑思维能力及个人风格)。

2. 了解学生基本面试信息

询问学生拟应聘的岗位，按照企业的真实要求进行提问。测试学生对应聘职位的了解及个人能力。

3. 面试结束

告知学生公司将会随后通知面试结果。

活动总结

找学生谈话，指出面试中存在的问题。

对存在问题的学生，要求其重新准备简历以及问题回答的书面文档。

第九章　明晰就业程序　筑牢法律基石

学习指南

大学生毕业离开学校时需要办理很多手续，程序十分复杂。大学毕业生要提前了解毕业时需要认真核实的资料，熟悉就业协议和劳动合同的签订，以及离校与就业报到的规定与流程。同时，法律意识在大学生择业过程中也极为重要，它既能让大学生在择业过程中保护自身的合法权益不受侵害，也能约束大学生在择业过程中不损害用人单位的利益。

学习目标

知识目标

1. 了解毕业手续的办理流程。
2. 掌握劳动合同的内容、签订程序及与就业协议的区别。
3. 理解人事代理、劳务派遣的概念及法律权益保护要点。

能力目标

1. 能办理档案转递、人事代理等就业手续。
2. 能正确签订就业协议与劳动合同，规避法律风险。
3. 能运用法律知识维护自身就业权益。

素质目标

1. 增强法律意识与契约精神，培养严谨的职业态度。
2. 树立责任意识，认识到就业程序合规对职业发展的重要性。

思维导图

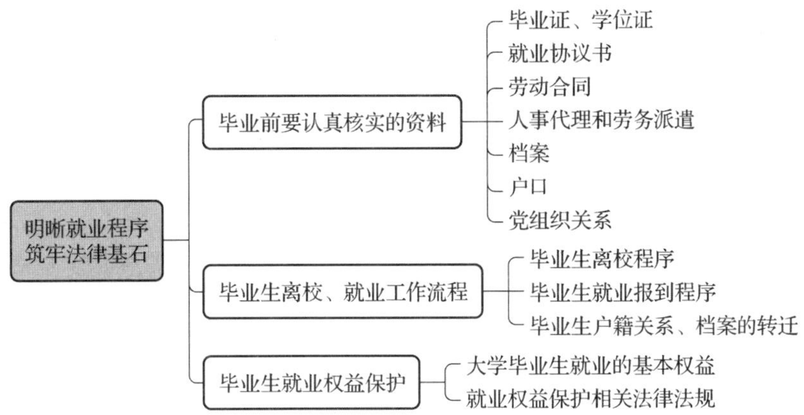

案例导入

某高校毕业生李某用已经确定专升本的同班同学刘某的就业协议书与福州市A单位签约，在协议书已经完成三方签字、盖章的情况下，李某反悔，不想去A单位工作了。于是，他又用另一位专升本同学蔡某的就业协议书与福州市B公司达成了就业意向。为了撕毁已达成的协议，李某到A单位谎称学校要其将协议书取回补办手续，并保证在规定时间内一定办好，A单位也相信了他，将就业协议书还给他。李某一拿到协议书即到学校谎称是A单位欺骗了他，因解决不了户口问题而将其退回，并要求学校相关部门负责人在与B单位签订的就业协议书上签字盖章。学校为谨慎起见，出面与A单位联系后得知了李某的不诚实行为，对其进行严厉批评，并责令其向A单位道歉，请求谅解。谁知李某以熟悉法律规定为由，声称A单位没有任何证据证明自己违约，拒不道歉。A单位致电学校，希望学校给予该生严厉处分。最后，李某为自己的行为付出了代价。

李某的行为严重违背了职场诚信与契约精神，不仅暴露个人职业素养的缺失，也折射出部分毕业生对就业协议严肃性的错误认知。就业协议书作为具有法律效力的三方约定，李某通过冒用他人协议、编造虚假理由等手段随意毁约，不仅损害了A单位的招聘计划与信任基础，更破坏了学校与用人单位的长期合作关系。面对学校批评，其以“无证据证明违约”为由拒不认错，凸显其对规则意识与责任担当的漠视。这一案例警示所有求职者，诚信是职业发展的基石，任何投机取巧的行为都将反噬个人声誉，从长远来看，失信带来的职场信任危机远比眼前利益的损失更为严重。

第一节 毕业前要认真核实的资料

一、毕业证、学位证

建议毕业生多复印几份毕业证、学位证并收好，因为毕业证、学位证原件若弄丢是补办不了的，只能开个证明，所以必须注意保管，最好扫描个电子版保存备份。建议大学期间的重要证书都按此处理，比如，英文四、六级证书等，原件丢了就没法补回，连开证明都很麻烦。

二、就业协议书

（一）就业协议书的作用

就业协议书是明确毕业生、用人单位、学校在毕业生就业工作中权利和义务的书面文件，是毕业生和用人单位关于就业意向的初步约定，将来双方订立劳动合同的依据，是编制毕业生就业方案的依据，具有一定的法律效力。就业协议书具有以下几个作用。

1. 确定就业关系

就业协议书确认了雇主和雇员之间的就业关系，明确了雇用的条件和福利待遇，确保双方的权益受到保护。

2. 确定职责和责任

就业协议书详细描述了雇员的职责和雇主的要求，明确了工作内容、职位要求、工作时间等方面的细节，帮助双方理解并履行各自的责任。

3. 维护合法权益

就业协议书中包含了法律要求的内容，如工作合同期限、工资支付方式、福利待遇等，有助于保障雇员的合法权益，并提供法律支持的途径。

4. 解决争议和纠纷

就业协议书中通常包含有关解决争议和纠纷的条款和程序，帮助双方在发生争议时能够按照约定的方式解决纠纷，减少可能的法律问题。

5. 参考和证据

就业协议书是一份重要的参考文件，可用于雇佣关系的证明、身份确认、薪资核算等方面，为双方提供了法律依据和证据支持。

(二)就业协议书的主要条款

《全国普通高等学校毕业生就业协议书》是面向全国招生、面向全国就业的，学校毕业生与用人单位签订就业合同时使用的协议书，由教育部制定样式，作为示范性文本。就业协议书一般包括以下主要条款。

1. 毕业生应按照国家规定就业，向用人单位如实介绍自己的情况，了解用人单位的使用意图，表明自己的就业意见，在规定的时间内到用人单位报到。如遇特殊情况不能按时报到，须征得用人单位的同意。

2. 用人单位要如实介绍本单位的情况，明确对毕业生的要求及使用意图，做好各项接收工作。

3. 学校要如实向用人单位介绍毕业生的情况，做好推荐工作。用人单位同意录用后，经学校审核列入建议就业方案，报主管部门批准，学校负责办理离校手续。

4. 各方应严格履行协议。任何一方若违反协议，应承担违约责任。

5. 如有其他约定，应在备注栏中明确，并视为就业协议的一部分。

6. 就业协议一式四份，毕业生、学校、用人单位和上级主管部门各执一份。

(三)签订就业协议书的基本程序

签订就业协议书的基本程序如图 9-1 所示。

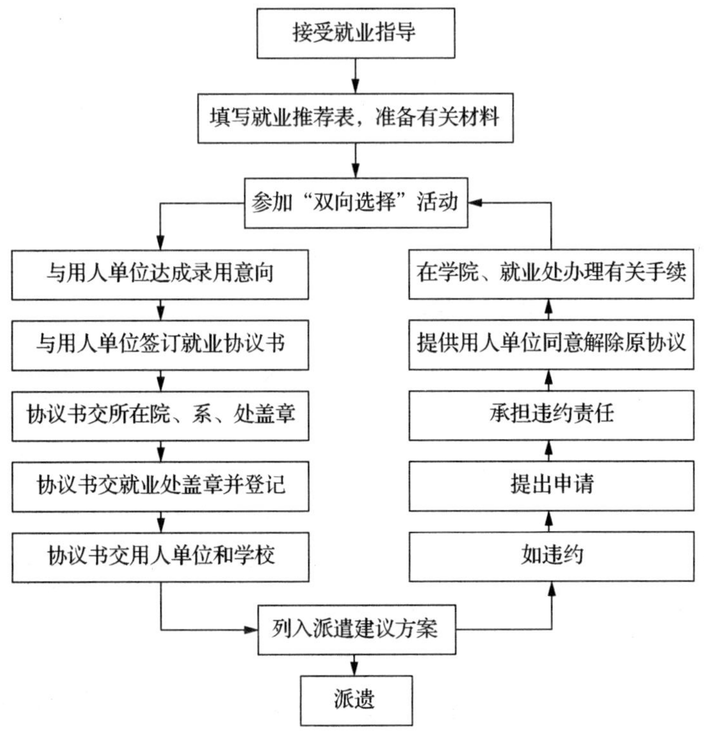

图 9-1　签订就业协议书的基本程序

(四)签订就业协议书时应注意的问题

1. 签订前，毕业生一定要全方位地了解用人单位的相关情况

要了解用人单位的发展趋势、招聘的岗位性质、员工培养制度、薪资待遇情况、福利项目等内容，不但要掌握企业提供的资料，有条件的更要实地考察。还需要重点了解用人单位的人事状况，了解用人单位是否具有应届毕业生接收资格。有些毕业生涉世未深，社会经验不足，在选择用人单位时容易被招聘单位所罗列的诱人条件迷惑，一时头脑发热，签订协议时也不管这些信息是否真实，甚至连用人单位附加的诸多苛刻条件也满口答应，等到发现事实真相，头脑冷静下来已为时晚矣。

2. 签约时要按照正常程序进行

毕业生到学校领取就业协议书后，要认真如实填写基本情况及应聘意见，并签名；用人单位、主管部门及人事调配部门签订意见，弄清档案详细转递地址；院系签署意见；交给学校就业主管部门，学校主管部门代表学校签署意见后，协议书生效并到省就业主管部门签约。有的毕业生为省事，要求学校先签署意见，但这样做使学校无法起到监督、公正的作用，最可能受害的将是毕业生本人。

3. 签署协议书时，一定要认真、真实地填写协议书内容

如果报考了研究生或准备出国，应在签订协议书前向用人单位说明，隐瞒这些情况会受到违约处理。

4. 毕业生在签约时也要考虑对自身权益的保护

协议具有双向约束的作用，如果有需要双方相互承诺的部分，一定要在协议书或补充协议上加以说明。就业协议中可以规定违约金的数额。

5. 毕业生在签约时，一定要注意条款的合理性

《中华人民共和国劳动法》(以下简称劳动法)明确规定，用人单位不得以任何理由向毕业生收取报名费、培训费、押金、保证金等，更不能以此作为是否录用的决定条件。

6. 毕业生、用人单位不得单方面拖延签约周期

毕业生遇到问题犹豫不决时，最好及时咨询学校就业部门的负责老师，征求相关的意见和指导。

7. 协议书经三方面签字、盖章后生效

就业协议书签订后，三方都应严格履行。若有一方提出变更，须征得另两方的同意，由违约方承担责任。如果毕业生万不得已要单方面毁约，就必须在规定的时间内征得原签约单位的同意，经学校毕业生就业主管部门批准，并按照有关规定缴纳一定的违约金，方可改派。

8. 就业协议书一式四份，毕业生、用人单位及上级部门、学校各执一份，复印无效

为保障协议的严肃性，就业协议书还要对应编号。有的毕业生在与用人单位签订协议

后，又去联系其他单位，这是误解了双向选择的真正含义，这种做法是错误的，是不负责任且没有信誉的表现。就业协议书是劳动合同的一种特殊形式，随意违约需要承担一定的法律责任，包括一定的经济赔偿。

阅读专栏　就业协议书填写提示

1. 学校、专业名称为现在就读学校全名、专业全称，应与正式登记的学校、专业名称完全一致，不得误写、简写。

2. 用人单位名称与单位公章应一致，不得简写、误写或写别名；档案接收详细的信息包括单位名称、详细地址、接收人及联系电话等。某些外资、私营、民营企业如没有人事档案保管权，应填写委托保管档案的单位，如某人才服务机构的详细信息。

3. 双方协商达成的条款部分，如毕业生的服务期、见习期等内容，必须明确填写；各项福利、违约金等必须注明；甲、乙双方就有关事项协商达成的附加条款，也需在协议中写明。

4. 就业协议书一般是统一制表，但由于各个省市的要求不同，内容也会有所差别。

（五）就业协议的解除

就业协议的解除即解约，是指在就业协议期限届满之前由毕业生或用人单位提前终止就业协议的法律效力，解除双方的权利义务关系的法律行为。违约即违反就业协议，是大学生或用人单位不履行或不全面履行就业协议的法律行为。在当今人们的权利意识增强的同时，社会上也存在大量忽视法律的价值、不注重法律规范性的行为，解约和违约就是其中最常见的两种形式。就业协议的解除，分为单方解除和三方解除两种。

1. 单方解除

单方解除，包括单方擅自解除和单方依法或依协议解除。单方擅自解除协议属违约行为，解约方应对另两方承担违约责任。单方依法或依协议解除，是指一方解除就业协议有法律或协议上的依据，如大学生未取得毕业资格，用人单位有权单方解除就业协议。此类单方解除，解除方无须对另两方承担法律责任。

2. 三方解除

三方解除是指大学生、用人单位、学校三方经协商一致，取消原订立的协议，使协议不发生法律效力，三方均不承担法律责任。三方解除应在该就业计划上报主管部门之前进行，如在就业派遣计划下达后解除，还须报主管部门批准后再办理、调整改派。

三、劳动合同

(一)什么是劳动合同

劳动合同又称劳动契约或劳动协议，是指劳动者与其所在的用人单位之间，为明确劳动过程中相互的权利义务关系，通过平等协商而签订的协议。我国《劳动法》第十六条规定：“劳动合同是劳动者与用人单位确立劳动关系、明确双方权利和义务的协议。建立劳动关系应当订立劳动合同。”

《劳动法》的这一规定表明劳动合同是确立劳动关系的法律依据，是劳动者与用人单位劳动关系的基本表现形式。只有订立了劳动合同的劳动关系才能得到法律的保护，没有订立劳动合同、私下建立的劳动关系是较难得到法律保护的。因此，大学生在毕业走上工作岗位时必须重视签订劳动合同这一环节。

(二)劳动合同的基本内容

劳动合同的内容有两个部分：一个是必备条款的内容，另一个是协商约定条款的内容。

1. 必备条款

《劳动法》第十九条规定，劳动合同应当以书面形式订立，并具备以下条款。

(1)劳动合同期限

劳动合同期限分为三种：一是固定期限，是指用人单位与劳动者约定的合同终止时间，如1年期限、5年期限等；二是无固定期限，是指用人单位与劳动者约定的无确定终止时间；三是以完成一定的工作内容为期限，是指用人单位与劳动者约定以某项工作的完成为合同期限。用人单位与劳动者在协商选择合同期限时，应根据双方的实际情况和需要来约定。

(2)工作内容

工作内容包括用人单位与劳动者双方约定的工作数量、质量以及劳动者的工作岗位等。

(3)劳动保护和劳动条件

劳动保护和劳动条件是指用人单位提供给劳动者的工作中所处的客观环境和劳动保护措施。主要包括劳动安全和卫生规程、劳动保护措施、女工和未成年人的保护规定、工作时间和休息休假等内容。

(4)劳动报酬

劳动报酬是指劳动者的标准工资、加班加点工资、奖金、补贴等的数额及支付时间、支付方式等。

(5)劳动纪律

劳动纪律是指用人单位制定的规章制度。

(6)劳动合同终止的条件

该条款一般是在无固定期限的劳动合同中约定，但其他期限种类的合同也可以约定。应当注意的是，双方当事人不得将法律规定的可以解除合同的条件约定为终止合同的条件。

(7)违反劳动合同的责任

该条款规定了签约双方的任何一方违反了合同中的规定，致使劳动合同无法继续履行时，违约方应当承担的违约责任，包括赔偿损失的方式和违约金的数量等。

《中华人民共和国劳动合同法》(以下简称劳动合同法)第十七条第一款规定，劳动合同应当具备以下条款：用人单位的名称、住所和法定代表人或者主要负责人；劳动者的姓名、住址和居民身份证或者其他有效身份证件号码；劳动合同期限；工作内容和工作地点；工作时间和休息休假；劳动报酬；社会保险；劳动保护、劳动条件和职业危害防护；法律、法规规定应当纳入劳动合同的其他事项。

2. 协商约定条款

劳动合同法第十七条第二款规定，劳动合同除第一款规定的必备条款外，用人单位与劳动者可以约定试用期、培训、保守秘密、补充保险和福利待遇等其他事项，即协商约定条款。这部分条款的内容是，当国家法律规定不明确，或者国家尚无法律规定的情况下，用人单位与劳动者根据双方的实际情况协商约定的一些随机性的条款，如可以约定试用期、保守用人单位商业秘密的事项等内容。随着劳动合同制的实施，人们的法律意识、合同观念会越来越强，劳动合同中约定条款的内容也会越来越多。这是改变劳动合同千篇一律状况，提高合同质量的一个重要体现。

(三)劳动合同的签订

1. 订立劳动合同的原则

(1)合法原则

合法是指依法订立劳动合同。劳动法第十六条第二款规定，建立劳动关系应当订立劳动合同。订立劳动合同时不得违反法律、行政法规的规定。依法订立劳动合同必须同时满足三个条件。第一，当事人必须具备合法资格。作为用人单位，应是依法成立的企业、个体经济组织、国家机关、事业组织、社会团体等。作为劳动者，应具备劳动权利能力和劳动行为能力。第二，劳动合同的内容合法。劳动合同的各项条款必须符合法律和行政法规的规定。第三，劳动合同的形式合法。劳动合同只有以书面形式订立才合法。只有依法订立劳动合同，才能得到国家承认，并受到法律保护。

(2)平等、自愿、协商一致的原则

平等是指劳动者与用人单位的法律地位平等，双方都应以平等的身份订立劳动合同。自愿是指订立劳动合同完全出于双方当事人自己的意志，任何一方不得将自己的意志强加给对方，任何第三方也不得对其订立劳动合同进行非法干涉。协商一致是指劳动者与用人单位依法对劳动合同各项条款在充分表达自己意思的基础上，经过平等协商，取得一致意见，签订劳动合同。

2. 劳动合同的解除

劳动合同的解除是指劳动合同当事人依法提前终止劳动合同，不再履行劳动合同的法律效力。劳动合同解除的条件和程序如下。

(1)双方协商解除

经劳动合同双方当事人协商一致，达成书面协议，可以解除劳动合同。如果是用人单位主动提出解除，则应支付劳动者经济补偿金；如果是劳动者主动提出，用人单位可以不支付经济补偿金。

(2)用人单位解除劳动合同

①随时通知解除。因劳动者在试用期的表现不符合录用条件，或者有严重过错，严重违反用人单位劳动纪律或规章制度，严重失职，营私舞弊，对用人单位利益造成巨大损失的，或被依法追究刑事责任，用人单位可以随时通知劳动者解除合同且不需要支付经济补偿金。

②提前通知解除。因劳动者不能胜任工作或因客观原因致使劳动合同无法履行的，用人单位可提前30日以书面形式通知劳动者解除劳动合同，但应支付劳动者经济补偿金。

③经济性裁员。用人单位按法定程序与被裁人员解除劳动合同并支付被裁人员经济补偿金。

(3)劳动者解除劳动合同

①提前通知解除。劳动法第三十一条规定："劳动者解除劳动合同，应当提前三十日以书面形式通知用人单位。"即劳动者只要提前30日预先通知用人单位，便可自由辞职。

②随时通知解除。根据劳动法第三十二条规定，有下列情形之一的，劳动者可以随时通知用人单位解除劳动合同：在试用期内的；用人单位以暴力、威胁或者非法限制人身自由的手段强迫劳动者的；用人单位未按劳动合同约定支付劳动报酬或提供劳动条件的。

(四)订立劳动合同时的注意事项

(1)合同表述

合同语言表述要规范严谨，避免因产生歧义而引起合同争议。

(2)需要警惕的六种劳动合同

针对劳动合同中存在的侵犯劳动者权益现象日益增多的问题，需要提醒求职者一定要注意劳动合同中的陷阱，对用人单位提供的格式合同要认真推敲。有些用人单位为方便订立劳动合同会事先拟好格式合同，毕业生在签订此类劳动合同时，一定要认真阅读有关条款，对条款中出现的不愿接受的内容要坚决拒绝，以免上当、吃亏。需要警惕的六种劳动合同如下。

①“霸王合同”。在一些劳动合同中有“由甲方决定”“按照甲方的相关规定执行”等字样，这些条款只从用人单位的角度出发，却把求职者放在了被动从属的地位。

②“押金合同”。一些用人单位在劳动合同中以各种名目向求职者收取风险基金、保证金、抵押金等，一旦求职者主动要求离开单位，这些抵押金就很难要回来了。

③“暗箱合同”。还有一些用人单位在签订劳动合同时根本不与劳动者协商，也不向劳动者讲明合同内容。在合同中，只从企业的利益出发来规定用工单位的权利和劳动者的义务，而很少或者根本不涉及用工单位的义务和劳动者的权利。

④“性命合同”。有一些从事带有风险工作的用人单位，不按劳动法的有关规定履行生命安全义务，提出“工伤概不负责”等条款，以此来逃避用人单位应该负的责任。

⑤“卖身合同”。一些用人单位在劳动合同中提出几年内求职者不可以跳槽到同行业的公司工作，或要求求职者一切行动都要听从用人单位安排等侵犯劳动者权利的内容。

⑥“双面合同”。有的用人单位会准备两份合同，其中一份是假合同，内容完全按照相关部门的要求签订，以应付有关部门的检查，但在劳动过程中并不照此执行，真正执行的是另一份合同。

(3)注意就业协议与劳动合同的衔接

就业协议实质上是劳动合同的一种，是一种录用合同，只不过这种录用合同只适用于高等学校毕业生的就业过程，用以表明毕业生愿意到用人单位就业的意向，用人单位愿意接收毕业生的意向以及学校对毕业生与用人单位的意见。因此，就业协议与劳动合同既有联系，也有区别。毕业生根据就业协议到用人单位报到就业后，还要与用人单位签订正式的劳动合同，以进一步明确在劳动关系存续期间双方的权利与义务。一般来说，双方在就业协议中已协商好的权利与义务条款，劳动合同应当予以吸收。劳动合同订立后，就业协议书便丧失效力。

(五)就业协议与劳动合同的区别

1. 相同之处

就业协议是高校毕业生与用人单位确立劳动关系的法律依据。就确立劳动关系这一点来说，就业协议与劳动合同是相通的。可以这样认为，就业协议的实质就是劳动合同的一种特殊表现形式。用人单位对大学毕业生这类劳动者，与面向社会公开招聘的劳动者，在培养、使用、待遇等方面可能有所不同，但从确立劳动关系这一点来说，就业协议与劳动合同是一致的。

2. 不同之处

劳动合同是劳动者与用人单位确立劳动关系，明确双方权利和义务关系的协议。劳动法第十六条规定，建立劳动关系应当订立劳动合同。就业协议是高校毕业生与用人单位确立劳动关系，明确双方在毕业生就业工作中权利和义务的协议。教育部颁布的《普通高等学校毕业生就业工作暂行规定》第二十四条规定："经供需见面和双向选择后，毕业生、用人单位和高等学校应当签订毕业生就业协议书，作为制定就业计划和派遣的依据。未经学校同意、毕业生擅自签定的协议无效。"

(1)适用的法律、法规不同

劳动合同适用劳动法及劳动人事部门颁布的有关劳动人事方面的规章。而就业协议因目前无就业法，也无国务院颁布的有关毕业生就业方面的法规，因此只能适用教育部颁发的《普通高等学校毕业生就业工作暂行规定》和有关政策。

(2)适用主体不同

劳动合同是劳动者与用人单位之间确立劳动关系的协议，只要双方当事人协商一致，符合国家的法律、行政法规，无欺诈、胁迫等行为，经双方签字盖章，合同即生效。而目前的就业协议除毕业生与用人单位双方签字、盖章外，尚需学校和签证机关(人事部门)介入。

简单地说，两者的约束程度不同，劳动合同的法律效力较大，不管是权利还是义务，一旦签订，就必须遵守，一旦有违约现象，必须付出应负的责任。而就业协议带有三方协商的成分，若有一方违约，后果通常比合同要轻一些。

四、人事代理和劳务派遣

(一)人事代理

人事代理是毕业生择业过程中，由用人单位或毕业生本人委托各级人才流动服务机构对其人事关系实行社会化管理的一种人事管理方式。人事代理可以高效、公正、负责地为各类毕业生解决在择业、就业中遇到的人事方面的有关问题，并提供以档案管理为基础的社会化人事管理与服务。

1. 哪些毕业生需要办理人事代理

凡通过双向选择，择业期内已同外资企业、股份制企业、私营企业等非国有单位(没有直接档案接收权的单位)和实行聘用制的国有企、事业单位签订就业协议书的毕业生，

或在以上单位工作但尚未签订就业协议书的毕业生。

自费出国留学、自主创业、自主择业等择业期内暂未落实就业单位的各类毕业生。

2. 人事代理的服务项目和益处

实现落户和档案转递。毕业生办理人事代理手续后，可妥善解决档案及户口托管问题，不用再为户口和档案问题而烦恼。人事代理实现了用人单位对聘用毕业生人事关系管理和使用的分离，有利于单位实现用人自主权。对毕业生个人来说，有利于促进人才流动，实现自主择业。

保障自身各项权益。可以享受到与国有单位工作人员相同的人事待遇，一旦毕业生正式进入国有单位，可享受转正定级、干部身份的保留、工龄的计算、档案工资调整、职称资格评定等待遇。这些对毕业生的资历认定、待遇和工资核定等具有重要意义，不会出现断档情况。

方便改签和办理人事调动手续。在择业期内，委托代理机构为改签的毕业生办理户口迁移和档案提取手续；超过择业期后涉及工作调动的，委托代理机构凭毕业生所持正式手续，协助为其办理户口迁移和档案提取手续。

出具相关证明。涉及考研升学、结婚生育、参加养老保险、党组织关系的毕业生，依据有关规定，委托代理机构可为其出具以档案材料为依据的相关人事证明等，并协助为其办理相关手续。

(二)劳务派遣

1. 什么是劳务派遣

劳务派遣，又称“劳动派遣”“劳工派遣”“劳动力租赁”，是派遣单位根据用工单位(实际用人单位)的要求，与用工单位签订派遣协议，将与之建立劳动合同关系的劳动者派往用工单位，受派劳动者在用工单位的指挥和管理下提供劳动，派遣单位从用工单位获取劳务费，并向劳动者支付劳动报酬的一种特殊劳动关系。

劳务派遣合同是指派遣单位与接收单位订立的，由一方提供劳务而由另一方支付劳务费的合同。

一般是国有企业或事业单位在没有编制但又需要用人的时候会用劳务派遣人员，而劳务派遣人员是属于劳务派遣公司的人力资源，不属于用人单位员工。等到用人单位有编制后劳务派遣人员可以转为用人单位员工，但是其所享受的待遇和社会保险与用人单位的正式员工是一样的。

2. 劳务派遣合同中的注意事项

《劳动合同法》的相关规定对劳务派遣中的合同签订提出了全新的要求。一份完备的派遣合同会大大降低企业在派遣过程中的法律风险，用工企业在签订派遣合同时最关键的是注意派遣合同是否责权明晰，主要包括以下几个方面。

(1)明确规定派遣公司签订劳动合同的义务，防止派遣公司不签、迟签劳动合同。

(2)明确规定派遣公司有缴纳社会保险的法定义务并承担没有依法缴纳的法律责任，防止派遣公司不缴、漏缴社保。

(3)派遣公司如果拖欠或克扣工资会导致员工难以安心工作，用工企业在派遣合同中应明确规定派遣公司发放工资的日期，并规定未经用工企业同意，派遣公司不得以任何名目直接扣除员工工资。

(4)双方可以约定派遣员工退回劳务公司的具体情形及员工的退回方式。

(5)双方可以约定对于工伤事故、劳动纠纷的权责处理和费用分摊。

(6)双方应当明确约定违约责任。用工企业在派遣合同中应明确规定若派遣公司违约则应承担所有损失且用工企业有权解约。

五、档案

毕业生档案包含毕业生在各学历层次期间的学籍档案。档案很重要，若没有档案，毕业生以后的转正定级、评职称，考资格证等一系列手续会受影响。

(一)档案的内容

档案中包括高校毕业生登记表、学习成绩表、在校奖惩材料、入团入党志愿书、体检表、毕业生报到通知书等。

(二)档案的作用

考研、考公务员、转正定级、评定职称、入团入党、计算工龄、办理各种人事手续等都需要档案。毕业生不仅在毕业前要核实档案转递信息，在毕业后也要及时跟踪档案转递状态，确保档案不被遗失。待档案到达单位或人才中心后，要及时办理报到和存档手续。具体如何办理，依据各单位或人才中心规定执行。

(三)毕业后的档案存放

1. 直接就业

(1)去机关、事业单位、国有企业就业

高校毕业生到具有档案管理权限的机关、事业单位、国有企业就业的，由就业单位直接接收、管理档案。

(2)到私企、外企就业

高校毕业生到无档案管理权限的单位(私营企业、外资企业等)就业的，可由各地公共就业和人才服务机构负责提供档案管理等人事代理服务。特别提醒毕业生的是，自 2015 年 1 月 1 日起，取消收取人事关系及档案保管费、查阅费、证明费、档案转递费等名目的

费用。

(3)去基层就业

到基层就业的高校毕业生档案，原则上统转至就业单位所在地县级政府人社部门。特别提醒毕业生的是：千万不能弃档！

2. 考研

考研被录取后，学校会发调档函，毕业生可根据调档函的要求办理调档手续。

3. 留学

留学生的档案一般存放在留学服务中心或人事代理机构，留学生的海外学历有专门的认证机构。

4. 暂未就业

暂未就业的毕业生可将档案转至生源地或经学校同意后暂时留在学校，按照政策，学校只代为保管 2 年，超过 2 年未落实工作单位的，学校会将档案发回原户籍所在地公共就业和人才服务机构保管。

提醒：档案不允许个人保存。

(四)核对好人事档案

人事关系档案，在校时叫学籍档案，毕业后叫人事档案。一般情况下，个人无法直接查看自己的档案，但是毕业时有些档案中的材料会由自己经手办理，因此毕业生要及时核对好人事档案中所需的材料。因为离校后发现问题再补足材料会非常麻烦。

六、户口

这里只介绍有关学生集体户的户口问题，即在读书期间将户口从生源地迁往了学校的情形。

(一)户口迁移证

户口迁往地址依据三方协议而定。三方协议中有一栏是户口迁移地址。学校便据此向所在地公安机关提供对应毕业生的户口迁移信息。公安机关拥有毕业生的户籍信息，所以其他信息一般不会出错，但是户口迁移地址一定要仔细核对，以免出错。

虽然二代身份证还在有效期内，但还是建议毕业生在户口迁移后便更换身份证。因为银行、交通等部门的系统与公安系统并非无缝对接，无法检索最新户籍信息，这会给后期办理银行卡、考驾照等带去很多不便。

报到后，毕业生应尽快凭身份证、毕业证、户口迁移证等材料，办理好户口迁移手续，更换身份证。

（二）及时落户，避免成为“黑户”

户口在学校：毕业时，可以把户口迁到单位所在地，或者迁回生源地，或者迁到人才中心入集体户，毕业生应根据各个情况按照相关流程完成迁户口手续。

户口不在学校：把户口迁到单位所在地、人才中心入集体户，或者不迁。

提醒：由于各地各单位政策有差异，请毕业生务必提前问清手续办理流程。

在签订三方协议时，问清单位是否解决户口，如果对方承诺解决，一定要写到三方协议的备注栏里。

（三）分清派遣和二次派遣

1. 派遣

派遣是用人单位接收毕业生户口档案关系并签署就业协议书，学校在学生毕业时直接将毕业生的户口和档案转至用人单位的一种形式，即“一次性就业”。

提醒：派遣直接与“签就业协议”的就业形式相对应，即对签署就业协议书的毕业生采用派遣方式。

毕业时发放户口迁移证，将毕业生的户口和档案转至用人单位。

2. 二次派遣

二次派遣又叫“二分”，是指毕业生毕业时仍未落实工作单位，或落实的工作单位不接收户口和档案，同时也无国内升学等其他去向时，学校将其派遣回生源省区，由生源省区的毕业生就业主管部门负责在省内为其办理推荐、派遣等与就业相关的工作。

七、党组织关系

党员或预备党员除了人事档案还有个组织档案，学院辅导员会和档案一并邮寄出去，毕业生可以拿着学校开具的党员关系转递介绍信到工作单位去落组织关系。

报到时间：一般情况下，自开出介绍信之日 30 天内要落完组织关系，之后要把介绍信最下边的回执信邮寄到毕业学校的组织部。

第二节 毕业生离校、就业工作流程

一、毕业生离校程序

毕业生在离校之前应按照学校有关规定办理离校手续，主要包括以下方面：交清所欠

学杂费，办理还贷手续；还清所借图书、体育器材、实验用品等公共财物；领取毕业证、学位证或结业证、技能等级证等证书；办理党、团组织关系转移的介绍信；办理校方规定的其他手续；清理同学之间所借的私人财物，避免同学之间不必要的误解。毕业生在办理有关手续时要注意核对毕业证等相关证件上的姓名是否与户口关系完全一致，单位名称是否正确，如发现差错要及时更正。办理手续后，所有资料要妥善保管，避免丢失。

生涯故事 张文的就业协议风波

A单位到一高校招聘毕业生，毕业生张文在通过面试、体检、政审考核等程序后，A单位向学校明确表示同意录用该生，但提出因没有带公章，请学校先盖章签署意见，等总公司同意后再补办有关手续。

为慎重起见，学校就业指导中心反复提醒张文最好等A单位先盖章，学校再盖章。但A单位和张文本人都很急，单位有关人员说："反正我们已同意接收，只要方便同学，简化手续，谁先盖章无所谓。"张文说："我体检、政审都通过了，请学校给我一次机会，我愿写保证，保证因手续不全后果自负。"张文所在学院领导也打电话为之说情。鉴于此，学校就业指导中心先行在就业协议书上盖了章。谁知刚过两天，A单位就将张文的协议书退了回来。对此，张文无可奈何，学校就业指导中心也只能表示遗憾。

大学生毕业离开学校需要办理很多手续，程序十分复杂。如何做好毕业过程管理，使大学毕业生掌握正确的就业流程，顺利走向工作岗位，建立健康的劳动关系，涉及毕业生是否顺利毕业和未来职业生涯的健康发展。

二、毕业生就业报到程序

到用人单位报到，是毕业生走向新的工作岗位的第一步。这一步迈得是不是顺利，直接关系单位对毕业生的最初印象，也关系毕业生能否以一种良好的心态顺利上岗，因此绝对不能轻视。毕业生就业报到时应注意以下几点。

(一)准备好报到所需的全部材料

报到所需的材料包括毕业证、学位证、户籍关系、身份证、党团组织关系等。

(二)按时报到

报到后，用人单位往往要对新员工进行集中岗前培训一段时间。因此，一定要先与单位取得联系，问清楚报到时间、地点及有关事项。如有特殊情况不能按时报到，应提前向用人单位人事部门请假，说明原因，告知自己到单位的时间，并就自己不能按时报的情况向单位致歉。

（三）不要挑剔工作，不要提过高要求

对于组织分配的工作，不应挑三拣四。即使对分配的工作难以胜任或兴趣不浓，也应该先接受下来，力争干好。如果确有难处，也要以后再说。对于工作条件和生活条件，也不宜提出过高要求或计较一时的个人得失，一切要从职业发展的角度去思考和承受。

（四）树立主人翁意识

要把单位当成自己的家，不能有临时做客的思想。只有树立主人翁意识，沉下心来学习和工作才会在职业发展的路上越走越好。

三、毕业生户籍关系、档案的转迁

（一）毕业生户籍关系的办理

1. 入学时户口已迁入学校的毕业生

入学时已将本人户口迁入学校的毕业生，凭毕业证到学校保卫处治安科统一办理户口迁移证。到用人单位报到时，毕业生持户口迁移证到用人单位办理户口迁入手续。人事代理的毕业生到人才中心办理报到及户口迁入手续。

2. 入学时户口未迁入学校的毕业生

毕业生入学时，户口关系未迁入学校，仍然在原籍的，凭毕业证及就业协议书到生源地户籍管理部门办理户口迁移证。到用人单位报到时，毕业生持户口迁移证到用人单位办理户口迁入手续。人事代理的毕业生到人才中心办理报到及户口迁入手续。

（二）毕业生档案转递办理

1. 已就业毕业生档案的处理

高校对已就业的毕业生档案的投递一般是根据就业协议书上填写的投递地址投递。通常有以下三种状况。

（1）直接递转用人单位

毕业生就业单位如是国家机关、国有事业单位、国有企业，这些单位自身或其主管单位是有人事管理权的，可以接收档案，毕业生档案由学校直接通过机要方式投递到单位。

（2）转入政府主管的人才中心或人才代理机构

毕业生签约的单位属于非公企事业单位、各类民营机构的，因这些单位没有人事管理权，要通过人才交流中心来接收学生，所以这类毕业生就业后的档案投放到单位所在地的人才中心。

（3）转入生源地人社局

毕业生就业单位为非公企事业单位，这些单位没有人事管理权，也未在人才交流中心开户，无法接收档案的，这类学生档案原则上转入生源地人社局。

2. 对升学的毕业生档案的处理

对于专升本或者考上研究生的毕业生，学校一般在7月前将学生档案和思想政治表现表寄到所考取学校。

3. 对未就业毕业生的档案处理

目前国家对于毕业但未就业的大学生档案一般采取以下三种方法。

(1)把档案转至生源地，由所在地级市的人力资源和社会保障局接收。对于一般市级单位生源地的毕业生，其档案将发回市人力资源和社会保障局；对于县级及县以下单位生源地的毕业生。其档案将寄到所属市人力资源和社会保障局，再转派到县级人力资源和社会保障局。

(2)把档案留在学校。国家规定，允许毕业时尚未落实单位的毕业生将户口、档案留校两年，待落实工作单位后，再将户籍和档案迁至工作单位所在地。户口、档案留校超过两年仍未落实工作的，学校将其档案和户口迁回生源地。

(3)把档案转至人事代理或当地人才交流服务中心。

第三节 毕业生就业权益保护

一、大学毕业生就业的基本权益

大学毕业生作为就业的一个重要主体，在就业过程中享有多方面的权益。根据目前就业规范的有关规定，毕业生享有以下八个方面的权益。

(一)就业信息知情权

就业信息知情权是指大学毕业生拥有及时全面地获取应该公开的各种就业信息的权利。它包括三个方面的含义：信息公开，即任何团体、组织和个人都不得隐瞒、截留用人信息，要向毕业生公布；信息及时，应当及时向毕业生公布就业信息，否则就业信息就会过时，失去利用价值；信息全面，向毕业生公布的就业信息应当是全面且完整的，残缺不全的信息可能影响毕业生对用人单位的全面了解和准确判断，从而影响其对职业的选择。

(二)接受就业指导权

就业指导工作对毕业生来说意义重大，它会直接影响毕业生的职业生涯规划、就业意识、就业方向及求职择业的选择。学校在毕业生的就业指导中发挥着重要作用。为做好毕业生就业指导工作，学校应当设立专门机构、开设专门课程、安排专门人员对毕业生进行全方位的就业指导，向毕业生宣传国家关于毕业生就业的方针政策，帮助毕业生做好职业规划，对毕业生进行择业指导，引导毕业生准确定位、合理择业。除了学校，毕业生还可以从社会上合法的就业指导机构中获得帮助。

（三）被推荐权

向用人单位推荐毕业生是学校就业部门工作人员的一项重要职责，学校的推荐对用人单位选择毕业生起着重要作用。毕业生享有被学校及时、公正、如实推荐到用人单位的权利。学校推荐毕业生时应做到以下三点：一是如实推荐，对毕业生的在校表现不夸大、不贬低，实事求是；二是择优推荐，在公开、公正的基础上择优推荐，使人尽其才，从而激发广大学生学习的积极性；三是公正推荐，根据学生个人的表现及能力，公平、公开、公正地进行推荐，使所有学生都能够享受到被推荐的权利。

（四）平等就业权

毕业生在就业过程中享有平等的就业权利，每个毕业生都有平等的机会去竞争工作岗位。毕业生应当平等地接受学校推荐，平等地参加用人单位的公开招聘。用人单位在录用毕业生时也要做到公平、公正，对所有毕业生一视同仁。毕业生在遭遇就业歧视时，应该勇敢地拿起法律武器来维护自己的权益。

（五）就业选择自主权

根据国家规定，毕业生可以在国家就业方针、政策的指导下“双向选择、自主择业”，即毕业生可按照自己的意愿就业，有权决定自己是否就业、何时就业、何地就业、从事何种职业，学校、其他单位和个人均不得干涉。任何强加给毕业生的就业行为都是侵犯毕业生就业选择自主权的行为。

（六）择业知情权

毕业生在与用人单位签订就业协议书以及劳动合同前，有权了解用人单位的主体资格、劳动岗位、劳动条件、劳动报酬及规章制度等情况，用人单位应当如实说明和介绍，既不能回避或故意隐瞒某些职业危害，也不能夸大单位规模和毕业生的待遇。

（七）违约求偿权

用人单位和毕业生签订双方协议后，任何一方不得擅自毁约和违约。如果用人单位无故解除协议，或不按照协议内容履行，毕业生有权要求用人单位承担违约责任，包括支付违约金。有些用人单位出于单位改制、经营情况不好等原因，主动向毕业生提出解除协议；或者个别单位在招聘时提供了虚假信息，在毕业生到单位就业后不能履行对毕业生的承诺，对于这些情况，毕业生有权向用人单位提出赔偿要求。

（八）户口档案保存权

毕业生自毕业之日起，在择业期内如果没有联系到合适的工作单位，没有和用人单位

签订就业协议书，也没有因回生源地自主择业、出国等情况而办理人事代理手续，就有权申请将档案和户口保存在学校。学校应当对毕业生的学籍档案和户口关系进行妥善保管，且不能向毕业生收取费用。但择业期满后，学校就不再承担此义务。

生涯故事　季萍的求职困境

某财经学院毕业生季萍(化名)收到了一家保险公司的复试通知，这让她十分欣喜。但是该公司接下来提出的要求又让她十分犹豫：该公司要求她在面试时交100元培训费、180元考试费，如果她愿意的话，还可以再交20元，就可以将考卷买回家提前做好再上交。应聘怎么还要交这么多钱？到底该不该去？想到这家公司的待遇还可以，如果放弃了就太可惜了，季萍陷入两难的境地。

这个案例也很典型，招聘时以诸如培训费、考试费、服装费、资料费等名目向求职者收取费用的，绝大多数都是虚假、骗钱的。作为刚毕业的大学生，本身并不宽裕，动辄几百元的费用让他们负担不起。所以，千万要警惕：交费越多的用人单位越不可靠。这点也可以从大型企业和知名企业的招聘中看出，真正看中人才的用人单位不会向求职者收取费用。

以上案例是毕业生找工作时经常会碰到的情况。希望毕业生能通过学习提高维权意识，并结合具体情况妥善解决问题。

二、就业权益保护相关法律法规

就业权益是指劳动者在就业过程中所拥有的权利以及应获得的利益，在国家法律允许范围内的就业权益受法律保护。

随着我国法治建设的不断健全，我国逐步形成并完善了以《中华人民共和国宪法》为依据，以劳动法为基础、以相关法律法规为配套的劳动法律保障体系。从目前来看，就业劳动相关的法律主要有《中华人民共和国劳动法》《中华人民共和国就业促进法》《中华人民共和国劳动合同法》《中华人民共和国劳动争议调解仲裁法》等。

(一)《中华人民共和国劳动法》

为了保护劳动者的合法权益，建立和维护适应社会主义市场经济的劳动制度，促进经济发展和社会进步，根据我国宪法，2018年12月29日，第十三届全国人民代表大会常务委员会第七次会议通过了对劳动法做出修改的决定。劳动法明确规定，劳动者享有平等就业和选择职业的权利、取得劳动报酬的权利、休息休假的权利、获得劳动安全卫生保护的权利、接受职业技能培训的权利、享受社会保险和福利的权利、提请劳动争议处理的权利以及法律规定的其他劳动权利。

（二）《中华人民共和国就业促进法》

为了促进就业，促进经济发展与扩大就业相协调，促进社会和谐稳定，《中华人民共和国就业促进法》于 2007 年 8 月 30 日由第十届全国人民代表大会常务委员会第二十九次会议审议通过，于 2015 年 4 月 24 日第十二届全国人民代表大会常务委员会第十四次会议作出修改。该法建立了促进就业的长效机制，制定了有利于促进就业的金融政策、信贷政策、税收优惠政策以及财政政策；专章规定反对就业歧视；明确了就业援助、完善就业服务内容；政府设立的公共就业服务机构应当为劳动者免费提供就业服务，为就业困难群体提供就业帮助；职业中介机构要经行政许可。

（三）《中华人民共和国劳动合同法》

为了完善劳动合同制度，明确劳动合同双方当事人的权利和义务，保护劳动者的合法权益，构建和发展和谐稳定的劳动关系，2012 年 12 月 28 日，第十一届全国人民代表大会常务委员会第三十次会议通过了对《中华人民共和国劳动合同法》做出修改的决定，自 2013 年 7 月 1 日起施行。该法适用于我国境内企业、个体经济组织、民办非企业单位等组织与劳动者建立劳动关系，订立、履行、变更、解除或者终止劳动合同，国家机关、事业单位、社会团体和与其建立劳动关系的劳动者，订立、履行、变更、解除或者终止劳动合同，也同样依照该法执行。

课堂体验

一位参加了专升本考试的毕业班的同学，因不想放弃就业机会，于毕业当年 4 月与某公司签订了就业协议，同年 5 月初，又接到某高校的录取通知书。假设：

1. 他现在不想继续上学了，该怎么办？

2. 他选择继续读书，放弃就业，又该怎么办？

【回顾·练习】

1. 签订就业协议书时应注意哪些问题？

2. 就业协议与劳动合同有哪些异同？

3. 大学毕业生就业的基本权益有哪些？

4. 试梳理大学生就业手续的办理流程。

5. 与你同校同届的一位学友，在与某公司签订完就业协议书后想换一家单位工作，于是向你咨询后续相关手续。对此，你有何建议？

【发现·探索】

模拟签订劳动合同

活动目标

熟悉劳动合同的基本内容。

学会如何签订劳动合同。

任务描述

某酒店的员工已入职报到，请准备好劳动合同，制定好相关的内容，并逐一与劳动者签订。

要求：

(1)分成不同小组，分别代表用人单位和劳动者，进行沟通、谈判、达成协议，并制作劳动合同。

(2)劳动合同经评委会审核组织签订。

活动步骤

(1)学生分组进行角色准备。

(2)针对签订劳动合同过程中遇到的问题进行讨论。

(3)成果展示，老师和评议组打分。

活动总结

指导教师对活动进行整体评价。

第十章 开辟创业天地 铸就发展新篇章

学习指南

“创业，其实就是找别人想不到的，或做别人没做准确的事情。”这句看似非常平白的话，却道出了创业的本质和创业的艰难。虽然创业是很多人的梦想，但是现实告诉人们要实现这个梦想并不容易。如果想要实现创业梦想，就必须有充分的准备、精细的计划，并努力去付诸实施。

学习目标

知识目标

1. 掌握创业能力培养、资金筹集及创业计划相关知识。
2. 掌握创业计划书的撰写与展示技巧。

能力目标

1. 能开展实践活动提升创业能力，完成资金筹集。
2. 能借助 AI 撰写创业计划书并进行有效展示。

素质目标

1. 培养创新风险意识、团队协作及资源整合能力。
2. 树立严谨商业思维，增强抗压应变与契约精神。

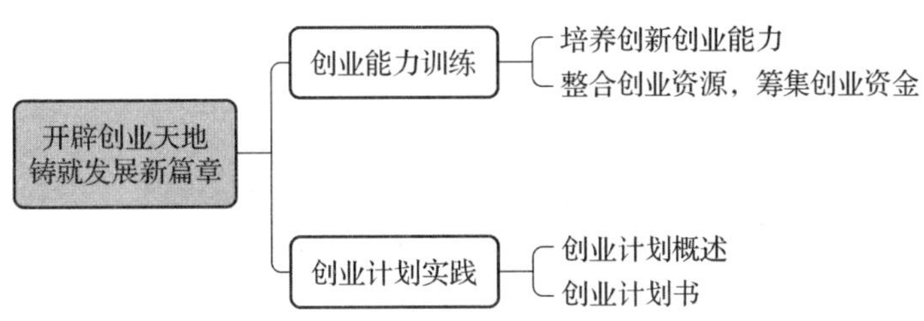

刘先生和他的创业计划书

刘先生毕业于某知名大学。经过多年的业余钻研，他在建筑节能材料方面取得了一项重要突破。这项技术如果在实际中得到应用，将显著减少建筑物的能源消耗，前景非常广阔。于是刘先生辞去原来的工作，准备创业。

但由于多年来的积累都用在了建筑节能材料的研究上，他在七拼八凑注册了一家公司后，已经无力再招聘员工、购买试验材料了。无奈之下，刘先生想到了风险投资基金，希望通过引入合作伙伴的方式解决困境。为此，他多次与一些风险投资机构或个人投资者接洽商谈。虽然反复强调他的技术多先进，应用前景多好，并拍着胸脯保证投资他的公司回报绝对低不了，但总是难以令对方相信，而且他对于投资人问的多数数据也没办法提供，如你的产品的市场需求量有多少？一年可以有多大的销售额？投资后回报率有多高？就连他想招聘一些技术骨干也比较困难，这些人总是对公司的前景缺乏信心。

这时，曾在刘先生注册公司时帮助过他的一位做管理投资的朋友的一句话点醒了他："你的那些技术有几个投资者搞得懂？你连一份像样的创业计划书都没有，怎么让别人相信你，投资者凭什么相信你？"于是，在向有关专家请教咨询后，刘先生又查阅了大量资料，然后静下心来，从公司的经营宗旨、战略目标出发，对公司的技术、产品、市场营销、资金需求、财务指标、投资收益、投资者的退出等方面进行了论证和分析。在这个过程中，他开展了大量市场调查，一个月后，拿出了一份创业计划书初稿，经过几位相关专家的指点，再次进行了修改和完善。凭着这份创业计划书，刘先生不久就与一位风险投资公司达成了投资协议。有了风险投资公司的支持，员工招聘的问题也迎刃而解了。

现在，刘先生的公司经营得红红火火，年销售利润达 500 多万元。回想往事，刘先生感慨地说："创业计划书的编制与我搞的节能材料差不多，绝不是随便写一篇文章的事。"

"编制计划书的过程就是我不断理清自己思路的过程。只有创业者自己思路清晰了，才有可能让投资者、员工相信你。"

第一节 创业能力训练

一、培养创新创业能力

(一)提高创新创业意识

很多大学生往往不重视创新创业实践，这是因为大学前的教育告诉他们课堂上的东西是最重要的，课本学习比社会活动更重要。生活中处处有新知，大学生作为"七八点钟的太阳"，应该在老师教学的第一课堂之外，积极开辟自己的第二课堂。只有首先具备了提高自身能力的意识，大学生才会在课余思考实践的问题，才能投身到课余实践中来。课余实践的机会多了，才能结合理论产生创新思维，再利用创新思维指导实践，实现"意识到实践，实践到意识，意识再到实践"往复循环的认识飞跃。

(二)参加实践活动提高素养

有了创新创业意识之后，大学生应该积极参与各个类型的实践活动，为自己创新创业积累经验。有效的实践活动主要有四种，如表 10-1 所示。

表 10-1　实践活动

实践活动	定义
科研训练	在导师帮助下充分利用大学的实验室和科研资源进行科研训练，引导自身加强对科学前沿的认识，提高实验动手能力
学科竞赛	主动参加学校或者教育部门组织的学科相关竞赛(如软件设计竞赛、智能车设计比赛等)能极大地提高快速学习能力，并检验自身时间管理和项目安排的能力
素质教育	多参加读书会，借阅专业以外的书籍拓宽自己的知识面；积极参加文艺体育活动，如参加辩论队或演讲比赛，锻炼口才；培养一个兴趣爱好，如绘画、摄影、徒步等
实习培养	积极参加校外兼职活动，锻炼职业技能，了解盈利链的整个运作；参与产业基地或者公司实习，在拓展社会资源的同时了解公司的基本运营流程

(三)选择合适的创业实践方向

有了创新创业意识，广泛参与实践活动之后，大学生会对自身的优势和劣势、兴趣和

短板有较充分的认识。然后可以结合自身兴趣和能力优势，选择创新创业相关的方向。在确定方向之后，要深入了解相关方向的理论知识，参加相关方向的实践活动。例如，对编程有兴趣的大学生，可参加多个软件编程项目组，边完成项目边巩固编程知识，达到事半功倍的效果；而对学科前沿知识有热情的大学生，可积极联系导师，争取进入实验室的机会，学习实验方法和科研技巧等。大学生要学会合理安排好校内学习和课余钻研的时间，在项目中学习，在学习中进步。在一个方向上积累了足够的经验，就可以准备自己创新创业的课题了。

(四)在项目中锻炼职业技能

大学生应该充分利用项目的机会锻炼职业技能。一般而言，大学生都是通过尝试不同的实践活动最终确认创新创业实践的方向，然后在这个方向上经过长期的理论准备和反复实践。例如，以科研为目标的同学，要在项目中锤炼出科学精神，打好理论基础，学会写合格的研究文献；参加软件硬件项目的同学，可总结自己在项目中的实践经验，提高动手能力和项目开发水平，缩短就业时的实习期；在项目中负责营销和对外联系的同学，要总结好自己项目管理和对外公关的经验，为将来从事同类型的工作打下基础。

课堂体验

自带一份家中闲置物品，开展校园跳蚤市场活动。通过摆摊、经营、购买等环节，熟悉市场经营过程，培养创业和市场经济意识。

二、整合创业资源，筹集创业资金

学生创业一方面可以解决自身的就业问题，获得精神和物质上的满足；另一方面还创造了更多的就业机会，有助于带动其他人员就业，降低社会失业率。为促进大学生自主创业，国家及各级政府出台了一系列优惠政策，涉及融资、开业、税收、创业培训、创业指导等诸多方面。这些优惠政策在一定程度上鼓舞了大学生的创业热情，增强了大学生的创业意愿。

创业需要人才、知识、技术、资金等各种条件。大学生在知识、人才、技术等方面具有优势，而资金是他们创业最为薄弱的环节。

(一)大学生创业资金筹集的难点及原因

1. 创业项目缺乏新意与吸引力

创业项目决定创业成败，好的创业项目能在市场竞争中占据主动地位，没有新意的创业项目则会成为“无根”项目或缺乏吸引力。这些问题主要表现在以下几个方面。

(1)大学生创业项目科技含量低，缺乏创意

大学生创业项目大多数以服务型创业、生存型创业为主，如快餐店、食品店、加盟连锁等，这类创业项目规模较小、形式单一，容易被同类竞争淘汰，并且投资回报率较低。

(2)创业项目缺乏真正的商业前景

很多大学生对自己项目的市场预测过于乐观，没有进行认真细致的市场调查，创业项目缺乏实际可行性和良好的市场前景。

(3)创业项目的投资回报周期长

投资人比较喜欢“短、平、快”的项目，而很多创业大学生的项目存在“理想成分多、前期投入大、资金回流时间长”等问题，造成投资人的投资意向明显下降。

2. 创业政策体系缺乏支撑和系统性

当前，各级政府、社会和高校对大学生创业倾力关注，尤其是在创业专项基金、创业孵化基地、创业贷款政策等方面给大学生提供了很多支持和帮助。但许多鼓励大学生创业的政策，随意性较大，缺乏支持和法律保障，同时持续性不够，主要表现在以下几个方面。

(1)创业政策缺乏专门机构的统一管理

政府帮扶大学生创业的优惠政策散布于各个部门，如教育部、人力资源和社会保障部、共青团中央、市场监督管理局等多个部门都出台了扶持大学生创业的相关政策，但是这些政策因没有专门机构进行整合，政策效力明显减弱。

(2)创业政策缺乏科学合理性

从现有相关部门出台的创业政策来看，多为指导性的思想和方针，缺少简单可行的具体实施细则。另外，许多出台的大学生创业政策也多以“通知”“意见”等形式出台，缺少一定的法律效力。

(3)创业政策缺乏协调

如教育部侧重于从毕业生就业的角度来制定创业政策，共青团中央倾向于从培养高校学生创业意识和能力的角度来开展创业活动，市场监督管理局侧重于减免税收来帮扶大学生创业，人力资源和社会保障部则倾向于提供创业孵化场地来扶持大学生的创业活动。总体而言，创业政策之间因缺乏协调导致保障效率降低。

3. 创业融资缺乏渠道和操作性

目前，大学生创业资金来源主要依靠内部资金支持和外部资金支持，内部资金支持主要以父母、亲朋好友的资助和个人积蓄为主；外部资金支持则以银行小额信贷、创业扶持基金、风险投资基金等为主。内部资金支持金额少，方式较为简单；外部资金支持金额较大，但受限条件较多，主要表现在以下几个方面。

(1)银行贷款门槛高

由于我国金融信用体系不完善，特别是没有建立良好的大学生信用体系，因此大学生很难以自身信用获得银行贷款。另外，大学生的初创企业项目规模小、还款能力弱，而银行历来有“重大轻小”的规模歧视，常常设置较高的创业贷款门槛，导致许多学生的硬件条件达不到申请规定要求。

(2)创业基金申请条件高

我国还没有建立全国性的大学生创业基金，地方政府和高校设立的大学生创业基金还处在发展阶段。一些地方政府和高校虽然设立了小规模的创业基金，但申请的条件较高，如很多创业基金要求学生创业项目需要具备一定的科技创新技术、场所面积、团队人数、行业要求等。

(3)风险投资少

在西方发达国家，大学生创业资金的重要来源主要依靠风险投资(风险投资是指专业投资人为快速成长且具有很大升值潜力的新兴公司提供的企业发展资金)。风险投资引入中国的时间较短，社会风险投资市场也不够成熟，现有的比较成形的天使投资公司仍然较少，创业投资资金也就更少，难以满足众多大学生创业者的资金需求。

(二)解决大学生创业资金筹集的对策

创业资金不足，再好的创业项目都是奢谈和空想。创业项目的实施取决于创业团队是否有充足的创业资金，因此大学生创业道路上首先要解决的就是创业资金问题。根据上面的原因分析，解决大学生创业资金筹集困难的问题，必须从以下几个方面着手。

1. 自筹资金

对于大学生创业者来说，由于其处在起步阶段，贷款能力有限，因此相当一部分资金需要依赖自有资本。如向亲戚、朋友、同事、同学等借钱。这是一种最简便可行的方式。

但是，在自筹资金的过程中，创业者必须注意以下几个问题。

(1)创业者自身拥有主导权

无论亲戚朋友给予的资金有多少，原则上，经营事业必须保证创业者自身拥有主导权，也就是说，创业者自己应该拥有最大的股权；否则，创业者在企业经营过程中就会由于过多地受到他人的制约而缺乏魄力。所以，创业者要想事业顺利，自己就必须拥有足够的资金，这是创业者首先必须具备的经济观念。

(2)创业者自己必须是具备“储蓄性格”的人

那些下个月的薪水还没有领到、这个月薪水就花光的人，或者是到处向人三千元、两千元借钱的人，都不够拥有自己经营事业的资格。现在，这种“储蓄性格”也是很多银行在贷款给用户的时候事先考察的一个方面。具备“储蓄性格”的人，自然就具备了偿还能力，这就是所谓的信用基础。所以，每个月能够坚持储蓄一部分资金的人，两三年就能积累一笔不少的资金了。这样，不仅自己有了比较充足的资金储备，而且也能为顺利地从亲戚朋友那里借到钱，打下了一个良好的信誉基础。

2. 合伙入股

创业社会化是一种趋势。由于一个人往往势单力薄，所以几个人凑在一起会更有利于创业资金的筹集。另外，合伙创业不但可以有效筹集到资金，还可以充分发挥人才的作用，有利于对各种资源的利用与整合。对于资金力量不够雄厚的大学生创业者来说，这种合伙经营的方式还可以有效地分散风险，即如果创业不成功，由此带来的风险会由几个人共同分担，相对一个人创业来说个人的损失就要小得多。

虽然合伙投资可以解决资金不足的困难，但也应当注意以下的问题。

(1)要明晰投资份额

大家在确定投资合伙经营时应确定好每个人的投资份额。平分股权的方式并不一定是最好的选择，因为如果平均进行股份额度分配，必将导致各股东之间权利和义务的相等，这样反倒不利于分工和明确责任，从而会使主要经营目标难以实现，为以后的矛盾埋下祸根。

(2)合伙人之间必须加强信息沟通

很多人合作是因为感情好，“你办事我放心”，相互信任。但假如因此而不注意沟通交流，很容易产生误解和分歧，不利于合伙基础的稳定。

(3)要事先确立章程

俗话说：“没有规矩，不成方圆。”经营企业就应该“亲兄弟明算账，把丑话说在前头”，不能因为大家感情好，或者有血缘关系，就没有企业章程。章程是行为准则，是经营依据，没有它也就没有了依据，是合作的大忌。

3. 银行贷款

国家信息中心的一项调查表明，如今筹资问题已经成为个人创业的首要焦点，80%以上的创业者由于不知道怎样贷款，或者根本就不敢向银行贷款，而与“大好商机”擦肩而过。

对于大部分创业者来说，银行贷款是最为传统的筹款方式。目前能够为中小企业提供贷款的银行主要有四大国有银行；同时，光大银行、广东发展银行、中信银行等金融机构也纷纷推出了专为个人创业者打造的贷款品种。这些举措都将使个人创业者的资金筹集问题变得越来越简单。而且近几年国家各项政策都鼓励、支持在校大学生创业。所以，对普通创业者来说，根据自身情况科学地选择适合自己的贷款品种，将会使创业变得更加轻松。

4. 寻求风险投资

所谓风险投资，是指对处于创建期和成长期的中小企业进行股权或债权投资，并参与企业管理，以获得较高的回报。据调查结果，我国专门从事风险投资的金融机构已超过400家，此外，还有一些大企业、大集团也在进行风险投资，风险投资已逐渐成为普通创业者获得资金的一种方式。

阅读专栏　创业者如何获得风险投资

创业者有了好的开发项目，如何获得风险投资呢？

第一步：拟订好经营计划书。在拟订经营计划书时，注意以下几点：

(1)尽量详细描述产品的市场规模和前景；

(2)拟订经营计划书时详尽介绍产品独特之处，如技术上的先进性、工艺上的可行性、原材料获取的经济性，并结合产品市场前景，初步估算出产品的经济效益，做好财务预测；

(3)将经营计划书尽量撰写完美。

第二步：寻找风险投资者。

第三步：风险投资合同的谈判。

很多创业者可能生平第一次参加这样的谈判，所以，在谈判过程中要对谈判技巧和法律细节多加关注。

5. 争取政策性扶持资金

作为国民经济中重要组成部分的中小企业，由于受到资金和规模的限制，经常会在企业发展过程中遇到各种困难。因此，我国各地政府每年都会拨出一些资金以支持大学生创业，支持他们的企业正常发展。

6. 自力更生，自主发展

对于很多创业者来说，顺利解决创业后的后续资金问题，无疑是一个至关重要的问题。若解决不好，可能会导致自己辛苦创立的事业前功尽弃。虽然通过前面几点的论述我们知道，创业者获取资金的途径有很多种，但它们并不一定对每个创业者来说都有效。所以，拓宽思路，积极发掘自身内在的潜力，发展多种途径，靠自己的力量，对创业者来说恐怕还是最直接，也是最有效地筹措资金的办法。

第二节 创业计划实践

一、创业计划概述

在创业的道路上，一份科学完备的创业计划如同精准的导航图，指引着创业者穿越未知的迷雾，稳步迈向目标。

(一)创业计划的定义与作用

1. 创业计划的定义

创业计划是由创业者准备的一份书面计划，用以描述创办一个创业企业时所有相关的外部及内部要素，包括商业前景的展望、人员、资金、物质等各种资源的整合，以及经营思想、战略确定等，是为创业项目制定一份完整、具体、深入的行动指南，又叫创业的商业计划。

2. 创业计划的作用

(1)创业计划是创业者把握企业发展的总纲领

创业者应该首先确立明确的目标，包括经营策略与步骤、市场调查与分析、企业管理与前景展望等。为了使创业行动有章可依，创业计划应运而生。创业计划的写作过程，也是一个不断调整思路与策略的过程。在这一过程中，创业者改变销售策略，或者更新经营思路，或者认识到某一方面的错误与不足，甚至改变总目标下的某一分支，这都有利于企业良性发展。总之，对创业者来说，创业计划无异于总纲领和总路线。

(2)创业计划是帮助创业者凝聚人心的重要依据

一份完美的创业计划可以增强创业者的自信，使创业者明显感到对企业更容易控制、对经营更有把握。因为创业计划提供了企业全部的现状和未来发展的方向，也为企业提供了良好的效益评价体系和管理监控指标。创业计划使创业者在创业实践中有章可循。

创业计划通过描绘新创企业的发展前景和成长潜力，使管理层和员工对企业及个人的未来充满信心，并明确要从事什么项目和活动，从而使大家了解将要充当什么角色，完成什么工作，以及自己是否胜任这些工作。因此，创业计划对于创业者吸引所需要的人力资源，凝聚人心，具有重要作用。

(3)创业计划是投资者决定是否投资的重要参考

创业计划是创业融资的必备工具。从融资角度来看，创业计划通常被喻为“敲门砖”。

对于初创企业来说，创业计划的作用尤为重要。企业的成长基本上离不开外来资金。如果没有创业计划，创业者就无从知道创办这家企业所需资金的确切数目，也就不知道到底还缺多少资金。风险投资家都要求创业者提供创业计划，他们依据创业计划进行评价和筛选，选择他们认为最有发展潜力的企业进行投资。但是，必须明确的一点是，即使创业者不需要借钱，不需要寻找合作伙伴，也必须撰写详细的创业计划。

(4)创业计划为创业企业宣传、扩大影响提供依据

创业者如果想要扩大企业知名度，对外宣传自己的创业项目，就必须有一份详细且有说服力的创业计划书作为蓝本，使之成为创业者与外界沟通的桥梁。

(二)创业计划的种类

根据行业特点可将创业计划分为高新科技创业计划、传统产业创业计划等。

根据创业计划编制目的可将创业计划分为要吸引风险投资的创业计划、创业规划性创业计划等。

根据创业计划的详略可将创业计划分为略式创业计划(概括式)、详式创业计划等。

根据投资者的不同可将创业计划分为争取创业投资股权投入的创业计划、争取产业资本股权投入的创业计划、争取他人合伙的创业计划、争取政府支持的创业计划。

生涯故事　创业计划书的重要性

由5名大学生组建的一个创业团队想在校园附近创办一家川菜馆。他们直接找到投资者，并对川菜馆的前景、发展战略、餐厅定位及自己团队的优势进行了一番陈述，然而投资者毫无兴趣。

此时，另外一个团队也对川菜馆感兴趣，他们首先进行了一番详细的市场调查，包括餐馆服务的目标人群、食客们喜欢的就餐环境、食客们能够接受的产品价格，以及实施会员制跟踪服务的可行性等。然后，他们对川菜馆的优劣势进行了分析，并对团队中每一位成员的学历背景、实习经历、曾经获得的荣誉进行了介绍。但得到的答案依然是否定的。在投资者看来，川菜馆毫无特色，看不出有任何的商机，而且最重要的是，团队发起人没有明确地陈述决定这项事业成功的关键问题，即如何从众多川菜馆中脱颖而出，并最终在餐饮市场取得一席之地。

与此同时，第3个团队也看中了川菜馆这个项目，并编写了详细的商业计划书，明确地表述了关于菜品特色、食材的选取流程及营销方法的执行手段，并附上了团队在这方面的优势。这些表述为这个创业计划加了不少分，最终该创业团队获得了投资者的支持。

由此可见，制作一份好的商业计划书对创业者而言是非常重要的，它不仅能帮助创业者获取资金，还能使创业者理清创业初期的发展思路，为创业成功打下坚实的基础。

二、创业计划书

(一)创业计划书的定义

创业计划书，也称商业计划书(Business Plan，BP)，创业计划书是创业团队在创业初期集思广益，大家一起探讨、提炼、梳理出来的创业思路。撰写计划书的过程可以帮助团队明确创业项目未来的发展战略和资本部署，指导其细分市场，明确目标顾客，准确市场定位和制订资金规划。创业计划是给投资人看的，更是给自己看的。在头绪纷繁的创业初期，把想法落在纸上，迫使团队自我检查自己的运作构思是否可行，改正不切实际的想法，降低试错的代价，能够让创业者加深对创业核心要素的思考和记忆，如行业竞争、营销策略等，可以大大提高创业者的经营管理能力和专业知识。

大学生创业初期，更需要系统地思考项目的可行性。通过撰写创业计划书，一方面，建立团队内部分工合作和沟通交流的机制，形成对项目的共同认知；另一方面，可以更广泛地扩大与外部的交流，获取信息和资源。例如，市场分析和竞争分析环节的市场调研、专业老师给予的技术支持和管理咨询等。适合大学生创业项目的创业计划书，一般可以按照相对标准的文本格式进行编写，具体包括项目背景、产品和服务、市场分析、竞争分析、项目运营、团队管理、财务分析和风险退出等。一份详尽的创业计划书，就是未来创业过程中的行动纲领，指导创业者应该做什么、注意什么问题、规避什么风险。创业计划书不是一成不变的，它是建立在预测基础上的，随着时间的推移、企业的发展和环境的变化，计划要不断调整，因此，一份好的创业计划书应该具有灵活性和适应性。

(二)创业计划书的作用

创业计划书具有明显的商业价值，是一种国际通用的商业文本。其商业价值主要从以下几个方面体现出来。

1. 指导作用

创业计划书是创业的战略构想和战术部署，是指导创业从想法变为现实的纲领性文件。因此，创业计划书对产品和服务特色的挖掘、市场调研和分析、商业模式创新，衍生计划的形成和新企业开办都具有指导作用。具体表现为指导创业团队使用科学合理的方法和工具思考问题，让创业者少走弯路，使计划更具有可执行性。例如，战略分析使用SWOT工具、竞争分析使用波特五力模型、市场分析使用STP方法等。

2. 聚才作用

创业计划书的聚才作用是很宽泛的。这个“才”，可以理解为专业人才、股东、管理团

队、基金公司、投资人等对创业项目感兴趣，并能让项目快速发展和成长的组织和个人。

3. 整合作用

创业计划书的整合作用是一个最根本、最重要的作用。在创业初期，各种生产要素、信息杂乱无章地混在一起，创业者的思路也是千丝万缕的。编写创业计划书的过程，让创业者从纷杂的信息中提炼出有用的信息，将生产要素归类整理，并进一步完善信息、梳理思路、找出各阶段的关键环节，最终把各种资源有序地整合起来、调动起来，进行最佳要素的组合，形成商业价值。这种整合，能够把各种分散的资源聚拢起来，形成一种增量资源，从而产生明显的经济效益。

4. 融资作用

资金是企业的血液，是创业的要素，是创业企业快速成长和迭代的重要资源。大量的创业案例说明：创业过程中的各个阶段都会需要外部资金的支持，且随着规模的扩大，这种资金需求会更迫切，数额会更大。很多刚开始创业的大学生，对资金存在误区，总认为自己没有钱，有多少钱就做多大的事情。实际上，企业的发展离不开外部资金的支持，银行贷款、风险投资、合伙人入股等形式都可以为企业注入更多的资金，这些合作都是从审验你的创业计划书开始的。因此，写好创业计划书对获得更多资金支持具有重要的作用。

（三）创业计划要素

1. 概念

概念指的是计划书中必须描述所要进入的是什么行业，如是制造业还是服务业，卖什么产品还是提供什么服务，还有产业生命周期是处于萌芽、成长、成熟还是衰退阶段。也要明确要进入的事业是新创的，还是加入或继承既有的；明确经营方式是独资还是合伙，为何能获利，要不要配合节庆开业，营业时间有多长，是否有季节性；有了卖的东西以后，接下来要明确卖给谁，谁是顾客。要明确顾客范围，比如认定所有女人都是顾客时，要明确 50 岁以上的女人和 5 岁以下的女孩是否都为目标客户。

2. 竞争者

产品以前有没有人卖过？如有人卖过，是在哪里卖过？有没有其他产品可以取代？这些竞争者跟公司的关系是直接的还是间接的？

(1) 当要创业或要进入一个新市场时，当然要先做竞争分析。

(2) 竞争有时是来自直接的竞争者，有时是来自其他行业，所以当一个新竞争者进入经营的市场时要做竞争分析。

(3) 随时随地做竞争分析，这样做效果最好最省力。可以从这几个方向去想：谁是最接近的竞争者？他们的业务如何？能从他们那里学到什么？如何做得比他们好？

3. 管理

要清楚自己的强项和弱势，清楚彼此间职务及责任如何分工，职责是否界定明确；了解除了团队本身是否有其他资源可供利用。中小企业98%的失败来自管理的缺失，其中45%是因为管理缺乏竞争力，还没有明确的解决之道。20%是因为公司内部专业设置不合理，这要加强专业学习。18%是缺乏管理经验要找互补性的事业伙伴来弥补。还有9%是没有相关产业经验，3%是经营者掉以轻心，2%是被人家欺诈，最后1%是来自自然或人为灾害。

4. 行动方针

企业的行动计划应该是无懈可击的。创业计划书中应该明确下列问题：企业如何把产品推向市场？如何设计生产线，如何组装产品？企业生产需要哪些原料，企业拥有哪些生产资源，还需要什么生产资源？生产和设备的成本是多少？企业是买设备还是租设备？明确产品组装、储存以及运送过程中有关固定成本和变动成本的情况。

5. 能力

能力是指要清楚要卖的东西自己会不会操作，懂不懂其中的原理。譬如开餐馆，如果厨师辞职不干又找不到人，自己会不会炒菜？如果没有这个能力，至少合伙人要会做；再不然也要有鉴赏能力，不然最好不要做。

6. 资本

资本可以是现金，也可以是可以换成现金的其他替代品。要清楚资本在哪里、有多少，自有部分有多少，可以借贷的有多少。

7. 风险

经营企业一定会有风险，平时就要注意规避。风险不是说有人竞争就有风险，风险可能是当初选的地点旁边有地铁，可是后来地铁不经过此处。还有进出口会有汇兑的风险，餐厅有火灾的风险，另外还要注意当风险来时应如何应对。

8. 财务需求与运用

要想了解筹资融资款项如何运用，是拿来营运周转还是添购设备、备料进货或是技术开发，要何时动用；还有供货商、规格、品牌、价格、数量、运费、税金等需求，如何计算筹融资款对专业的获利有何贡献；是否预估未来三年的损益表、资产负债表和现金流量表。其运用方法为第一年报表要以每月为基础，第二、第三年则以每年为基础来预估。

9. 地点

一般公司对地点的选择可能影响不那么大，但是如果要开店，店面地点的选择就很重要，要不然为什么麦当劳要开在街口转角？通常不好的选址会影响生意，而好的选址会使利润多一点。

10. 成长与发展

在创业计划书中要明确下一步要怎么样，三年后会怎么样，五年以后会怎么样；这个计划是要求所创事业能永续经营的，所以在规划时要能够做到深耕化、多元化和全球化。

(四)AI 创业计划书编写内容

1. AI 让市场调研更简单

(1)快速收集数据

AI 工具能像勤劳的小蜜蜂一样，飞到互联网的各个角落，帮你收集非常多市场信息，比如你开奶茶店，它能找出年轻人喜欢的口味、消费频次、热门店铺的特点等，省去你满大街跑、网上搜的麻烦。

(2)精准分析趋势

AI 工具还能把这些杂乱的数据变得有条理，如画出一张奶茶消费的走势图，告诉你近年来奶茶市场是涨是跌，哪种口味会成为下一个爆款，让你在创业计划书中写出靠谱的市场前景。

(3)全面分析对手

对于竞争对手，AI 就像侦探一样，把产品、价格、店铺位置、顾客评价等信息一网打尽，帮你找出优缺点(见图 10-1)，这样你就能在计划书中写出自己奶茶店的独特优势，如别人没有的口味、更实惠的价格等。

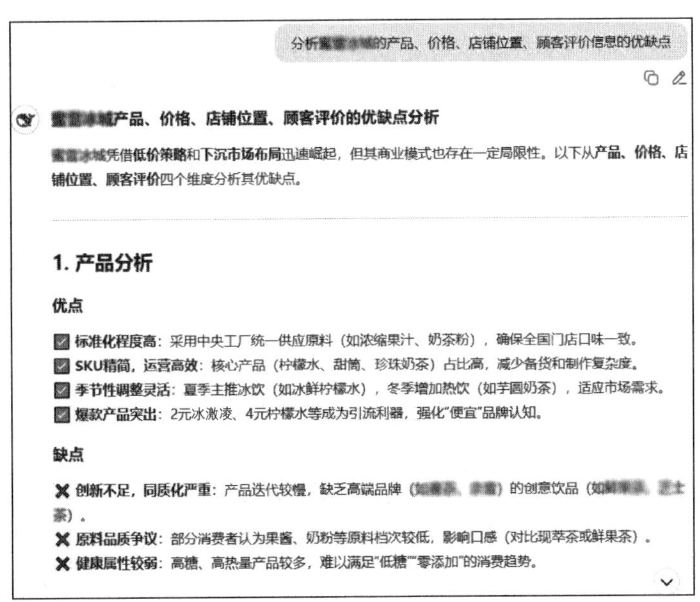

图 10-1　分析店铺信息

(4)精准定位客户

AI 可以根据大量的消费者信息，帮你画出“目标客户画像”。比如你的奶茶店主要面向大学生，它能分析出大学生喜欢的奶茶包装、价格区间、消费场景等，让你在计划书中明确写出要卖给谁，怎么卖。

2. AI 帮产品描述更出彩

(1)提炼核心价值

你是不是觉得产品优点好多，不知道怎么写重点？AI 来帮你！它能从大量信息里找出你产品最牛的地方，比如你做的奶茶用天然茶叶、新鲜水果，无添加，AI 就能帮你把这些写成吸引人的句子，放在创业计划书里，让投资者一眼就看中。

(2)突出创新之处

如果你的奶茶有特别的地方，像会发光的杯子、能喝出不同层次口感，AI 会把这些创意放大，写进计划书，让读的人觉得你的产品很新颖，和别人完全不一样。

(3)规划产品路线

它还会给你出主意，把产品从现在到未来怎么改进、出新口味、推出新包装等都规划好，写进创业计划书，让投资者觉得你有长远打算。

3. AI 让商业模式更清晰

(1)探索赚钱方式

AI 宛如一位智慧的谋士，为你提供众多盈利的策略。例如，一家奶茶店除了提供饮品，还可以销售相关的周边商品，如定制杯子、特色吸管；实施会员积分制度，鼓励顾客充值并提供相应的优惠；与学校或企业建立合作关系，定期供应产品。这些策略都可以被纳入创业计划书中，向潜在投资者展示你多元化的盈利模式。

(2)精准盈利规划

通过分析产品的成本、定价策略以及预期销量，AI 能够为你预测潜在的盈利额度，并且清晰地制定出利润表和收支平衡表。这将使你的创业计划书中的财务部分更加具有说服力。

(3)评估稳健性

AI 还会像医生看病一样给商业模式做体检，找出有问题的地方，比如原材料涨价、竞争对手突然降价等，提前想好应对办法，写进计划书，让投资者放心。

4. AI 让营销销售有策略

(1)精准营销

AI 技术能够揭示大学生的偏好，包括他们常去的娱乐场所和信息获取的平台，如抖音、小红书或校园论坛。接着，它会指导你如何在这些平台上投放广告和组织活动，以吸引他们光顾你的奶茶店。例如，在抖音上发布制作奶茶的短视频，并搭配热门音乐，以此吸引学生的点赞和分享。

(2)创新活动

AI 可以想出很多新奇的营销活动(见图 10-2)，如举办奶茶品鉴会，邀请学生来尝新口味，给他们优惠券；或者搞线上抽奖，奖品是免费奶茶等，增加店铺人气。

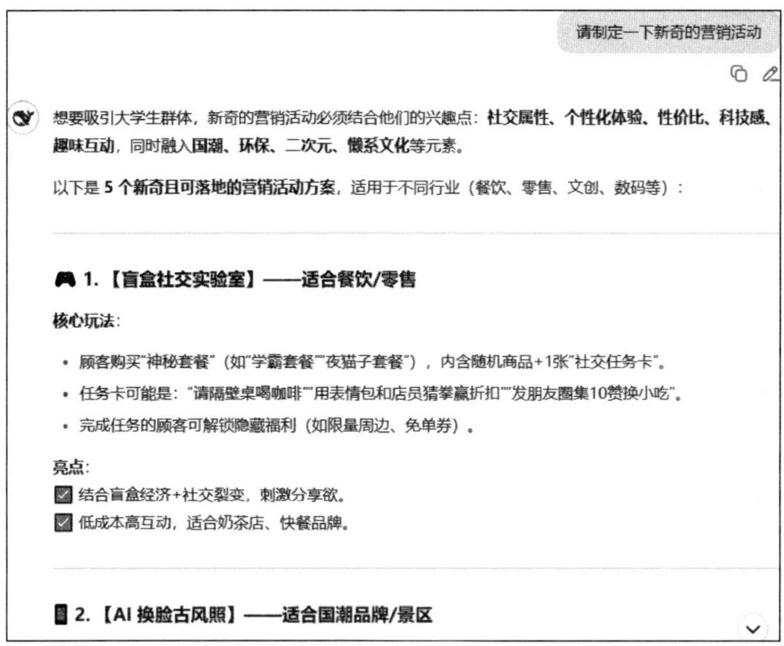

图 10-2　新奇的营销活动

(3) 优化渠道

AI 能分析各种销售渠道，比如线上外卖平台、线下校园店、临时摊位等，告诉你哪个最适合你的奶茶店，帮你把销售渠道布局写进创业计划书，让销售更顺畅。

5. AI 让运营规划更高效

(1) 优化流程

从采购茶叶、水果，到制作奶茶、送货，AI 帮你把整个过程梳理得十分清楚，找出能节省时间、成本的地方，如批量采购原材料、安排员工轮班制作等。写进创业计划书，让运营更高效。

(2) 提升团队

AI 还给你建议怎么招人、培养人，比如招聘有奶茶制作经验的员工，或者送员工去培训，提升技能；怎么分工，让每个人都有事干，不混乱。这些都能写进计划书，让团队更强。

(3) 规划信息化

AI 会建议你用啥管理系统，如点单软件、库存管理软件等，让奶茶店运营更智能。这些也写进创业计划书，让店铺更现代化。

6. AI 让财务风险更可控

(1)精准财务预测

AI 财务工具帮你算出奶茶店未来几个月、几年大概能赚多少钱，需要花多少钱，把利润、成本、现金流等算得清清楚楚。写进创业计划书，让投资者看到你的财务规划很科学。

(2)合理资金规划

AI 将根据您开店所需的资金，包括房租、设备、原材料等，计算出总预算，并明确资金的筹集方式，无论是向家人借款、申请贷款还是寻找投资人，都将资金的来源和去向详细记录，确保资金链的持续稳定。

(3)全面风险把控

AI 会找出奶茶店可能遇到的风险，如原材料短缺、设备坏掉、员工离职等，提前想好应对办法，如找多个供应商、备好维修基金、给员工涨工资留住人等。写进计划书，让投资者觉得你考虑周全。

7. AI 让计划书持续更新

(1)跟踪变化

奶茶店开业后，AI 帮你关注市场变化，比如原材料价格涨了、新口味火了、竞争对手有新动作等，及时告诉你要更新创业计划书。

(2)优化调整

根据大家的反馈，如顾客的评价、投资者的建议等，AI 帮你找出需要改进的地方，不断更新计划书，让生意越来越好。

(3)定期更新

它会提醒你定期更新创业计划书，把新的成绩、新的打算写进去，让计划书一直很有用。

(五)创业计划书的撰写技巧

一份好的创业计划书具有的特点是关注产品、敢于竞争、充足的市场调研、有力的资料说明、明确的行动方向、优秀的团队展示、良好的财务预估、出色的计划概要等。在申请融资时，创业计划书是至关重要的一环。因此，在撰写创业计划书时，应该做到内容完整、意愿真诚、基于事实、结构清晰、通俗易懂。

1. 文字简短

创业计划书除了要对创业计划的目的、过程和结果进行表面描述，还要求内容尽量简短，避免长篇幅的赘述。由于创业计划书的读者大都是投资者、金融资产管理者和企业的关键人物，他们都不愿意看到一篇主题不突出、篇幅冗长的创业计划书。

2. 结构合理

创业计划书中的摘要、正文和附录部分要有连贯性和逻辑性，前后内容要相互呼应，不能相互矛盾。装订后的创业计划书要进行适当的包装，体现庄重、大方的风格。

3. 数据可靠

创业计划书应说明创业企业的发展趋势，指出创业企业未来要实现的数据指标。例如，投资回收期、投资报酬率和风险的预测和估量，而且这些预测数据要有根据，令人信服，防止夸大其词。对重大风险应有足够的估计。

4. 证据充分

创业团队关键人物的技能和团队成员之间的互补对创业企业至关重要。通常投资者在审查创业计划书时，非常重视创业团队的人员构成。创业计划书中应提供团队关键人物的能力相关资料，如专利发明、获奖证书、工作技能和主要工作经历等。

5. 目标准确

为了说明创业企业产品或者服务的销路，创业计划书中要明确目标市场，充分说明商业机会，避免试图创造多样化的市场或者多种投资，因为一个企业创办初期应首先集中力量开拓明确的目标市场。

6. 项目可行

项目可行性论证理由要充足，要对项目的长处与短处做客观公正的分析。这就要求创业者在进行前面的各项考察时一定要根据实际情况，对创业项目的优势和劣势作出全面详细的调查，取得真实可靠的第一手资料。

7. 计划长远

制订具体实施方案时，要以时间为轴线，对每项工作作出具体明确的安排。什么时间做什么事，达到什么要求，要尽可能写清楚，努力提高计划的可操作性。制订规划要高瞻远瞩，不要只顾眼前利益，要把企业引向广阔的发展道路。

8. 用词恰当

创业计划书可以由创业团队自己编制，也可以委托咨询公司编制。由于创业者熟悉自己的任务和职责，又非常了解自己的产品和服务的特征，在充分分析投资环境和外部市场等重要因素的情况下，自己编写出来的创业计划书更具有可操作性。如果委托他人编制创业计划书，编制者要详细了解创业企业的内外部环境，并且要得到创业者的支持。由创业团队亲自参与编写的，创业计划书中使用的人称代词通常是“我”“我们”等。如果创业计划书是委托咨询公司起草的，最好使用第三人称措辞，使用“他”“他们”等。无论使用何种人称代词，都要避免使创业计划书带有个人色彩，努力做到客观、公正。

阅读专栏 编写创业计划书的要点

创业计划书要全面翔实、简明扼要，因为编写创业计划书的主要目的在于获得投资人的投资。全面翔实的创业计划书能够展示尽可能多的内容，并提供各方面的依据，从而增加创业计划书的可信度。而简明扼要、通俗易懂的创业计划书让投资人一目了然，有助于投资人快速地判断创业计划的可行性，是否有利可图，以及投资的收益如何等。当然，创业计划书要建立在科学分析的基础上，过高地估计企业将带来的价值是不切实际的。

（六）创业计划书的展示技巧

如前所述，创业计划书的主要目的之一是获得资金支持。创业计划书定稿之后，创业者及其团队面临的主要挑战就是如何将创业计划书推介给投资者。如果为了参加全国性及各地区举办的创业计划大赛，或者为了争取政府部门或社会部门设立的创业基金，那么创业计划书的展示与推介也很重要。据此，创业者需要了解如下有关创业计划书的展示技巧。

1. 创业计划书作为推销性文本本身要“引人入胜”

一般来说，创业计划书的撰写本身做到“引人入胜”应该注意三个方面的问题：①结构合理，清晰精练，能在短时间内让投资者看到他们想要阅读的部分；②尽量使用比较客观的语言来说服投资者；③要通俗易懂，让没有专业技术背景的大众也能读懂。

2. 创业计划书的展示必须有宣传片、PPT 的配合

在正式进入创业计划书的介绍之前，播放一段激动人心的创业计划宣传片是非常必要的，能提前调动现场所有人员的注意力和好奇心。同时，创业者还必须做到：一方面，展示的创业计划 PPT 一定要制作精美，但又不能烦琐；另一方面，突出项目的新颖独特性、良好的市场前景以及优势互补且高素质的创业团队。此外，展示的 PPT 以 5~10 张幻灯片为宜，时间不宜超过 20 分钟。

3. 发挥激情在展示创业计划书过程中的重要作用

创业需要激情。缺乏创业激情的创业计划，很难激发投资者对创业项目的认同，因此，在创业计划书的展示过程中，也应将自己的创业激情融入其中。风险投资者进行投资决策时，除了考虑项目本身的优劣，更看重的是创业者及其团队成员的个人魅力与能力，而展示创业计划书过程中所展现的激情，将是打动风险投资者的有效途径，能极大地增加创业者获得资金支持的概率。

4. 实现与投资者良好的互动沟通

展示创业计划书之前，应事先声明允许和鼓励在场的投资者提问或打断，以实现良好

的互动与沟通。首先，创业计划书展示切忌照本宣科，自顾自话，而应始终保持与投资者的目光交流；其次，展示过程中保持开放的姿势，不宜双手抱肘或双手在胸前交叉，要减少与投资者互动的障碍；再次，建议展示时可以恰到好处地运用手势，有助于创业者更好地理顺自己的思路，清晰表达自己的思想；最后，可运用生动语言，以不断活跃现场气氛，带动投资者的参与积极性。

5. 应当注意对商业机密的保护

为了引起投资者的强烈兴趣和足够关注，展示创业计划书时要努力展现项目自身的优势和亮点，比如产品或服务的新颖性、先进的技术、独特的商业模式以及优秀的创业团队等，这固然重要，但是恰当地保护创业项目的核心技术和商业机密也很重要。因此，撰写或编制创业计划书时可在封面下部附上有"保密"字样的语句，或在展示前签订一份保密协议，以此来保护自己的利益。不过，对于这一点，目前还存在一些争议，因此，创业者需要谨慎处理，以防错失更多的潜在投资者。

【回顾·练习】

1. 大学生如何培养创新创业能力？
2. 创业者如何获得风险投资？
3. 创业计划书的撰写技巧有哪些？

【发现·探索】

撰写创业计划书

实训目的

1. 了解创业计划要素。
2. 掌握创业计划书的撰写方法。

实训流程

1. 找创业计划书模板

找一份创业计划书空白模板，继续了解创业计划书内容撰写框架。当你有一个创业项目要写创业计划书时，你会如何着手？把你的见解与疑问记录下来。

____

____

____

____

____

2. 找创业计划书范本

找一份有内容的创业计划书范本，看看它的每一部分是怎么写的，请记录你的收获。

____

____

____

____

____

3. 选择创业项目并讨论

根据班级实际情况，将班级分成若干小组。各组要认真考虑，分别选择一个创业项目，小组各成员讨论创业计划书的内容和重点，并做好小组记录。

项目名称：
小组成员：
计划书内容：
计划书重点：

4. 撰写创业计划书

针对创业项目，各小组分别撰写一份创业计划书，请将撰写过程中遇到的具体问题记录在方框内。

5. 小组交流

各小组针对撰写创业计划书过程中遇到的问题进行交流，一起分析、解决上一步遇到的问题，并做好记录。

____

____

____

6. 展示创业计划书

以小组为单位展示撰写的创业计划书。

实训思考

如果创业之前，不写创业计划书会怎样？在撰写创业计划书的过程中，你有什么感悟？

____

____

____

参考文献

[1]匡华云. 大学生就业指导[M]. 北京：人民交通出版社，2024.

[2]徐莉君，曲海洲. 大学生职业发展与就业指导[M]. 北京：机械工业出版社，2024.

[3]李天霞，钟莹，陈承欢. 大学生职业发展与就业指导[M]. 北京：电子工业出版社，2024.

[4]刘锐，王雅赟，李妍. 职业生涯发展与就业指导(慕课版)[M]. 北京：人民邮电出版社，2023.

[5]郭天平，赵柏森，郑晓，等. 职业发展与就业指导[M]. 北京：高等教育出版社，2023.

[6]黄学兵，边宇璇. 大学生职业生涯发展与就业指导(修订版)[M]. 北京：北京师范大学出版社，2023.

[7]郝江岭. 大学生职业生涯规划[M]. 北京：清华大学出版社，2023.

[8]乔志宏. 大学生职业生涯与发展规划教程[M]. 北京：人民邮电出版社，2023.

[9]田力，黄泓嘉. 大学生就业指导与实务[M]. 北京：清华大学出版社，2022.

[10]赵传刚，杨建. 新时代大学生职业发展与就业创业指导教程[M]. 成都：电子科技大学出版社，2022.

[11]曹敏. 大学生职业发展与就业指导[M]. 北京：高等教育出版社，2021.

[12]杨建，吴巍. 当代大学生创业教育研究[M]. 北京：中国商业出版社，2021.

[13]张晗. 扶持新就业形态发展的公共政策研究[D]. 哈尔滨：哈尔滨商业大学，2021.